云南师范大学

教育学一流学科建设成果

美国教育转折点丛书

陈瑶　张斌贤　主编

著名报告与美国教育嬗变

林　伟

等著

河北大学出版社

·保定·

出 版 人：朱文富
选题策划：何　东
责任编辑：李丽华
助理编辑：李天雪
装帧设计：赵　谦
责任校对：姚萌萌
责任印制：常　凯

图书在版编目（CIP）数据

著名报告与美国教育嬗变 / 林伟等著. -- 保定 : 河北大学出版社，2024.2
（美国教育转折点丛书 / 陈瑶，张斌贤主编）
ISBN 978-7-5666-2257-0

Ⅰ. ①著… Ⅱ. ①林… Ⅲ. ①教育－研究－美国 Ⅳ. ①G571.2

中国国家版本馆 CIP 数据核字 (2023) 第 232171 号

著名报告与美国教育嬗变
ZHUMING BAOGAO YU MEIGUO JIAOYU SHANBIAN

出版发行：河北大学出版社
地址：河北省保定市七一东路2666号　邮编：071000
电话：0312-5073003　0312-5073029
网址：www.hbdxcbs.com
邮箱：hbdxcbs818@163.com
印　　刷：保定市正大印刷有限公司
幅面尺寸：170 mm × 240 mm
字　　数：270千字
印　　张：22.75
版　　次：2024年2月第1版
印　　次：2024年2月第1次印刷
书　　号：ISBN 978-7-5666-2257-0
定　　价：80.00 元

总　　序

自中国开展现代意义的教育研究以来的100多年间，美国教育一直是中国教育研究的重要领域。尤其是近三四十年以来，关于美国教育历史与现状的研究更是受到教育学不同分支学科的关注，研究成果数量众多，涉及的范围也非常广泛。

然而，通过对学术史的梳理可以清晰地看到，在美国教育的研究领域，长期以来一直存在着两个突出的问题：一是对“宏大叙事”的选题偏好，二是以追求系统性和完整性为目的的“教科书”式的研究路径。这些问题共同造成的结果是，虽然研究成果数量众多，但鲜有富有新意和创见的成果。

为探索更加合理的研究路径，10余年来，来自北京师范大学、华东师范大学、浙江大学、首都师范大学、浙江师范大学、云南师范大学等高校的部分学者组成的团队一直致力于对美国教育史开展微观的个案研究，即精心选择一些对美国教育历史演变具有重要影响的事件，或者对著名教育家思想的形成，即美国教育历史中的“转折点”进行多方面的挖掘，通过“小题大做”，以小见大，从新的角度重新审视美国教育的历史演变。我们认为，这种尝试一方面有助于在学理上厘清美国教育发展的关键环节和基本线索，把握美国教育发展的整体脉络，另一方面的意义则在于尝试探索美国教育研究的新思路、新视角和新方法，消除沿袭已久的教育思想史与制度史、实践史之间的隔阂。“美国教育转折点丛书”就是在这方面初步探讨的成果。

本丛书编写的另一个目的是为教育专业的本科生和研究生提供一个学习和研究的辅助工具。对年轻学子而言，固然需要从整体上了解美国教育演变的基本过程和基本线索，但通过对不同“转折点”的微观认识，可以更加具体和深入地把握美国教育在关键时期发生的重大转变。只有通过宏观了解与微观把握的有机结合，同学们才能更加完整地认识和了解美国教育的过去和现在。希望通过我们的努力，能对同学们的学习有所助益。

本丛书共收录了5种著作。北京师范大学陈露茜教授等撰写的《思想流变与美国教育》旨在对杰斐逊、贺拉斯·曼、哈里斯、埃利奥特、帕克、桑代克、杜威、霍尔、布鲁纳、科南特这10位美国著名教育家的教育观和社会观进行历史梳理，以便于更好地厘清美国教育与整体社会之间的互动。该书力求既清晰地勾勒美国著名教育家的“教育”观，更重要的是体现孕育这些“教育”观的整体社会哲学、社会变革和社会情境，以及这些“教育观”在产生、发展变迁中所遭遇的种种问题及其应对举措。

华东师范大学祝贺副教授等撰写的《法律判例与美国教育变迁》通过对达特茅斯学院董事会诉伍德沃德案、查尔斯·斯图亚特等诉卡拉马祖案第一学区案、普莱西诉弗格森案、麦诺斯维尔诉戈比蒂斯案、布朗诉教育委员会案、恩格尔诉瓦伊塔尔案、米尔斯诉哥伦比亚特区教育委员会案、加州大学董事会诉巴基案、杰弗里斯诉哈勒斯顿案、俄亥俄州教育券案这10个著名判例的梳理，旨在对美国教育史上著名教育判例的缘起、审理过程及社会影响进行历史分析，以便更好地厘清美国教育与法院判例之间的互动。

浙江师范大学於荣教授、浙江大学王慧敏副教授等撰写的《联邦立法与美国教育演进》选取美国历史上对美国教育发展产生重要影响的10个法案，分别对每个法案的立法背景和过程、法案的主要内容、法案的实施和修订，以及法案对美国教育发展的影响等进行了叙述和分析。对这10个联邦教育立法的研究不仅有助于更清晰地了解教育立法与教育发展之间的关系，而且有利于更深入地理解教育与政府、教育与社会之间的关系。

首都师范大学原副教授、独立学者林伟博士等撰写的《著名报告与美国教育嬗变》选取美国教育史上相继出现的10份具有里程碑意义的重要报告，即《耶鲁报告》《十人委员会报告》《弗莱克斯纳报告》《中等教育的基本原则》《科学：无止境的前沿》《自由社会中的通识教育》《为美国民主的高等教育》《今日美国高中》《科尔曼报告》《国家处于危机之中》，叙述分析了报告面世的背景和原因，探讨了报告着重提出的问题和解决问题的路径及其对美国教育发展所产生的重大影响。

云南师范大学陈瑶教授等撰写的《社会运动与美国教育改革》选取公立学校运动、工业教育运动、综合中学运动、教育科学化运动、进步主义教育运动、初级学院运动、生活适应运动、教育民权运动、“回归基础”教育运动、学校选择运动这10个在美国教育史上产生过重要影响的教育运动进行研究，力求以教育运动的线索考察美国教育的历史，不仅梳理了各个运动的背景、起源、过程和结果，而且具体分析了运动在美国教育变革中的影响和意义。

本丛书为云南师范大学教育学部省级重点支持一流学科（教育学）项目建设成果。云南师范大学教育学部陈瑶教授和北京师范大学张斌贤教授共同负责该建设成果的实施工作。感谢云南师范大学教育学部为本丛书出版提供的大力支持。

在丛书出版之际，衷心感谢各位主编和作者付出的辛勤劳动。同时，向河北大学出版社朱文富社长、何东主任和各位责任编辑提供的支持和帮助表示崇高的敬意和诚挚的谢忱。

陈瑶 張斌賢

2023 年 6 月

序　　言

美国素来以其民主制度著称于世。法国思想家托克维尔在19世纪30年代访问美国之后，敏锐地意识到相较于欧洲国家，民主是美国鲜明的特色。所谓民主，其要义基于人民主权原则的自治和分权。托克维尔通过考察美国新英格兰地区的乡镇，发现美国民主制度的根基来源于乡镇精神。小小的乡镇是独立和有权的，可以通过一系列民主程序，让在小镇生活的居民参与公共的政治和社会决策。经过多年的发展和考验，民主成为美国社会发展最坚实的基础之一，也是美国人最引以为傲的精神之一，成了他们的一种独特的生活方式。

民主的精神和制度深刻地影响了美国人议事和决策的方式。每当遇到一些重大问题需要解决之时，美国人惯常采取的方式便是组建一个具有代表性的委员会，通过调查、研究和充分的讨论，共同商讨应对之策。委员会在组建过程中多邀请社会贤达或有关此问题的专家参与，一方面体现了公共精神，另一方面则是奉行专业主义的原则。在委员会运作的过程中，依循民主精神，尊重每一位成员享有的平等权利，即便有些成员坚持保留不同的看法，也能够尽量做到和而不同。在充分商讨之后，委员会一般都会完成并提交一份报告，将其发现与建议悉数呈现，让关心此问题的公众和所有利益相关者做进一步的讨论，同时也供给决策者采择施行。

纵览美国教育的历史，我们同样也可以发现有一些委员会所撰就的报告在美国基础教育、学院与大学的改革与发展、公共教育政策的调整等方面起到了关键性作用。本书就是着眼于此，精选了美国教育史上的10份教育报告，按照时间顺序排列如下：《耶鲁报告》《十人委员会报告》《弗莱克斯纳报告》《中等教育的基本原则》《科学：无止境的前沿》《自由社会中的通识教育》《为美国民主的高等教育》《今日美国高中》《科尔曼报告》和《国家处于危机之中》。之所以选取这10份报告，最重要的原因就是看中它们在不同历史时期回应了当时美国社会和教育界所关心的紧要问题，并且为教育发展指出了方向和路径。此外，这些报告都无一例外地得到了美国学术界的深入研究，公论其有重大的价值和里程碑式的历史意义。

就上述10份报告的内容来看，其中各有5份报告主要涉及基础教育和高等教育，体现了在教育议题方面的多样和均衡。此外，就这些报告的发起者或赞助者来看，《耶鲁报告》《自由社会中的通识教育》分别是在美国高等教育体系中执牛耳的耶鲁大学和哈佛大学所发布，具有在美国学院与大学中示范与引领的效应。《十人委员会报告》和《中等教育的基本原则》均系全国教育协会组织。《弗莱克斯纳报告》和《今日美国高中》则是由卡内基教学促进基金会赞助开展调查。全国教育协会是美国最大和最具影响力的教育专业人员组织之一，卡内基基金会则长期致力于资助教育研究和改进项目。这两个组织及其报告在一定程度上体现了美国社会对教育问题的关注和自主应对，以及自下而上推动教育变革和公共教育决策发生转变的力量。《为美国民主的高等教育》是美国历史上第一份由总统授权的教育委员会提交的报告，《科学：无止境的前沿》《科尔曼报告》和《国家处于危机之中》则是由美国联邦政府的一些机构邀请专家研讨而成。由于美国宪法第十条修正案的规定，管理教育的权力由各州及其人民保留，因此在很长一段时间里，美国联邦政府并不直接涉足教育领域。这几份具有联邦政府背景的报告都是在第二次世界大战之后发布的。这在一定程度上体现了自20世纪中期以来，美国联邦政府在教育领域中的权力和影响力逐步提升的事实。

本书选取一种特定的视角，即从一些具有代表性的或里程碑意义的教育报告出发，通过以点带面的方式，认识和了解美国教育的历史发展过程。本书的构思与策划跟丛书中的其他几本书一样，均系张斌贤教授组织推进。同时，本书也是北京师范大学外国教育史团队多年积累与集体合作的成果之一，参与撰写工作的作者绝大部分拥有在北京师范大学就读的经历，具体包括浙江师范大学田家炳教育科学研究院於荣教授、厦门大学教育研究院王璞副教授、北京师范大学教育学部陈露茜副教授、宁波大学教师教育学院康绍芳副教授、独立学者林伟博士、北京外国语大学国际教育学院杨帆博士，以及曾在北京师范大学攻读硕士学位的张书娟、范婕，曾在云南师范大学教育学部陈瑶教授指导下攻读硕士学位的任飞飞。本书的具体分工如下：序言，林伟；第一章，王璞；第二章，范婕；第三章，任飞飞；第四章，杨帆；第五章，於荣；第六章、第七章，林伟；第八章，康绍芳；第九章，张书娟；第十章，陈露茜。

目　录

第一章　捍卫自由教育的宣言：《耶鲁报告》

美国耶鲁大学成立于1701年，是美国最早成立的三所大学之一。在美国诸多大学之中，耶鲁大学被认为自其建立以来始终保持着保守主义的底色，固执地坚守着自由教育理念。纵观美国大学300多年的发展史，每当出现改革激流的时候，耶鲁大学总是坚定地捍卫大学的共同价值，发扬学院文化，在变化纷繁的社会中成为精神高地的灯塔。发布于1828年的《耶鲁报告》被公认为美国教育史上的一份重要文献。自其诞生以来，这份报告备受称赞的同时也饱受指责。“在有关高等教育问题的其他经典文献中，几乎没有像《耶鲁报告》那样激起那么多的评论，同时也遭受如此多的批评。”① 学界对《耶鲁报告》的传统阐释和评价就集中在这褒贬两端，褒扬者盛赞《耶鲁报告》对自由教育理念和学院教育传统的捍卫和坚守，批评者则将《耶鲁报告》贬斥为最反动和保守的文件，尤其是其对古典语言课程的辩护阻碍和迟滞了美国高等教育的发展和改革。但是，无论褒贬，《耶鲁报告》无疑是美

---

① Michael S. Pak, “The Yale Report of 1828: A New Reading and New Implications,” *History of Education Quarterly*, Vol. 48, No. 1, 2008: 30.

国高等教育史上，尤其是美国独立战争至内战期间最具影响力的文献。[①]

《耶鲁报告》是耶鲁学院的法人与教师团体为反驳对古典课程的批评意见而提出的，是集体智慧的产物。它总结了古典教育的价值和地位，成为捍卫自由教育的“圣经”，同时也是美国教育史上最具影响力的文献之一。《耶鲁报告》的主要撰写者有时任耶鲁学院校长的杰里迈亚·戴（Jeremiah Day）、拉丁和希腊文教授詹姆斯·金斯利（James L. Kinsley）、化学和矿物学教授本杰明·西利曼（Benjamin Silliman）等。戴是数学和自然哲学教授，也是耶鲁大学历史上任职时间最长的一位校长，从 1817 年至 1846 年，任校长 29 年，卸任后又做了 21 年的董事会成员，直到 1867 年 95 岁去世。戴校长的治校理念与耶鲁的精神气质相一致，被认为是集耶鲁保守主义之大成者，《耶鲁报告》中他所撰写的部分被认为是最重要的、最具持久影响力的、被最广泛引用的部分。金斯利教授负责古典语言课程，西利曼则负责自然科学，尤其是数学课程的价值和意义辩护。

第一节　《耶鲁报告》的出台背景与经过

19 世纪初，美国正值产业革命时代，工业迅速发展，社会剧烈动荡，改革精神无处不在，校园也不能幸免。大学里大大小小违反学规

---

① J. S. Brubacker, W. Rudy, *Higher Education in Transition* (New York: Harper and Row, 1968), p. 103; Richard Hofstadter and Wilson Smith, eds., *American Higher Education: A Documentary History* (Chicago: The University of Chicago Press, 1961), p. 275; R. Freeman Butts, *The College Charts Its Course: Historical Conceptions and Current Proposals* (New York: McGraw-Hill, 1939), pp. 118-125; George P. Schmidt, *The Liberal Arts College: A Chapter in American Cultural History* (New Brunswick, N. J.: Rutgers University Press, 1957), pp. 55-58.

的现象屡见不鲜，学校往往根据学生损害学校利益的程度对他们进行处罚，而学生们却认为学校的处罚不公平，也太严厉，自身的权利和尊严受到侵犯，所以集体反抗学校管理制度的事件频繁发生。普林斯顿大学、威廉玛丽学院、哈佛大学、北卡罗来纳大学等都发生过类似事件。校方将无悔改之意的学生除名，以此平息学生的抗议运动，却因此名誉受损，还丧失了公众的信任和支持。同时，学院因忽略和排斥实用科目，坚持开设大量的古典课程，尤其是枯燥乏味的古典语言课，更是引起了学生和公众的不满。

面对美国社会经济急剧发展的现实，以及从欧洲涌入的大量新思想和新模式的影响，美国社会普遍认为美国高等教育要适应一个蓬勃发展的共和社会的需要，应运而生的高等教育改革派强调民主价值，注重实用知识和科学知识改革，并且提出了各种改革传统学院教育和课程内容的设想，如修订传统课程、开设新专业、建立新学系、设置新教席、创办新学院等。各种改革尝试的焦点集中在改造传统学院实行的古典学科课程，尤其是古典语言课程上。这是因为古典课程的教学难以在提供道德教育的同时满足社会经济发展对技能人才与专业人才的需求。

纳什维尔大学的菲利普·林斯利（Philip Lindsley）、哈佛大学的乔治·蒂克纳（George Ticknor）、佛蒙特大学的詹姆斯·马什（James Marsh）均尝试进行改革。他们的改革措施包括扩大招生规模，大学向更多的社会成员开放；创立不同的系科；实施温和的学校管理政策；采用新的考试方法；以讲座、讨论与调查的方法取代原来背诵课本的方法；更加重要的是改革者们试图在传统的自由教育中加入英语、现代外语和其他一些新学科。

有趣的是，起初最重要的选修制改革尝试发生在当时最古老和最年轻的两所大学，即哈佛大学和弗吉尼亚大学。托马斯·杰斐逊一开始希望在其母校威廉玛丽学院进行课程改革，由于无法推行，只好转而创办一所全新的大学——弗吉尼亚大学。弗吉尼亚大学的课程设置打破了“垂直”安排的必修课传统，“平行”开设了古典语言、现代语言、数学、自然哲学、自然历史、解剖学与医学、道德哲学、法律等8门课程，并且赋予学生一定的选课自由。

哈佛大学的选修制改革是由第一批求学于德国的学者中的乔治·蒂克纳倡导和推动的，蒂克纳从哥廷根大学返回哈佛后，尝试将选修制引入哈佛大学现代语言系，并且允许学生选择一些课程。随着选修制被引入美国最古老的大学，虽遭到阻力而不断反复，但渐成燎原之势。

外界对古典课程的质疑和各式新课程的改革，耶鲁均不为所动，直到1827年，身为耶鲁校董和康涅狄格州参议员的诺伊斯·达林（Noyes Darling）提议用现代语言课程代替古典语言课程。这一来自内部的提议立刻打破了耶鲁学院的缄默和平静，引发了耶鲁管理层的连锁反应。同年9月11日，耶鲁董事会召开会议，成立了一个由政府官员吉迪恩·汤姆林森（Gideon Tomlinson）、校长杰里迈亚·戴、董事达林、牧师加尔文·查宾（Calvin Chapin）和埃布尔·麦克尤恩（Abel McEwen）等5人组成的委员会，专门调查学院常规课程的教学情况，并且论证是否应该在课程设置和入学标准中取消对古典语言的要求。1828年4月，委员会召开会议征求学院全体教师的意见和看法。8月，委员会按成立时的要求在年度董事会会议上宣读报告。9月，委员会将报告的主要观点和结论呈给董事会，获得董事会表决通过和授权出版。①

随后，这份报告以“耶鲁学院课程指南报告”（*Reports on the Course of Instruction in Yale College*）为题出版，这便是大名鼎鼎的《耶鲁报

① Committee of the Corporation and the Academical Faculty, *Reports on the Course of Instruction in Yale College* (New Haven: Hezekiah Howe, 1828), pp. 2-4.

告》。此时的《耶鲁报告》包含3个部分：第一部分由戴校长撰写，主要阐述学院教育的计划和目的；第二部分由拉丁和希腊文教授詹姆斯·金斯利（James L. Kingsley）执笔，主要论证坚持古典语言学习的必要性；第三部分是附在最后的五人调查委员会在董事会会议上宣读的报告。[①] 当然，这份报告的影响力那时还没有走出纽黑文，甚至还没走出耶鲁。

1829年，耶鲁大学化学和矿物学教授本杰明·西利曼将其删减编辑后以“关于自由教育课程的原始文献”（*Original Papers in relation to a Course of Liberal Education*）为题，发表在《美国科学与人文杂志》（*American Journal of Science and Arts*）上[②]。自此，《耶鲁报告》中的内容被摘录重印多次，得到许多学者的引用和评论，成为美国高等教育史上的经典文献。但中国学界对这两个版本的《耶鲁报告》基本是混用的，对两个版本间的区别也不甚了解。

1829年版的《耶鲁报告》比1828年版的《耶鲁报告》删减了不少，最主要的有三处：第一处是在第一部分，戴校长评论了美国大学是否还应该继续效法欧洲大学的争论，并且花了整整两页描述了德国大学的特点和耶鲁学院近期的实际状况。这些在1829年版的《耶鲁报告》中被删除。第二处是在第二部分，金斯利教授详细阐述了古典语言学习的必要性和有用性，并且用相同的论证方式推导出数学学习及其他传统课程的必要性和有用性。类推过程中的很多例子，以及与第一部分重复的地方都被删减。最后一处是1829年版的《耶鲁报告》将1828年版《耶鲁报告》的第三部分全部删减。尽管1829年版的《耶鲁报告》保留了1828年版《耶鲁报告》的主要内容和精华，但随着删减，

---

① Committee of the Corporation and the Academical Faculty, *Reports on the Course of Instruction in Yale College* (New Haven: Hezekiah Howe, 1828), pp. 49-56.

② "Original Papers in relation to a Course of Liberal Education," *The American Journal of Science and Arts*, Vol. 15, 1829: 297-351.

它失去了一些浓厚的思辨韵味。[①]

一般认为，《耶鲁报告》的产生是耶鲁学院对学院外部课程改革争议的被迫回应和自我辩护。然而，事实上直接激起校方激烈反应的是耶鲁学院董事达林的提议，五人委员会调查和撰写的《耶鲁报告》也主要是为了满足董事会的诉求，而不是回应外部舆论。《耶鲁报告》更像由耶鲁学院内在需要引发的内省式反思产物，集宗教情怀与入世智慧于一身，既是耶鲁学院对自身宗教使命和办学宗旨的重新确认，也是对学院未来发展路径的思考和规划。甚至可以说，是《耶鲁报告》引起了广泛的公众讨论，而不是公众讨论促使《耶鲁报告》的产生。

第二节　《耶鲁报告》的主要内容

1928年版的《耶鲁报告》分为两篇，一篇由董事会撰写，另一篇由教授撰写。后者又被分为两部分，第一部分主要对学院的教育计划进行考察分析，由戴校长撰写；第二部分主要对古典语言教学的必要性和可行性进行论证，由金斯利教授执笔。

《耶鲁报告》明确提出，耶鲁学院将恪守自由主义教育传统，继续实施古典学科教育，通过古典学科知识的学习把自由的原则植入年轻人的心灵，培养学生具有高尚的爱国主义精神、大度优雅的举止、深厚的人文知识素养。学生通过古典学科知识的学习获得纯粹的真理。耶鲁学院的课程体系是适宜的，应予以维持。《耶鲁报告》集中阐述了耶鲁学院的自由教育立场，并且对美国传统学院的教育目的、教育内容、教育教学方法进行了有价值、负责任的思考。自1828年以后，耶

---

① Alison Rabil, *Content, Context, and Continuity: the Yale Report of 1828, Its Impact on Antebellum Higher Education with Implications for Contemporary Liberal Arts Programs*(Manhattan, N. Y.: Columbia University, 1998), pp. 21-22, 122-123.

鲁每一位新校长上任都会重申自由教育理念，在耶鲁历史上每一个重大变化的紧要关头都会挺身而出，坚定地捍卫自由教育。

一、关于学院教育的目的：训练智能，磨砺心灵

《耶鲁报告》认为不同类型的学校应该具有不同的教育目的，而传统学院的目的是实施自由教育，造就社会领袖和精英。学院教育之目的，其实就是自由教育之目的，而自由教育的目的在于“智能训练”，在于通过使用古典语言讲授传统课程的方式，规范和完善学生的心智，发展他们的潜能。也就是说，通过学院教育，学生要扩展及平衡心智能力的发展，养成个人具有自由而全面的视野，塑造美好和谐的性格。报告认为，即使掌握一般的手工技能，也要花费好几年的时间进行练习，心智能力的训练就需要更长时间的严格、持续而系统的努力。为了达到完善智能、磨砺心灵的目的，学院里学科和课程设置的标准就要有助于训练和发展学生的注意力、思维力、观察力、判断力、想象力、记忆力，激发并指导学生天赋的充分发挥和展现。

报告认为，“学院教育的目的不在于提供一种仅仅包括几门学科知识的部分教育，也不在于提供一种几乎包括了所有领域的零碎知识的肤浅教育，更不在于传授任何专业领域的具体知识的专业教育或实用教育，而是在学生在校学习时间许可的限度内着手提供一种全面的基础教育”①。也就是说，学院教育目的并不特别专注于某一具体专业或职业领域知识的传授，而是为所有的专业研究及职业生活奠定统一的基础，并且代替家长对学生实施父母般的监护。同时，报告进一步认为全面教育是与片面教育相对而言的。全面教育只能通过全面的心智

---

① Melvin I. Urofsky,“Reforms and Response: The Yale Report of 1828,”*History of Education Quarterly*, Vol. 5, No. 1, March, 1995: 64.

训练来完成；只采用片面的或职业性的科目进行教育，那么带来的一定是片面的教育。

《耶鲁报告》所倡导的全面教育，其实就是一种自由教育。它要求开设广博的课程，反对大学生过早专业化；要求以经典的和基础的科目训练学生的心智，反对传授杂乱无章的经验。报告认为，心智训练的课程与那些职业训练的课程并不是完全对立和水火不容的，只是有两点必须注意：一是学生在学院有限的三四年中，不可能什么都学，只能抓住主要科目，奠定必要的基础；二是职业训练应以自由教育为先导和基础。前一点是个轻重的问题，后一点是先后的问题。而美国当时面临的选修制改革，其实是为了迎合社会那些庸俗、狭隘和利欲熏心的要求，从而降低教育的质量，无法达到为人的一生做准备的目的。①

二、关于学院的教育内容：古典学科和课程

为实现心智训练和全面教育的目的，《耶鲁报告》认为，必须确定一些有益的学科，采用一些有益的教学模式。而古典学科应该是学院教育的重要内容，同时也是教育的重要手段。《耶鲁报告》依据当时较为科学的心理学基础——官能心理学，它认为人类的心理是由不同的官能形成的，通过对人的心理官能进行训练，可以使该官能的能力得到提高，从而促进迁移。古典学科建立在“训练”和“装备”心灵这两条重要原则之上，是年轻人未来生活最好的基础，是自由教育的必要组成部分，自然就是学院教育内容不可缺少的部分，是一个有教养的人所接受的完整教育的必要组成部分。这些训练是艰苦的，有时甚至是乏味的，却是心智训练的有效途径。

---

① Arthur Levine, *Handbook on Undergraduate Curriculum* (San Francisco: Jossey-Bass Publishers, 1978), pp. 545-546.

古典学科不仅具有极高的品格陶冶与心智训练价值，还表现了较强的实用价值。古典学科自身能够为任何程度的智力训练提供材料，这一训练将贯穿青年学者从启蒙直至成熟的全过程。古典学科研究的领域自语言基本要素的学习一直拓展到文学研究的最繁难、最深奥的问题。这一领域涉及心智的每一方面，记忆能力、判断能力、思维能力、审美能力与想象能力均受到训练并得到提高。古典学科的学习为专业研究和职业生涯做了最好的准备。缺乏古典学科知识的专业或职业工作者只能在一种较低的层次上奔波于职业生计，获得较大成功的机会要少得多。

例如，语言的解释和正确运用对神职和从事法律职业尤为重要。现代语言虽可作为一种技能或造诣，但不能作为必须掌握的东西。如果因为世界上某些地方的人使用现代语言，就认为它比古代语言更加实用，则是错误的。应该考究的是，什么学科提供最好的智力修养，并且蕴含美国文学中最透彻的知识，以及奠定职业学习的最扎实的基础。当然，《耶鲁报告》并不反对学习现代语言，而是主张学好古典语言及经典著作。《耶鲁报告》断言，那些谙熟古典文学并同样掌握了现代某种非英语的欧洲语言的人，最富有潜力和发展优势。选择有效的内容训练学生各种感官，进而发展其精神力量，并且让精神力量按照人的意志从一种学科迁移到另一种学科，从一般的学习迁移到生活中的各种职业。当然，训练心智的学科不限于古典语言。耶鲁的教授们认为，要求未来的律师学习物理或要求未来的教师学习圆锥曲线并没有什么不合适，因为这些学科都有助于心智训练。当时，学生通过数学掌握推理艺术，通过自然科学学习演绎，通过逻辑学习思维艺术，通过写作获得系统、精确的表达能力，通过有效的讨论课变得敏捷、灵活。

《耶鲁报告》对耶鲁学院所开设的主要课程进行了考察，详细地介绍了每一门课程的作用，同时还肯定了必须在学院课程中的文学和科学各个不同分支之间保持合适的比例以促进学生的均衡发展。例如，“理论数学”有助于训练学生的描述性推理能力；“物理”有助于训练学生的事实性描述、归纳及寻找可能性根据验证结论的能力；“古典文学”能提高学生的文学鉴赏及审美能力；“英语阅读”能训练学生的阅读、写作及表达能力；“逻辑与心智哲学”能训练学生的思考能力；“修辞与演讲”则向学生传授口头表达艺术；“作文”则提高学生书面语言表达的准确性与简洁性。耶鲁学院尤其重视讨论课，认为其能有效促进学生思维敏捷、表达流利且富有激情。

由此，通过构建一个基于官能心理学的心智训练的体系完善、论证严密的教学理论，《耶鲁报告》为19世纪的美国学院课程现代化奠定了基础。

三、关于学院的教学方法：演讲和背诵

耶鲁学院始终坚持古典语言及学科课程，因为古典语言及学科中所蕴含的雄辩传统是培养社会领袖的途径，而培养社会领袖也是耶鲁学院深信不疑的任务。因此，《耶鲁报告》中多次强调教授古典语言是为了造就有教养的人，而不是训练技术工人、专业人员、职业者。学院教育能为任何类型、任何领域的学生提供良好而标准的训练做准备，接受了学院教育的人具有适应任何环境的优良品质。因此，耶鲁学院设置了围绕拉丁文和希腊文的繁重的通用课程，耶鲁学院的学生要持续不断地学习古典语言。耶鲁学院的教学建立在这样的假设基础之上，这种假设认为学院教育的精髓在于对良好行为习惯的培养：虔诚和献身的习惯；勤勉学习的习惯；良好的品行和行为习惯；正直和富有男

子汉气概的行为习惯。①

《耶鲁报告》认为，演讲是适宜的教学方法。演讲的最大优点在于这一方法需要演讲者做出最大的努力，加快演讲者取得专业学术成就的步伐；这一方法还将给学科发展带来启示，为学科发展增添活力，有助于学科最新成果的交流；高水平的演讲还将激发学生的学习热情，增强其学习动力。不过，演讲法常常不能有效地训练学生的心智能力，学生只能坐在那儿静听，缺乏心智能力的积极参与。耶鲁学院老师的主要职责便是经常考察和监督学生对古典文献的记忆，以及对古典语言的口头运用。因此，背诵成为最经常和最有效的学习方式。指定学生背诵具体的内容，尤其是集中背诵一本教材的内容，可对学生的心智能力实施持续有效的训练，同时避免了学生涉猎不同的教材而导致知识上的混乱与理解上的无所适从。②

对于其他学校所推行的选修制试验，耶鲁将不予采纳。原因在于美国的学生不像德国大学的学生那样成熟，那样具有较为充分的教育准备，他们尚缺乏设计自己未来发展道路的能力，尚不能正确利用自己的兴趣与爱好。美国大学的学生对构成高深学术成就的统一基础的各类确定无疑的知识尚难以准确地把握，因而把自由选择学习课程的权利交给学生是一种轻率的举动。因此，那种企图把德国大学的自由选修制与专门研究制引进美国学院的做法是荒诞不经的，进入耶鲁的学生必须学习耶鲁学院的必修课程，耶鲁所规定的必修课是每一位接受完整教育的学生必须学习的科目。报告宣称，耶鲁学院必修课程涵盖了接受全面教育的个人所应通晓的全部科目，这种自由教育课程在造就绅士的同时，还能向工匠、工人及农民提供有益的帮助。

---

① Jurgen Herbst, "The Yale Report of 1828," *International Journal of the Classical Tradition*, Vol. 11, No. 2, Fall, 2004: 217-218.

② Frederick Rudolph, *Curriculum: A History of the American Undergraduate Course of Study Since* 1636 (San Francisco: Jossey-Bass publishers, 1977), p. 69.

第三节 《耶鲁报告》与耶鲁学院的宗教使命和道德理想

耶鲁学院建于1701年，是新大陆第二所古老的大学。她的诞生就是为了纠正哈佛学院偏离正统加尔文教义的倾向，耶鲁的创建者将学院所在的小镇命名为纽黑文，期冀在这“新的避难所”培养和训练有知识、有能力的正统牧师。学院在成立之后的近200年间基本保持着教派学校的特点，正如清教徒一心想要在失足的人类面前将新英格兰树立成理想的基督教社区榜样一样，耶鲁学院也一心要坚守和维护宗教正统，以及与之相匹配的道德规范和价值观念。19世纪20年代，耶鲁学院通过《耶鲁报告》再次重申了自己的特殊使命。

一、大觉醒运动中的耶鲁学院和《耶鲁报告》

19世纪初，启蒙运动的传播和自然科学的发展已经深深影响了美国人的思想，工业革命不仅极大地解放了生产力，还释放了人们的创造力，削弱了人对神力的敬畏和依赖，传统神学逐渐走向衰落。随着美国领土的扩张和人口的倍增，争取民众皈依基督成为教会刻不容缓的重要事工。教会人士决心通过福音复兴运动，重新树立教会的权威，通过复兴宗教正义达到改良社会的目的，以直接而生动的福音布道慰藉人们焦躁、空虚的心灵。于是，在1800年前后，对现世主义将要扎根美国的恐惧点燃了一场剧烈的信仰复兴运动，这场运动很快发展为第二次大觉醒运动①，耶鲁学院则是这场宗教复兴运动的中心。

1795—1817年担任耶鲁学院校长的蒂莫西·德怀特（Timothy

---

① ［美］威利斯顿·沃尔克：《基督教会史》，孙善玲等译，中国社会科学出版社，1991，第637—638页。

Dwight Ⅳ）便是大觉醒运动早期的领导者，他在长达23年的校长任上致力于净化这个变成了“无信仰的温床”的地方。与他的外祖父乔纳森·爱德华兹（Jonathan Edwards）[①] 一样，德怀特帮助发起一系列奋兴运动，这些运动深深打动了耶鲁的学生，并且扩展到新英格兰的所有地方。[②] 德怀特校长领导的这场信仰复兴运动卓有成效，1802年春天，80多位耶鲁学生开始严肃地思考他们的灵魂归宿问题。仅仅几周之后，他们中的63位就加入了大学教会。耶鲁学生不仅公开表达了他们的悔改，更有近三分之一的耶鲁毕业生选择了牧师职业，成为有热情、有文化的致力于传教事业的宗教领袖。[③]

更为重要的是，领导大觉醒运动的德怀特校长还塑造了之后耶鲁学院近半个世纪的教师群体，他们深信德怀特校长的教导，始终践行着德怀特校长的宗教理想。这一群体也是造就《耶鲁报告》的直接当事人，他们通过《耶鲁报告》重申了耶鲁学院一以贯之的宗教使命和社会理想。戴校长是德怀特校长亲自挑选的接班人，1817年接任耶鲁校长，执掌耶鲁29年，是耶鲁大学历史上任期最长的校长，他领导和组织完成了《耶鲁报告》，并且亲自撰写了《耶鲁报告》的第一部分。《耶鲁报告》的另一位主要执笔人金斯利教授是与德怀特校长有着共同宗教理想的古典语言教授。1829年版《耶鲁报告》的编辑人西利曼教授则是德怀特校长特别挑选和培养的自然科学教师。1929年，西利曼教授将《耶鲁报告》发表在自己创办的《美国科学与人文杂志》上。从此，《耶鲁报告》的影响力越过纽黑文，在全美得到广泛流传。耶鲁神学教授埃利埃泽·菲奇（Eleazer T. Fitch），耶鲁修辞学教授昌西·

---

① ［美］乔治·布朗·廷德尔，大卫·埃默里·施：《美国史》（第二卷），宫齐等译，南方日报出版社，2012，第391页。

② Chauncey A. Goodrich, “A Narrative of Revivals of Religion in Yale College,” *Journal of the American Education Society*, 1838: 296.

③ ［英］伊恩·默里：《真正的复兴》，张宇栋译，团结出版社，2012，第167页。

古德里奇（Chauncey A. Goodrich），以及"德怀特教导神学教授"、美国内战前最伟大的加尔文派神学家纳撒尼尔·泰勒（Nathaniel W. Taylor）还是耶鲁学生的时候，就住在德怀特校长的家里，经常帮助校长起草文件。① 就这样，德怀特校长之后的这群杰出的福音派教师共同主导了耶鲁近半个世纪的发展，坚守宗教使命和传统学院教育的价值，并且通过《耶鲁报告》重申了他们的信仰和主张。就连美国高等教育史专家亚瑟·科恩（Arthur M. Cohen）也证实："古典课程能得以保留，不仅仅是因为传统的力量，还因为它是有目的的。它符合周期性席卷美国的宗教复兴主义的胃口，学院里有大批它的支持者和追随者。"②

与此同时，耶鲁学院本身也形成了严格正统、稳健卓越的治校基调和底蕴。德怀特校长建立的学院管理体系被证明是如此有效，以至于任何修改和补充都被认为是不必要的。尽管学院课程有了实质性的改进，但从整体看，这一体系保持了不变。③ 戴校长则基本延续了德怀特校长的治校理念和管理模式，少有根本性的改变，但他的温和、开明、踏实则赋予了耶鲁稳健卓越的底蕴，《耶鲁报告》便是明证之一。

二、古典语言教育是训练《圣经》解释者和达致道德目标的基石

《耶鲁报告》用洋洋洒洒几万言的辩词强调了古典语言学习的必

---

① Steven J. Novak, *The Rights of Youth: American Colleges and Student Revolt, 1798-1815* (Cambridge: Harvard University Press, 1977), pp. 136-137.

② Arthur M. Cohen, *The Shaping of American Higher Education* (San Francisco: Jossey-Bass Publishers, 1998), p. 81.

③ Ebenezer Baldwin, *History of Yale College: From Its Foundation, A. D. 1700, to the Year 1838* (New Haven: Benjamin and William Noyes, 1841), p. 157.

要性和有用性，这是《耶鲁报告》最受人诟病的地方，学者们批评这份报告阻止了 19 世纪早期美国高等教育一些最令人兴奋改革的可能，而耶鲁大学也因之被视为因循守旧、顽固不化的保守主义堡垒。《耶鲁报告》对古典语言课程毫不妥协的辩护，仅仅是因为要固守传统，阻挡改革吗?

古典语言教育对耶鲁学院的宗教使命有着特殊的意义，在自然科学尚未在学院里取得崇高学术地位之前，掌握古典语言是从事学术事业和获得权威的关键，是每一位神职人员理应掌握的专门知识。清教徒将《圣经》作为唯一的权威，必须把对《圣经》权威的诉求建立在最坚实的学术研究基础上，才能确定《圣经》的真实含义。在清教徒的眼里，经文的意义是明确的，只有那些受过严格逻辑训练的人，才能对其做出清晰的解释，古典语言课程则可以提供这种训练和甄别。《耶鲁报告》明确指出，“缺少古典语言和文学训练的神学家绝对难以担负艰巨的责任。古典语言是传播信仰的唯一工具，古典文献则是准确和真理的标准，这些是解释和消除那些通常由于无知或错误的翻译带来的困难和疑问唯一的办法。……虔诚的信徒要从单纯的原文来阅读和理解《圣经》”①。

以古典语言课程为主的学院教育则是构成这个社会权威体系的一块基石，可以鉴别哪些人在灵性上和智性上有资格担任《圣经》的解释者，以及哪些人会去维护这个社会的基本规则。古典语言和文学的学习是从事当时最高级的科学和职业所必需的训练。因此，《耶鲁报告》明确指出，古典语言是“死的语言”，没有任何实际价值，完全不值得花时间去学习的观点是不能成立的，“学习古典语言和文学不仅是涵养哲学知识、训练语言能力、提升品位和风格的最佳途径，还对高级的职业发展有着长远和强烈的推动力……即便是对高度发展和广泛

① *Yale Report*, p. 54.

使用的物理学和医学来说，拉丁文和希腊文的重要作用也是不言而喻的”[①]。

同时，古典课程之所以会受到持久的重视，还因为它迎合了基督徒对道德问题的普遍关注，《耶鲁报告》再次表达了学院的道德理想，认为古典课程的学习有助于培养人的理智和道德官能。人格是由不同的官能构成的，而在这些官能中又以理性和良知最高级。这些官能就像人的体力一样，是可以通过练习来培养的。但与此同时，对它们的培养又必须保持平衡。古典教育是这种追求平衡的人格教育的核心，“就连最草率的观察者也能发现，古典课程可以为培养各种不同层次的才能提供素材……人的所有官能，包括记忆力、判断力、推理能力，以及品位和想象力都能得到训练和提升”[②]。

而且，掌握拉丁语、希腊语等古典语言，需要通过艰苦而长期的训练，这不仅可以增进学生智识的发展，还能涵养坚韧的信仰、宁静的心灵、规范的行为，达致道德教育的目标。传统学院的“真理统一性”不仅仅是知识意义上的，还是生活方式和道德上的，在很大程度上是由统一的必修课程规定的，而古典语言教育又是这一传统的灵魂，这正是《耶鲁报告》捍卫古典语言作为必修课程的基本主张。[③]

不仅如此，耶鲁作为坚守宗教正统的学院，学院的主要目标就是培养合格的牧师，重视对学生品行修养的训练和宗教价值及基督信仰的熏陶。与此相配合，耶鲁用“替代父母式”的严格管理促进学生心智和道德的发展，并且颁布了一整套规定，严正声明了学院希望学生应遵循的生活方式，还有更多关于不许谩骂神明、玩纸牌、大声喊叫、与违法乱纪的人为伍之类的规定，如有违反，学生将被惩罚、罚款，

① *Yale Report*, pp. 53-54.

② *Yale Report*, p. 36.

③ 李猛：《在研究与教育之间：美国研究型大学兴起的本科学院问题》，《北京大学教育评论》2017 年第 4 期，第 2—22 页。

直至被开除。[①]

第四节　《耶鲁报告》对自由教育的继承和发展

《耶鲁报告》自发表到美国内战之前，影响力非同小可，它使在高等教育界占统治地位的传统教育思想和课程观念得到了进一步加强，使一些高等学校兴起的课程改革浪潮受阻于一时。也因为这份报告，旧的课程又在耶鲁牢牢占据了半个世纪。耶鲁学院本身也成为古典自由教育的堡垒，其在固守必修的古典课程方面堪称顽固。直到19世纪70年代，耶鲁的学生仍然必须学习拉丁语，只是可以比以往少学习三分之一；在三年级可以少学习一学期的希腊语或拉丁语，而增加两学期的微积分；在修辞、逻辑和精神与道德哲学课程方面的要求基本没有变化。而此时的哈佛却已经取消了三、四年级的全部必修课。到1884年，当哈佛已经取消了入学中的希腊语要求时，耶鲁还徘徊在选修制的边缘，当时的耶鲁校长诺厄·波特（Noah Porter）仍然恪守1828年版《耶鲁报告》的精神，捍卫古典语言课程。

即便这样，《耶鲁报告》也是19世纪最具影响力的高等教育文献，在整个美国高等教育发展史中拥有显著的位置，“是美国高等教育方面一次与众不同的、负责任的、深思熟虑的尝试”[②]。以前对《耶鲁报告》的理解过于简单化，认为这份报告只是反对在美国西进拓边时期，杰克逊所倡导的仅重机会的均等而忽视文化陶冶的方案，是坚持高等教育必须服务于社会上层和造就精英。因此，有人把它当成保守主义的象征。这种认识是不全面的。

---

① F. B. Dexter, *Biographical Sketches of the Graduates of Yale College with Annals of the College History*(New York: Henry Holt, 1986), p. 4-5.

② Jack C. Lane, "The Yale Report of 1928 and Liberal Education: A Neo-republican Manifesto," *History of Education Quarterly*, Vol. 27, No. 3, Fall, 1987: 326.

作为捍卫古典文科教育的重要文献，《耶鲁报告》也不是一味地因循守旧，从某种意义上说，《耶鲁报告》通过对自由教育的考察和界定赋予了自由教育新的内涵。《耶鲁报告》首先分析了17世纪自由教育如何移入美国，在殖民地时期及大革命时期如何被改造；继而探讨了对自由教育传统的诠释；最后对新共和主义观的自由教育的性质及意义进行了评估，还就这种尝试对未来美国自由教育发展的影响做了估计。

殖民地时期的美国自由教育不仅继承了欧洲的宗教传统，同时还需要满足世俗的目的，学院培养的教师不仅是布道者，还要是管理者及公共秩序和社会稳定的保障者，以维护殖民地社会居民的生存和发展。可以说，自由教育在北美从一开始就未轻视毕业生从事各种职业。后来，由于受欧洲启蒙运动的影响及北美与英国的矛盾加剧，美国革命的先行者开始形成一种新思想和新观念——共和主义思想，其核心是公众利益。这时的自由教育除了宗教信仰目的，还有道德教化目的，知识是美德的奴仆，人类本性和社会习俗的研究应与道德联系在一起。

随着美国的独立及工商业的迅速发展，时代要求发挥青年人的个性和创造精神，过去提倡牺牲个人为大众，这时主张如果个人利益和社会利益兼顾，最能相得益彰。崇尚个人抱负、个人利益和个人行为的新共和主义思想应运而生。艾萨克·克拉姆尼克（Isaac Kramnick）评论道："看一个人是否有德有善，不再听其冠冕堂皇的话，而要看其从事经济活动的才能。人的义务依然是为公众利益服务，但最好通过经济活动来实现，而经济活动的直接目的是个人得实惠。自我中心的经济活动成了善人的标志。"①

席卷19世纪20年代美国社会的文化变革冲击着传统的自由教育。对于这种变化，耶鲁学院既不漠然视之，也不随波逐流。戴校长也承

---

① Jack C. Lane, "The Yale Report of 1928 and Liberal Education: A Neo-republican Manifesto," *History of Education Quarterly*, Vol. 27, No. 3, Fall, 1987: 335.

认，自由教育的某些缺憾确属事实，因而学院的变革是必然的，也是应该的，毕竟当时的耶鲁不是刚刚创办时的样子，也不是健在的校友就学时的状态，学院在变。但是，变革应是主动调整，而不能是被动反应。因而，争议不应是就课程论课程，而应考虑自由教育的广阔目的，即自由教育在现实条件下是否能对新兴国家起作用。戴说："我们要让社会相信，自由教育不仅是有用的，而且恰恰符合社会的需要。"也就是说，《耶鲁报告》不仅对当时美国的学院教育进行了全面的考察和研究，而且在美国受到欧洲各国各种思潮和实践的冲击时，充分考虑了美国的状况。报告认为要办好学院，有必要学习欧洲高等教育的成功经验，但不能一味照抄，必须认真分析研究，并且根据美国的实际情况做出修改。

《耶鲁报告》把自由教育视为一种手段，一种心智训练的手段，一种实现并不确定的多方面目的的手段。借助于这一手段，可以培养学生的分析能力、综合能力、评价能力。例如，《耶鲁报告》并不排斥专业教育，也不反对知识的实用价值，只是主张在特定的阶段应接受心智训练，这比在这个阶段接受实用训练更有必要。它肯定了心智训练是一种最有效的职业准备，而不仅仅是为了人格和道德的养成。在这方面，它使自由教育更被务实的社会所接受。正如一位历史学家所言："它荣幸地调和了各种激烈冲突的利益，将教师的文化要求与国家发展的实用倾向、将中产阶级家长对英才的渴望与学生对职业训练的需求等统统融为一体。"

可以认为，《耶鲁报告》是对自由教育智力化的结果。如果说传统的自由教育视知识教学为道德训练的手段，那么《耶鲁报告》所提出的实施古典学科教学旨在为心智训练服务。这样，《耶鲁报告》促使自由教育实现了从公众道德目的向为个人成功做准备的转变。学生将要面对的是一个不确定的社会，在这里他要运用他的聪明才智才能取得成功，而这种聪明才智必须要经过训练。也就是说，《耶鲁报告》为自由教育在以工商业发展为根本的现代社会中确立了合适的位置，自由教育新的社会功能是帮助年轻一代更有准备地步入职业世界。《耶鲁报告》没有在教学计划中为商业、技术、农业及其他专业性课程预留位置，因为它认为古典教育为年轻人从事这些职业奠定了基础，无论准备从事何种具体职业，年轻人都需要接受系统的心智训练，都需要准确的判断能力、严密的推理能力及严谨的思维能力作为基础。

第五节 《耶鲁报告》的影响及其历史地位

《耶鲁报告》发表之前，也就是 19 世纪的前 30 年，直到美国内战前，耶鲁是美国规模最大也最具全国影响力的学院。面对各式学院的激烈竞争，耶鲁基本保持着稳定的生源数和毕业人数。1811 年，学院招收了 305 名学生，有 50 名学生毕业；随后的一年，学院招收了 313 名学生，毕业了 70 名学生；1813—1819 年，学生人数在 251 名到 291 名间浮动；1820—1835 年，学院总人数共 300 名左右。[①] 1817 年戴校长接管耶鲁学院时，学院有大约 275 名学生、12 名教师（包括校长在内），在今天看来非常不起眼，但其实“她已经是美国规模最大的学院，其学生来自不同的地区，而且极可能是美国最有影响力的学院”[②]。

耶鲁的影响力不仅仅被局限在本地，她凭借着良好的声誉和崇高的地位吸引着来自全国的学生，在极不待见北方学院的南部，耶鲁被誉为“美国的雅典”。根据哈佛历史学家塞缪尔·莫里森（Samuel Eliot Morison）的统计，1810 年，哈佛来自新英格兰以外的学生占 11%；1816 年，这个比例是 16%；1820 年，上升到 27%；自此以后直到

① George W. Pierson, *A Yale Book of Numbers: Historical Statistics of the College and University, 1701-1976* (New Haven, C. T.: Yale University, 1983), p. 5.

② ［美］劳伦斯·A. 克雷明：《美国教育史·2·建国初期的历程（1783—1876）》，洪成文等译，北京师范大学出版社，2003，第 430 页。

1853年，这个比例才突破27%。而耶鲁在1805—1825年，每年平均就有超过25%的学生来自新英格兰以外。[①] 截至1830年，耶鲁有近一半的学生来自康涅狄格州以外，其中17%的学生来自新英格兰的其他州，22%的学生来自中部各州，11%的在校生来自南部各州。即便如此，《耶鲁报告》仍然清醒地认识到，尽管耶鲁当时还保持着相对优势，但学院的经营仍然需要小心谨慎，因为在美国“没有任何大学可以指望依靠学院声誉或其他任何形式而处于独尊的位置”[②]。

至于学院应该如何发展、如何规划，《耶鲁报告》明确指出，“我们的学院不能完全仿效欧洲大学的模式，因为情况不同，规划方式也必然不同。大部分欧洲君主制政府的政策都会将优质教育资源集中在少数几个拥有特权的大学里。……但是在美国，共和国的传统和观念绝不会允许任何大学垄断教育。每个州至少都应该拥有一所大学”[③]。《耶鲁报告》的这一论述从一个侧面反映了美国高度竞争的高等教育体系在《耶鲁报告》的时代开始形成，而耶鲁学院的管理者也充分考虑了这一现实环境，因时因地制宜，试图为耶鲁寻求独特而有效的发展之路。因此，《耶鲁报告》开篇就坦陈：“毫无疑问，我们现有的教育计划还可以更好。我们意识到整个体系并不完善，也真心希望其中的一些缺陷能尽快得到弥补。我们相信要时常做出改变来满足社会的不同需求，调整学院课程来适应国家人口、文明和经济的快速发展。通过认真观察欧洲大学和积极调查最时兴的教育科目，我们坚信能找到重要的改革路径。”[④]《耶鲁报告》既是这一观察和思考的结果，也正好成为记录这一观察和思考过程的明证。

---

① Samuel E. Morison, *Three Centuries of Harvard* (Cambridge: The Belknap Press of Harvard University Press, 1965), p. 198.

② *Yale Report*, p. 42.

③ *Yale Report*, p. 20.

④ *Yale Report*, p. 5.

19世纪前半期，美国创建了成百上千的地方学院，几乎所有的社区都有自己的学院。这种机构服务于社区利益，课程设置灵活且偏向于应用技能，教育目标是使学生认识生活和处理实际事务。[①]《耶鲁报告》已经敏锐地洞察到当时人们对古典学院教育的期许和诉求，学院教育和古典语言的学习代表了一种社会和文化资本，进入学院学习的学生及其家长则希望通过学院教育获取这种社会和文化资本的认证，"学院的学位必须要在公众观念中保持这种价值"[②]。因此，学院的成功在很大程度上取决于学院是否重视这一社会需求和根据这一需求做出调整的行动力。回到文本本身，我们看到《耶鲁报告》已经依据实用性的理由为古典课程辩护。

那时绝大多数的医生、律师和神职人员都是大学毕业生，大学文凭和社会地位、职业地位的关系不言而喻。可以提供文化教养光环的古典学院教育对这一群体依然有着特殊的吸引力。[③]《耶鲁报告》用很大的篇幅探讨了古典教育给那些进入神学、法律和医学职业的人带来的好处，如引经据典的能力仍然能赢得美国社会的敬仰。古典教育帮助律师获得名望和能力的光环，"不通过古典教育，单纯依靠律师个人非凡的智力禀赋也可能获得很高的社会名望，但他们会发现自己缺乏像学者那样从古典学问中掌握丰富论证和修饰润色的能力"[④]。简言之，古典学院教育是文化教养的标志，是那些进入高级职业的人的理想资产。19世纪的《耶鲁报告》提出的这一观点甚至被20世纪的学者克里斯托弗·詹克斯（Christopher Jencks）和大卫·理斯曼（David

① T. R. Sizer, *The Age of the Academies* (New York: Bureau of Publications, Teachers College, 1964), p. 5.

② *Yale Report*, p. 25.

③ Colin Burke, *American Collegiate Populations: A Test of the Traditional View* (New York: New York University Press, 1982), p. 55.

④ *Yale Report*, p. 54.

Riesman)再次确认:“美国大学的存在理由和关键价值不在于教育,而在于证明。”①

因此,《耶鲁报告》对提克诺及其他倡导选修制的人的评价是轻率的和不切实际的,这样做的人都是“教育的空想家,对古典语言课程的真正设计构想和实际目的一无所知。如果一定要抛弃古典语言课程,最后的结果不难想象,学院将失去公众信任,学院声誉也将无可挽回地失去”②。过去我们认为《耶鲁报告》坚守的这些“死的语言”及机械的教学方式令公众强烈不满,根本无法满足社会需要。但衡量美国公众和社会对学院的喜好,入学数据是最有力的证据。1828 年《耶鲁报告》发表到 1860 年,耶鲁的学生数量增长了 60%,是当时最受欢迎的学院。③

耶鲁深谙学院教育是社会上层需要的文化资本,这个阶层对学院教育的期许和需要是学院生存和发展的基础。“在这个崇尚工商业和赚钱职业的国家,提供专业技能培训的学校得到迅速发展。然而,类似社会地位和特殊人格魅力等这些学院培养目标仍然受到人们的推崇。尽管很多学院由于缺乏资金而倒闭,其他院校却仍然保留着博雅课程,并且一直坚持认为年轻人会从中受益无穷。”④ 耶鲁的财政主要依靠学费,因而稳定的生源是维持学院正常运行的前提。从社会需要的角度出发,耶鲁认为学院不是提供职业教育的地方,应该坚守自由教育和培养领袖的精英教育。《耶鲁报告》最为雄辩地论述了自由教育理念,

---

① Christopher Jencks and David Riesman, *The Academic Revolution* (New York: Doubleday, 1968), p. 61.

② *Yale Report*, p. 42.

③ David B. Potts, "Curriculum and Enrollment: Assessing the Popularity of Antebellum Colleges," in Roger Geiger edits, *The American College in the Nineteenth Century* (Nashville: Vanderbilt University Press, 2000), p. 40.

④ Arthur M. Cohen, *The Shaping of American Higher Education: Emergence and Growth of the Contemporary System* (San Francisco: Jossey-Bass Publishers, 1998), p. 48.

为美国特色本科教育的形成与发展奠定了理论和精神基础。也正是因为有了《耶鲁报告》的自由教育理念，成就了耶鲁的卓尔不群和其在美国高等教育上的学院典范形象。

总而言之，从耶鲁学院自身发展的层面来看，耶鲁大学通过《耶鲁报告》提出了既坚守传统使命又开拓革新、服务现世的学院立场和发展路径。《耶鲁报告》重申了自殖民地时期以来学院教育的宗教使命和道德责任，坚守了自由教育理念和学院教育传统，但同时深谙服务当世是学院生存和发展的必由之路，需要发挥自身最大的优势来满足美国社会的需求，显示了开拓革新的勇气和实用主义的倾向。可以说，《耶鲁报告》实际上是耶鲁学院对办学的自我反思和发展的战略抉择，无论是对传统的坚守，还是对革新的反思，既不随波逐流，也不莽撞激进，耶鲁采取了在当时而言最为合适和稳妥的管理方式，体现了耶鲁学院应对高度竞争的现实主义选择，平衡了传统与革新，体现了高超的治理智慧，也形成了耶鲁卓尔不群的立校理念和价值追求。

从美国高等教育发展的层面来看，《耶鲁报告》作为一份形成于 19 世纪 20 年代的重要历史文献，事实上反映了自独立战争到 19 世纪初美国学院该如何发展的探索历程，同时也记录了分散自主、多元竞争的独特的“美国式”高等教育体系形成的初期状态。《耶鲁报告》是美国高等教育改革的一次影响深远的尝试，与其说它阻挡了滚滚向前的改革步伐，不如说它提供了一种发展路径，揭示了美国高等教育的某些基本特征。美国高等教育从一开始在献身于自由教育传统时就融进了一股强烈的实用主义倾向。不久之后，这种经常与早期自由教育传统相冲突的实用主义开始浮出水面。

【参考文献】

［美］劳伦斯·A. 克雷明. 美国教育史·2·建国初期的历程（1783—1876）［M］. 洪成文，等译. 北京：北京师范大学出版社，

2003.

[美] 乔治·M. 马斯登. 美国大学之魂（第二版）[M]. 徐弢，等译. 北京：北京大学出版社，2015.

[美] 乔治·布朗·廷德尔，大卫·埃默里·施. 美国史（第二卷）[M]. 宫齐，等译. 广州：南方日报出版社，2012.

[美] 威利斯顿·沃尔克. 基督教会史 [M]. 孙善玲，等译. 北京：中国社会科学出版社，1991.

[英] 伊恩·默里. 真正的复兴 [M]. 张宇栋，译. 北京：团结出版社，2012.

李猛. 在研究与教育之间：美国研究型大学兴起的本科学院问题 [J]. 北京大学教育评论，2017，15（4）：2-22.

Alison Rabil. Content, Context, and Continuity: the Yale Report of 1828, Its Impact on Antebellum Higher Education with Implications for Contemporary Liberal Arts Programs[D]. Manhattan, N. Y.: Columbia University, 1998.

Arthur Levine. Handbook on Undergraduate Curriculum[M]. San Francisco: Jossey-Bass publishers, 1978.

Arthur M. Cohen. The Shaping of American Higher Education[M]. San Francisco: Jossey-Bass Publishers, 1998.

Chauncey A. Goodrich. A Narrative of Revivals of Religion in Yale College[J]. Journal of the American Education Society, 1838: 296.

Christopher Jencks and David Riesman. The Academic Revolution [M]. Garden City, N. Y.: Double day, 1968.

Committee of the Corporation and the Academical Faculty. Reports on the Course of Instruction in Yale College[M]. New Haven: Hezekiah Howe, 1828.

David B. Potts. Curriculum and Enrollment: Assessing the Popularity of Antebellum Colleges[M]//Roger Geiger edit. The American College in the Nineteenth Century. Nashville:Vanderbilt University Press,2000.

Ebenezer Baldwin. History of Yale College: From Its Foundation, A. D. 1700, to the Year 1838[M]. New Haven: Benjamin and William Noyes,1841.

F. B. Dexter. Biographical Sketches of the Graduates of Yale College with Annals of the College History[M]. New York:Henry Holt,1986.

George P. Schmidt. The Liberal Arts College: A Chapter in American Cultural History[M]. New Brunswick,N. J. :Rutgers University Press,1957.

George W. Pierson. A Yale Book of Numbers: Historical Statistics of the College and University,1701-1976[M]. New Haven,C. T. : Yale University,1983.

John S. Brubacker,W. Rudy. Higher Education in Transition[M]. New York:Harper and Row,1968.

Jack C. Lane. The Yale Report of 1928 and Liberal Education: A Neo-republican Manifesto[J]. History of Education Quarterly,1987,27(3):325-338.

Melvin I. Urofsky. Reforms and Response:The Yale Report of 1828 [J]. History of Education Quarterly,1995,15(1):64.

Michael S. Pak. The Yale Report of 1828:A New Reading and New Implications[J]. History of Education Quarterly,2008,48(1):30.

Original Papers in relation to a Course of Liberal Education[J]. The American Journal of Science and Arts,1829(15):297-351.

R. Freeman Butts. The College Charts Its Course: Historical Conceptions and Current Proposals[M]. New York:McGraw-Hill,1939.

Richard Hofstadter and Wilson Smith,eds. American Higher Education:

A Documentary History[M]. Chicago: The University of Chicago Press, 1961.

Samuel E. Morison. Three Centuries of Harvard[M]. Cambridge: The Belknap Press of Harvard University Press, 1965.

Steven J. Novak. The Rights of Youth: American Colleges and Student Revolt, 1798-1815[M]. Cambridge: Harvard University Press, 1977.

T. R. Sizer. The Age of the Academies[J]. New York: Bureau of Publications, Teachers College, 1964.

Jurgen Herbst. The Yale Report of 1828[J]. International Journal of the Classical Tradition, 2004, 11(2): 217-218.

第二章　公立中学统一课程的努力：《十人委员会报告》

第一节　《十人委员会报告》出台前美国的社会和教育背景

从19世纪末到20世纪初的几十年，是美国历史具有重要意义的转折时期，工业化和城市化是这一时期最显著的特征，一方面给美国带来了巨大的物质财富，另一方面也造成了纷繁复杂的社会问题。“自由放任”的经济原则被垄断集团利用，经济秩序遭到破坏，经济危机频发；“政党机器”操纵竞选，贿买官员，政治腐败成风。与此同时，贫困、犯罪、疾病、环境污染等问题也日趋严重。社会转型的全面性似乎注定了社会问题的多样性，在此背景下，越来越多的人试图寻求有效的社会改革。其中，社会学家和教育家更多地将视线投向教育领域，期待通过教育塑造有序的政府。翻阅这一时期的报纸、杂志便可以看到人们对教育改良社会的期待：“国家需要受过教育尤其是受过中等教育的公民，中学的目标应该是为国家培养德智兼具的人才。”“公共教育应该作为解决新移民问题的中坚力量。”在1885年全国教育协会（National Education Association，简称NEA）的讨论会上，来自新奥尔良的西曼大力呼吁将“教育作为治愈社会冲突的一剂良药”，并且具体指出，这有赖于“统一且运作良好、资金充分的公共教育系统，尤其是中等教育系统”。

“大学与中学之间的关系”“大学入学要求”“中学的性质”“中学的目标”“中学的课程设置”等问题都在这一时期得到广泛讨论。伴随着讨论的深入，许多问题最终归结到中等教育，尤其是中等教育的目标和课程设置问题上。中等教育是当时几个关键问题的枢纽，它既关系着此前广泛讨论的中学与大学之间的关系问题，又是教育作为改良社会的机构中最关键的一环。正如克鲁格所说：“当时，进入中学能否解决美国面临的社会问题已经成为教育面临的最重要的问题。”① 但美国当时的中等教育自身处于重重困境中。1874 年，“卡拉马祖案”（the Kalamazoo Court Case）开创了将公共税收用于支持公立中学的先例，公立中学开始较为迅速的发展，并且逐渐取代传统的文法中学成为主流。新兴的公立中学不仅需要满足日益复杂的大学入学要求，还要为越来越多的学生解决就业问题。由此，工业的、商业的、文化的、科学的和艺术的课程不断被扩充到学校课程中，致使中学的课程计划臃肿不堪。更重要的是，每个学校的课程设置千差万别，有些中学开设希腊语、拉丁语、数学等传统学科，有些中学则开设英语、自然科学等现代学科，还有中学开设记账、手工训练和家政等特殊学科。

1888 年 2 月 16 日，埃利奥特在全国教育协会督学部会议上做了重要演讲——《中学课程是否能被缩减并丰富?》，试图解决美国中学课程过于臃肿和参差不齐的问题。埃利奥特首先交代了美国高等教育面临的困境：大学入学年龄过大和大学修业年限过长。为解决大学的困境，大学工作者急于求证美国的中学能否在更短的时间里完成更丰富的课程内容，即中学能否保证学生在 18 岁进入大学，并且在进入大学

---

① Edward A. Krug, *The Shaping of the American High School*, *Vol. 1, 1880-1920* (New York: Harper & Row, 1964), p. 11.

之前掌握了足够的知识。为此，埃利奥特在考察了美国中学和文法学校的基础上提出了5条建议：一是为中学配备更好的老师，改善教师的任职条件，提高男教师的比例；二是进行中学课程改革，使课程更富趣味性和吸引力；三是减少复习课的数量；四是教师和家长应共同促进学生的入学年龄前延；五是减少学生的假期，延长学生的在校时间。① 这一演讲随后被公开发表在1888年8月的《大西洋月刊》上，是埃利奥特公开发表的第一篇关于美国公共教育改革的论文。鉴于全国教育协会这一全国性平台在当时教育界的巨大影响力和埃利奥特的个人影响力，该文在当时引起了广泛的关注和讨论，一定程度上解决了公立中学课程臃肿的问题，也将有关中等教育的讨论推向了高潮。

为了使中等教育摆脱困境，建立统一的中学课程体系和大学入学标准逐渐成为教育家们寻求的一种路径。早在1885年，西曼就认为统一且运作良好、资金充分的公共教育系统，尤其是中等教育系统将成为治愈社会冲突的一剂良药。这一主张得到很多学者的支持，不少大学教授也开始发表公开演讲，论证推行更加统一的大学入学要求是否可行。1886年第二届纽约州校长联合假期会议的官方报告更是特别强调，大学入学考试急需实现统一。② 随后，新英格兰学院和预备学校协会也在其1887年的会议报告中称："本协会将致力于推动大学入学标准在更大程度上实现统一。"③

1887年7月11日，学院与中学衔接会议委员会（the Committee of Conference between Colleges and Secondary Schools）主席、丹佛中学

---

① Charles W. Eliot, "Can School Programmes Be Shortened and Enriched?" in *Proceedings of the Department of Superintendence of the National Educational Association* (Washington, D. C.: U. S. Bureau of Education Circular, 1888), pp. 101-102.

② *Official Report of the Holiday Conference of 1886, 1887*, pp. 26-27.

③ The New England Association of College and Preparatory Schools, "College Admission Examinations: Report of the Commission of Colleges in New England," *The Academy*, 1887: 69-79.

校长詹姆斯·贝克（James H. Baker）向全国教育委员会（the National Council of Education）提议成立一个委员会，对中学学科和大学入学要求的统一性问题进行彻底调查。在 1891 年多伦多举行的全国教育委员会会议上，贝克继续围绕中学课程的统一性与大学入学标准的统一性这一主题做了报告。该报告建议举行一次有 12 所具有代表性的大学和 12 所中学参加的会议，探讨中学和大学的关系问题。[①] 这个建议得到全国教育委员会的批准。随后，贝克陆续向一些大学和中学发出信函，邀请他们派代表出席次年 7 月召开的全国教育协会年会。

从总体来看，当时美国的大学入学标准和中学课程都严重不统一，共有 16 门独立的学科，在大学入学考试中则会出现由这 16 门课程组合而成的七八十种甚至数百种考核要求，这给学生带来了很大的不便。即使是考核同一门学科，不同大学的要求也不尽相同。1891 年，科勒（William C. Collar）对美国当时的 487 所大学的入学要求做了一个统计，发现这 487 所大学对历史、数学、科学和语言学等课程的入学要求存在着显著的差异。可以毫不夸张地说，当时大学的入学要求几乎囊括了各个国家在各个时期的历史：某所大学要求学生掌握巴比伦和亚述的历史，另一所大学则要求学生掌握波斯的历史；某所大学要求学生掌握德克萨斯州的历史，另一所则要求学生掌握北卡罗来纳州的历史。在数学学科上，大学一般都会要求学生掌握算数、代数和几何，但也有 25 所大学没有对代数提出要求，有 121 所大学没有对几何提出要求。在自然科学上，不同大学考核的具体学科不尽相同。在语言学上，各所大学在考核古典语言还是现代语言上差异很大，具体考核方式和细则更是千差万别。除历史、数学、科学和语言学这四大学科外，一些大学还有自己特殊的要求，如有些大学会要求学生掌握绘画、《圣

① National Council of Education, *Report of Committee on Secondary Education, Uniformity in Requirements for Admission to College* (New York: National Educational Association, 1891), pp. 315-316.

经》、神话、道德等内容。

不但大学的入学标准存在着严重的不统一，而且中学教授的课程差异甚大。十人委员会为了筹备会议，提前对美国 40 所一流中学的课程和分配给每个课程的时间进行了统计并制作了一份表格。该表格清晰地呈现了美国中学课程严重不统一的状况。首先，这些中学教授的课程总数接近 40 门，但其中的 13 门只在很少的学校开设。其次，许多课程的授课时间很短，以至于学生难以从中得到训练。最后，分配给同一门课程的时间在不同学校中差别很大。即使是一些较老的课程（如拉丁语和代数），也存在很大的差异。①

这种混乱的课程状况使人们迫切希望出台一项统一课程计划。科勒提道："尽管要在美国这样一个国家实现全面而绝对的课程统一并不现实，但人们对目前这种混乱的状况已经非常不满。在人口流动如此大的情况下，课程不统一给学生带来了极大的不便。一个学生如果要到另一个城市或乡村读书，就必须重新购买课本，而且他们通常会发现自己在某些科目的学习上与新班级的学生相比过于超前，而在另一些课程的学习上过于滞后，为此常常需要延迟一个学期才能入学，财力和时间上的消耗都很大。"

因此，尽管在 19 世纪 80 年代人们普遍认为大学入学标准和中学课程的统一不是一个短期能够实现的目标，课程的统一对于学生个性的忽视也受到随后美国进步主义教育家的批判，但在这一时期，"统一性"显然是一个非常受欢迎的词汇，学者们从各个方面指出了教育走向统一的意义。尽管不同学者所指的"统一性"的内涵有所不同，对"统一性"能够带来的具体好处也持不同态度，但是在教育的混乱状态折磨着与之相关的所有团体和个人的状况下，"走向统一"已经逐渐成

---

① National Educational Association, *Report of the Committee of Ten on Secondary School Studies, with the Reports of the Conferences Arranged by the Committee* (Knoxville: American Book Company, 1894), pp. 4-5.

为人们的共同诉求，“统一”也成为很多教育家推行教育改革的口号。①

第二节　《十人委员会报告》的出台及其争论

1892 年，哥伦比亚学院院长巴特勒（Nicholas Murray Butler）接替贝克出任学院与中学衔接会议委员会主席。他在 1892 年的全国教育协会会议上继承贝克先前的工作，继续以“统一性”为主题做了重要报告。他指出，“我们希望举行一次有大学教师和中学教师参加的会议”，并且建议任命一个执行委员会在 1892—1893 学年召集和筹备这次会议。②

1892 年 7 月 9 日，全国教育委员会接受了巴特勒的建议，正式批准成立一个由 10 人组成的执行委员会，具体负责会议的筹备和组织工作。十人委员会的主要任务就是解决美国中学课程和大学入学标准统一性的问题。为此，委员会决定组织学校和学院教师召开关于中等学校各主要学科的研讨会，“探讨学科的恰当界限、最佳教学方法、最适宜的时间分配、测试学生成绩的最佳方式等”③。

十人委员会由哈佛大学校长查尔斯·埃利奥特（Charles W. Eliot）任主席，其他 9 位成员包括美国教育督学威廉·哈里斯（William T. Harris）、密歇根大学校长詹姆斯·安吉尔（James B. Angell）、波士顿女子中学和女子拉丁学校校长约翰·泰特洛（John Tetlow）、瓦萨学院

---

① Edward A. Krug, *The Shaping of the American High School*, *Vol. 1, 1880-1920* (New York: Harper & Row, 1964), p. 32.

② National Educational Association, *Journal of Proceedings and Addresses*, 1892: 754.

③ National Educational Association, *Report of the Committee of Ten on Secondary School Studies, with the Reports of the Conferences Arranged by the Committee* (Knoxville: American Book Company, 1894), pp. 3-4.

学长詹姆斯·泰勒（James M. Taylor）、奥尔巴尼中学校长奥斯卡·罗宾逊（Oscar D. Robinson）、科罗拉多大学校长詹姆斯·贝克、密苏里大学校长理查德·杰西（Richard H. Jesse）、劳伦斯维尔学校校长詹姆斯·麦肯齐（James C. Mackenzie）、奥伯林学院教授亨利·金（Henry C. King）。在这10人中，既有哈佛大学、密歇根大学等高校的杰出领导者，也有来自一流公立与私立中学的校长，还有当时教育界极具威望的教育督学。

1892年11月9—11日，十人委员会于哥伦比亚学院召开筹备会议，在对美国40所一流中学的学科列表（见表2-1）进行讨论的基础上，决定成立有关9门学科的分会。这9门学课包括拉丁语，希腊语，英语，其他现代语言，数学，物理、天文和化学，博物学（生物，包括植物学、动物学和生理学），历史、公民政府和政治经济学，地理（自然地理、地质学和气象学）。每个学科分会由10人组成，共计90人。

为方便九大学科分会进行研讨，委员会还列出了会议讨论的11个问题清单：在6—18岁的学校课程中，该科目的教学应从几岁开始？该科目的教学开始后，应教授多少年；在这些年中，每周应分配多少个小时？在中学阶段，应该教多少年，每周教多少个小时？在整个课程中，应当教授什么主题或部分？在中学阶段应讲授什么主题或部分？该科目应当以什么形式、在什么程度上被纳入大学的入学考试中？对将升入大学、进入科学学校或二者都不去的学生，在该学科上是否应该区别对待？如果要进行区别对待，应从几岁开始？该科目的最佳教学方法是什么？在大学入学考试中，该科目的最佳测试方式是什么？如果大学或学院允许将入学考试分为初步测试和最终测试并至少隔开一年，那么如何区分二者的界限？

十人委员会任命并召开筹备会议之后，各学科分会陆续召开会议并撰写分会报告。1893年10月1日，各分会报告和总报告初稿成型，经修改后于 1893 年 11 月 11 日形成第二稿,《十人委员会报告》的第三稿于 3 周后形成，并且获得委员会成员的一致认同。

《十人委员会报告》由主报告——《中等学校学科十人委员会报告》(*Report of the Committee of Ten on Secondary School Studies*)和 14 份分报告组成。主报告由十人委员会主席查尔斯·埃利奥特主笔，内容包括十人委员会由任命到报告行成的工作进展汇报、各学科分会报告的主要意见摘要和述评、委员会在此基础上提出的几个课程计划表及对计划的解释，以及根据所提出的课程计划对学院入学要求的修改建议等内容。在 14 份分报告中，除 9 个学科分会提交的报告外，还附有相关专题研究报告和少数意见报告 (minority report，即分委员会中反对意见的报告)。《十人委员会报告》涉及的内容非常广泛，包括中学的性质、中等教育的目标、中学课程的设置、教育民主问题、中小学学制及大中小学之间的关系等。

一、课程的统一与差异之争

十人委员会的主要任务是解决美国中学课程不统一及中学课程与大学入学标准之间不统一的问题。《十人委员会报告》中最受关注的部分正是为实现“统一性”这一核心任务而设立的中学课程方案。

委员会在综合九大学科分会报告的基础上，首先提出了从小学 1 年级至中学 12 年级课程设置的总体安排，详见表 2-1。

表 2-1 《十人委员会报告》建议的学习时间安排

课程	小学各年级——初等语法学校								中等学校——中学或学院			
	1 年级 6—7 岁	2 年级 7—8 岁	3 年级 8—9 岁	4 年级 9—10 岁	5 年级 10—11 岁	6 年级 11—12 岁	7 年级 12—13 岁	8 年级 13—14 岁	9 年级 14—15 岁	10 年级 15—16 岁	11 年级 16—17 岁	12 年级 17—18 岁
拉丁语					给予学习拉丁语的原因，早期主要是风俗的学习				每周 5 课时	每周 5 课时	每周 5 课时	每周 5 课时
希腊语							学习希腊语的前一年学习拉丁语			每周 5 课时	每周 4 课时	每周 4 课时
英语	复述故事，编故事，描述事物		开始拓展阅读并一直贯穿至各年级；开始习作——写记叙文和说明文，进行形式和语句的口头与书面练习				从这个年级开始不再借助他人进行阅读	文法，每周 3 课时	文学，每周 3 课时	文学，每周 3 课时	文法，每周 3 课时	文法，每周 3 课时
									作文，每周 2 课时	作文，每周 2 课时	作文，每周 1 课时	作文，每周 1 课时
											修辞，每周 1 课时	修辞，每周 1 课时
现代语言					选修德语或法语，每周 5 课时	选修德语或法语，每周 5 课时	选修德语或法语，每周 5 课时	选修德语或法语，每周 5 课时	开始学习语言，每周 4 课时	同一语言，每周 4 课时	同一语言，每周 4 课时	同一语言，每周 4 课时
										第二语言，每周 4 课时	第二语言，每周 4 课时	第二语言，每周 4 课时

续表

课程	小学各年级——初等语法学校								中等学校——中学或学院			
	1 年级 6—7 岁	2 年级 7—8 岁	3 年级 8—9 岁	4 年级 9—10 岁	5 年级 10—11 岁	6 年级 11—12 岁	7 年级 12—13 岁	8 年级 13—14 岁	9 年级 14—15 岁	10 年级 15—16 岁	11 年级 16—17 岁	12 年级 17—18 岁
数学	第一个 8 年先学习算术，同时学习代数表达式和符号、简单的二次方程；没有建议具体的学习时间				具体几何，每周 1 课时	具体几何，每周 1 课时	具体几何，每周 1 课时	具体几何，每周 1 课时	代数，每周 5 课时	代数或簿记和商业算术，每周 2 课时 几何，每周 2 课时	代数或簿记和商业算术，每周 2 课时 几何，每周 2 课时	为即将进入科学学校的人开设三角学和高级代数
物理、化学和气象学	学习自然现象，每周 5 课时，贯穿于第一个 8 年之中，主要通过实验，也包括实物测量，以及会议的第 7、9 条建议所提及的方法进行								选修天文学，每周 5 课时		化学，每周 5 课时	物理，每周 5 课时
自然史	贯穿于第一个 8 年之中，每周 2 课时，每次不少于 30 分钟，主要进行植物和动物的学习，这种教学应与语言、绘画、文学和地理教学联系起来								一年学习植物学和动物学，半年学习生理学、解剖学和卫生学			
历史					传记秘史，每周 3 课时		美国历史和公民政府的组成，每周 3 课时	希腊罗马史，每周 3 课时	法国历史，每周 3 课时	英国历史，每周 3 课时	美国历史，每周 3 课时	特定时期的集中研究、公民政府，每周 3 课时
地理	第一个 8 年平均分配的教学内容主要涉及地球、环境、居民，还包括天文学、气象学、植物学、动物学、历史、商业、种族、宗教、政府							自然地理学/自然地理	生理学、地理学或中学课程中的部分气象学知识/可能会比所允许选择的还多		选修气象学，今年或明年的半年	选修地理或生理学，半年

在此基础上，委员会进一步提出了美国公立中学的课程设置方案，即总报告中呈现的四组课程方案：古典课程、拉丁—科学课程、现代语言课程和英语课程。这是美国历史上第一次推出一套全国统一的中学课程方案，它的出台是对之前近 10 年有关美国中学课程统一性争论的一个回应，也作为一个载体将这一讨论引向高潮。

表 2-2　十人委员会建议的四组课程方案①

<table>
<tr><th rowspan="2">时间（年）</th><th colspan="2">古典</th><th colspan="2">拉丁—科学</th><th colspan="2">现代语言</th><th colspan="2">英语</th></tr>
<tr><th>课程</th><th>课时</th><th>课程</th><th>课时</th><th>课程</th><th>课时</th><th>课程</th><th>课时</th></tr>
<tr><td rowspan="5">一</td><td>拉丁语</td><td>5</td><td>拉丁语</td><td>5</td><td>德语 C 级或法语 C 级</td><td>4</td><td>拉丁语或德语 C 级或法语 C 级</td><td>5 或 4</td></tr>
<tr><td>英国文学和写作</td><td>3</td><td>英国文学和写作</td><td>2</td><td>英国文学和写作</td><td>3</td><td>英国文学和写作</td><td>2</td></tr>
<tr><td>初等代数</td><td>5</td><td>初等代数</td><td>5</td><td>初等代数</td><td>5</td><td>初等代数</td><td>5</td></tr>
<tr><td>希腊史和罗马史</td><td>4</td><td>希腊史和罗马史</td><td>4</td><td>希腊史和罗马史</td><td>4</td><td>希腊史和罗马史</td><td>4</td></tr>
<tr><td>自然地理学</td><td>3</td><td>自然地理学</td><td>3</td><td>自然地理学</td><td>3</td><td>自然地理学</td><td>3</td></tr>
<tr><td rowspan="6">二</td><td>拉丁语</td><td>6</td><td>拉丁语</td><td>6</td><td>德语 B 级或法语 B 级</td><td>4</td><td>拉丁语或德语 B 级或法语 B 级</td><td>6 或 4</td></tr>
<tr><td>英国文学和写作</td><td>4</td><td>英国文学和写作</td><td>4</td><td>法语 C 级或德语 C 级</td><td>4</td><td>天文学和地质学</td><td>3</td></tr>
<tr><td>平面几何</td><td>3</td><td>平面几何</td><td>3</td><td>平面几何</td><td>3</td><td>平面几何</td><td>3</td></tr>
<tr><td>植物学</td><td>3</td><td>植物学</td><td>3</td><td>植物学</td><td>3</td><td>植物学</td><td>3</td></tr>
<tr><td rowspan="2">德语 C 级或法语 C 级</td><td rowspan="2">4</td><td rowspan="2">德语 C 级或法语 C 级</td><td rowspan="2">4</td><td>英国文学，写作</td><td>3</td><td>英国文学和写作</td><td>4</td></tr>
<tr><td>天文学或地质学</td><td>3</td><td>法国史</td><td>3</td></tr>
</table>

① National Educational Association, *Report of the Committee of Ten on Secondary School Studies, with the Reports of the Conferences Arranged by the Committee* (Knoxville: American Book Company, 1894), pp. 46-47.

续表

<table>
<tr><th rowspan="2">时间（年）</th><th colspan="2">古典</th><th colspan="2">拉丁—科学</th><th colspan="2">现代语言</th><th colspan="2">英语</th></tr>
<tr><th>课程</th><th>课时</th><th>课程</th><th>课时</th><th>课程</th><th>课时</th><th>课程</th><th>课时</th></tr>
<tr><td rowspan="7">三</td><td>拉丁语</td><td>5</td><td>拉丁语</td><td>5</td><td>德语A级或法语A级</td><td>3</td><td>拉丁语或德语A级或法语A级</td><td>5或3</td></tr>
<tr><td>希腊语</td><td>5</td><td>德语B级或法语B级</td><td>4</td><td>法语B级或德语B级</td><td>4</td><td>英国史</td><td>4</td></tr>
<tr><td>修辞</td><td>1</td><td>修辞</td><td>1</td><td>修辞和英国文学</td><td>3</td><td>修辞和英国文学</td><td>3</td></tr>
<tr><td>高等代数和几何</td><td>5</td><td>高等代数和几何</td><td>5</td><td>高等代数和几何</td><td>5</td><td>高等代数和几何</td><td>5</td></tr>
<tr><td>德语B级或法语B级</td><td>4</td><td>英国史</td><td>2</td><td>英国史</td><td>2</td><td rowspan="3">化学</td><td rowspan="3">3</td></tr>
<tr><td rowspan="2">化学</td><td rowspan="2">3</td><td>天文学或地质学</td><td>3</td><td rowspan="2">化学</td><td rowspan="2">2</td></tr>
<tr><td>化学</td><td>3</td></tr>
<tr><td rowspan="7">四</td><td>拉丁语</td><td>5</td><td>拉丁语</td><td>5</td><td>法语A级或德语A级</td><td>3</td><td>拉丁语或德语A级或法语A级</td><td>5或3</td></tr>
<tr><td>希腊语</td><td>5</td><td>德语A级或法语A级</td><td>3</td><td>英国文学和语法</td><td>4</td><td>英国文学和语法</td><td>4</td></tr>
<tr><td>语法和基础英语</td><td>2</td><td>语法和预备英语</td><td>2</td><td>物理学</td><td>5</td><td>物理学</td><td>5</td></tr>
<tr><td>物理学或荷马</td><td>5</td><td>物理学</td><td>5</td><td>美国史</td><td>2</td><td>美国史</td><td>2</td></tr>
<tr><td>德语A级或法语A级</td><td>3</td><td>美国史</td><td>2</td><td>地文学或生理学</td><td>3</td><td>三角函授和大学代数</td><td>3</td></tr>
<tr><td rowspan="2">三角函授和大学代数</td><td rowspan="2">3</td><td>生理学和地文学</td><td>3</td><td>德语A级或法语A级</td><td>3</td><td>生理学和地文学</td><td>3</td></tr>
<tr><td>三角函授和大学代数</td><td>3</td><td>三角函授或大学代数</td><td>3</td><td>法律</td><td>3</td></tr>
</table>

作为十人委员会的主席，埃利奥特竭力为报告做宣传。由于埃利奥特一直以在哈佛大学推行选修制著称，强调教育应该充分尊重学生

的个性，这样一个人何以突然转变立场倡导教育走向统一，长期令公众感到疑惑，也有人因此称他自相矛盾。但事实上，在1892的全国教育协会会议上，埃利奥特就以“可取的和不可取的学校统一”为题做了报告，对“统一性”做了审慎的界定，提出了“可取的统一性”（desirable uniformity）[①] 这一概念，它在很大程度上代表了十人委员会对课程统一的态度。

埃利奥特指出，要求所有中学生学习完全相同的科目既无必要也不可取。但是，如果学生已经选择学习一门学科，那么这门学科一年应该学习几周、应该包含哪些特定的主题和应该采用怎样的教学方法等应该达成一定程度的统一。要求所有的大学采用完全相同的入学标准考试也是非常不可取的，但是，如果大学和学院能够就同一门学科在大学入学考试中的考核范围、这门学科在中学的最佳教学方法及最佳测试方式达成一致，将给中学带来极大的便利。这一层面的统一是非常可取且完全可以实现的。

埃利奥特在文中严格区分了“不可取的统一”和“可取的统一”。“不可取的统一”是指要求所有学生学习完全相同的学科，并且以完全同步的步调进行学习。而“可取的统一”是指从所有学科中选出适合所有学生或部分学生学习的一些学科，对这些学科的学习内容进行界定，并且对一般情况下教授这门学科所需的教学时间和这门学科的最佳教学方法进行规定，具体指出有一些知识对从幼儿期到成年期接受公共教育的所有人都有很大意义；尽管要求所有的儿童学习代数、几何、生物、物理或外语不一定是最好的，但要求儿童学习这些科目中的其中一门对他们来讲有可能是最好的；可能存在学习该门学科最好的方法，这种方法是所有学习这门学科的学生都应该遵循的；每门学

① Charles W. Eliot, “Undesirable and Desirable Uniformity in Schools,” in *Journal of Proceedings and Addresses* (New York: National Educational Association, 1892), p. 85.

科中都会有一些主题是凡学习这门学科的学生都应该学习的，应该精确划定这些主题涉及的内容；将一门既定的课程教给学生所需要的授课年限和每周学时也应该有一个最佳的时间规定。

可见，埃利奥特主张的并非绝对意义上的课程统一，而是特定方面的课程统一。十人委员会在很大程度上贯彻了埃利奥特的这一主张，但在随后的争论中，"课程统一"的这一特定内涵常常被忽视或过度延伸。

十人委员会历史、公民政府和政治经济学分会的成员胡灵也是"统一课程"的拥护者，他将"强调中学课程的统一性"看作《十人委员会报告》的一个卓越成果。在他看来，尽管当时美国的公立中学、文法中学和私立预备中学情况各不相同，中学课程的统一不可能在短期内实现，但它是中学未来的一个发展方向，将帮助更多的年轻人从中学升入大学。① 班克罗夫特也指出，美国的教师和学生长期受到混乱无序课程要求的折磨，急需推出一套全国认可的统一标准，十人委员会所建议的课程明显优于当时庞杂和混乱的课程。② 麦肯齐则通过将《十人委员会报告》与同时期英国、法国和德国的教育改革进行比较，分析其在建立全国统一的教育体系方面的意义与价值。他指出，美国的中学毕业生进入大学的只有3%，其余97%都进入了社会，这样的背景使美国的教育与欧洲任何国家的教育相比都更为同质，更需要统一的标准。③

然而，十人委员会的另一位成员罗宾逊不赞成报告试图建立的全

---

① Ray G. Huling, "The Reports on Secondary School Studies," *The School Review*, Vol. 2, 1894: 268-280.

② Cecil F. P. Bancroft, "Report of the Committee of Ten, from the point of view of the endowed academy," *Educational Review*, Vol. 7, 1894: 280-285.

③ James C. Mackenzie, "Report of the Committee of Ten," *The School Review*, Vol. 2, 1894: 146-155.

国统一的课程体系。他批评道："报告是在运用统一性原则建立一类混杂学校。"他认为这种为所有工作做准备的统一学校在美国是无法实现的，中学更需要差异性。[①] 布兰得利也认为统一课程方案不符合学生的认知水平，无异于揠苗助长。在他看来，教育应该能够对人才进行分层，以便发现智力超群的人。[②] 此外，哈佛大学的埃默顿教授也表示，报告旨在向所有高中学生提供完全相同的科目，从而培养一致的学生。在他看来，这种做法对全国教育的进步是致命的。[③]

面对这些批评，十人委员会的成员泰勒做出了解释："忽略个人兴趣而重视共同兴趣的培养，可以为学生节省时间。"[④] 这当然代表了一部分人的看法，但解释力度明显不够。美国著名的赫尔巴特主义者德加缪为报告做了更加强有力的辩护。在他看来，反对者对十人委员会及其报告存在误解。他指出，美国大学当时的课程得到了很大程度的拓展，增加了现代语言、生物、化学、物理、地理、自然科学、历史、经济、政治等科目。十人委员会建议高中相应地开设广泛的课程是为了使高中更好地适应大学的这一背景。此外，学生完全可以根据自己的兴趣、爱好和能力自由选择课程，而非每个学生学习相同的科目。在他看来，这种选择性有利于培养不同能力的学生。[⑤]

由于建立统一的中学课程体系对于衔接大中小学具有立竿见影的

---

① C. H. Therber, "Summer Meetings: Regents' Convocation—National Educational Association," *The School Review*, Vol. 2, 1894: 430-438.

② J. E. Bradley, "Report of the Committee of Ten, from the point of view of smaller colleges," *The Educational Review*, Vol. 7, 1894: 370-374.

③ "The New England Association of Colleges and Preparatory Schools," *The School Review*, Vol. 2, 1894: 607-611.

④ J. M. Taylor, "Report of the Committee of Ten," *The School Review*, Vol. 2, 1894: 193-199.

⑤ Charles De Garmo, "Report of the Committee of Ten, from the point of view of educational theory," *The Educational Review*, Vol. 7, 1894: 275-280.

效果，报告在这一点上也受到了很多人的支持。范欧文比克就认为，十人委员会的任命使衔接中学与大学的努力变为全国性，报告试图构造一种全国性的、逐级沿梯而上的教育系统。虽然该报告事实上并未用一种强有力的、统一的全国性体系取代美国高等教育和中等教育的割裂状态，但它具有重要的理念意义，为后续其他委员会寻求中等教育和高等教育的进一步衔接指明了方向。

总体而言，尽管人们对“课程统一”的具体认识还存在差异，但不管是在十人委员会内部还是社会各界，支持建立统一中学课程体系的声音都占据了大多数，课程统一走向已经势不可挡。

二、统一课程方案的内容选择

“课程应如何统一”是比“课程是否需要统一”更为复杂的议题。尽管人们大多支持建立统一的中学课程体系，但在具体哪些课程可以进入课程体系、比例如何等方面则存在很大的分歧。因此，报告为实现“统一性”而为中学设计的四组具体课程方案受到的争议要远大于课程的统一与差异之争。

在谈到十人委员会为实现统一性而建议的四组课程方案时，哈里斯表示：“委员会几乎所有的时间都在构建报告中所呈现的课程方案，这样一种课程方案代表了大多数人一致的意见。”① 然而，并非所有人都如哈里斯那样乐观。胡灵就认为报告在设计四组课程方案时存在重大疏漏，他质疑报告怎样将现存的诸多学科缩减到十几门、依据是什么等。②

---

① William T. Harris, “Report of the Committee of Ten,” *The Educational Review*, Vol. 7, 1894: 1-10.

② Ray G. Huling, “The Reports on Secondary School Studies,” *The School Review*, Vol. 2, 1894: 268-280.

从表 2-3 中可以看出，委员会为美国中学设计的四组课程方案包含的学科：拉丁语、希腊语、英语、法语或德语、数学（几何学、代数学、三角学和高等代数）、物理学、天文学和气象学、化学、植物学或动物学、解剖学、生理学和卫生学、历史、地质学或自然地理学。这些学科与 1892 年 11 月 9—11 日在哥伦比亚学院召开的十人委员会筹备会议上决定成立的 9 门学科分会所涉及的学科基本相同。《十人委员会报告》中并未介绍 1892 年 11 月 9—11 日这三天的讨论是如何进行的，只能从泰勒会后的记录中对会议过程了解一二。根据泰勒的记录，十人委员会在 11 月 9 日对会议事先准备的来自美国不同地区 40 所一流中学的课程设置表进行初步讨论后，决定在 11 月 10 日组织 9 门课程的讨论会分会。从表 2-1 中可以看到，这 40 所中学共开设了 35 门学科：拉丁语、希腊语、德语、法语、西班牙语、英语、修辞学、算数、代数、几何、三角法、分析几何、描述几何、测量、绘画、机械学、物理、天文学、化学、地理、自然史、音乐、体育、雄辩术、心理学、伦理学、历史、公民政治、宪法、商法、政治经济学、速记和打字、记账、书法、宗教研究。但是，委员会如何从这 35 门学科中选出九大门学科来设立学科分会则不得而知。

（一）被忽视的实践性课程

未出现在四组课程方案中的学科或多或少地表达了自己的不满，其中以手工训练课程、艺术课程及法学、医学、工程和技术类课程呼声最高。

在新英格兰学院和预备学校协会第九次年会上，胡灵强调，应该为学生提供更加广阔和多样的课程以适应美国教育的趋势和精神，应该根据人们的实际需要推进手工训练等课程。[①] 对于职业教育尤其是手

① "The New England Association of Colleges and Preparatory Schools," *The School Review*, Vol. 2, 1894: 594-599.

工训练课程在统一课程方案中的缺席，后世的学者也表达了明显的不满。赫布斯特在《曾经和未来的学校》中批评十人委员会完全没有考虑在学校进行职业教育，连此前热议的手工训练课程都没有进入议程，因而批评报告具有“严格的学术性”①。

手工训练（manual discipline）课程是19世纪八九十年代教育领域热议的一个话题。尽管工业教育在随后的20年才表现强大的势头，但是19世纪80年代教育和其他公共领域已经表现了对手工训练和商业课程的大量需求。宾夕法尼亚州州长在其入职演说中道：“目前教育领域最大的问题是过于抽象，远离实际。我们的学校教的是单词和符号，而不是具体的事务。我们的高中毕业生在现有的教育下远离了工业生活，只能从事那些仅需要心智训练的事情。”② 从1884—1885年的理事会报告中可以看到，已有大量学校教授手工训练课程，而且越来越多的地区、越来越多的学生要求学校多开设此类课程。因此，未能包括手工训练课程的《十人委员会报告》自然受到很多教育家的批评。

然而，19世纪80年代的环境并不适合大范围开展职业教育。就连手工训练的倡导者、华盛顿大学手工训练中学的伍德沃德教授也表示：“相对于针对所有学生开展的普通教育来讲，职业教育还缺乏根基。”③从学校课程的实际开设来看，商业课程的开设情况也不理想。马萨诸塞州的斯普林菲尔德中学在1885年开设过一门两年制的商业课程，当年入学的367名学生中有40人在第一年修习了这门课程，但是两年后只有15人完成这门课程，1889年降为7人，1890年降为5人，1893

---

① Jurgen Herbst, *The Once and Future School: Three Hundred and Fifty Years of American Secondary Education* (New York: Routledge, 1996), p. 46.

② H. C. Missimer, "Something for the Educational Iconoclast," *The Academy*, 1889: 115.

③ C. M. Woodward, "The Results of the St. Louis Manual Training Schools, National Educational Association," *Journal of Proceedings and Addresses*, 1889: 73-91.

年这门课程被迫取消。可见，公立学校在此时还没有明确的职业教育需求。

《十人委员会报告》中艺术课程的缺席也引起了人们的不满。1894年，在第三次夏季教师会议上，克拉克以“中等教育中的艺术课程——十人委员会的一个遗漏”为题做了演讲。他指出，应该拓宽十人委员会提出的中等教育课程，将艺术课程纳入课程体系。克拉克非常强调艺术课程的教育价值，认为自然科学的教育虽然可以使学生了解自然事实，掌握科学方法，却无法培养学生的想象力和感受力，艺术才是人类文明不断进步的动力。此外，古代的艺术作品正是它所属时代特征的具体表现形式，学生通过学习古代艺术也可以更好地理解历史。因此，中等教育应当加入艺术教育的内容，让学生认识自然的同时也认识人类自身，求真的同时也能求美。① 面对“未将艺术课程纳入课程体系”的批评声音，埃利奥特回应道：虽然报告未将艺术课程纳入四组课程方案中，却并非完全否定艺术课程。相反，他特别强调“中学课程中不应该减少美术和音乐课”②。按照埃利奥特的解释，中学完全可以且应该教授四组课程以外的课程。

此外，未出现在四组课程方案中的法学、医学、工程和技术类学科也引起了人们的争议，批评者们认为这是对这些学科的漠视。班克罗夫特曾在这一点上为报告做辩护，认为十人委员会针对法学、医学、工程和技术类专门学校提出的建议恰恰是报告中尤其受欢迎的一条，因为委员会指出法学、医学、工程和技术类专门学校同样可以根据中学的课程要求安排自己的课程，从而融入统一的中等教育体系中。他

① J. S. Clark, “Art in Secondary Education: An Omission by the Committee of Ten,” *The Educational Review*, Vol. 7, 1894: 374-381.

② “The New England Association of Colleges and Preparatory Schools,” *The School Review*, Vol. 2, 1894: 627.

还感慨道:“这一主张在当时是一座高峰。”① 埃利奥特也多次强调，法学、医学、工程和技术类专门学校可以通过采纳十人委员会提出的课程建议而为中等教育做出贡献。事实上，确实可以在《十人委员会报告》原文的第 55 页找到这样一段话:“法学、医学、工程和技术类专门学校可以通过调整入学条件、学科及与委员会推荐的学科保持统一来协助中等学校的教育。通过让这些学校的入学标准与中学计划中的部分或全部保持统一，这些职业学校可以给予高中、学院和预备学校有力的支持。”可见，《十人委员会报告》并非完全忽视这些学科。但是，报告对这些学科的关注力度不够也是不争的事实。

(二) 厚此薄彼的课程设置

尽管未能涉及手工训练课程、艺术课程，以及包括法学、医学、工程和技术类课程在内的实践性课程，但从表 2-3 中可以看出，十人委员会为美国中学设计的四组课程方案相较于之前的课程设置更加综合，囊括了古典课程、科学课程、历史课程和现代语言课程等诸多课程类型。但另一方面，各类课程在课程体系中所占的比例仍存在较大差异。古典课程（希腊语、拉丁语和数学）和现代语言课程（英语、德育和法语）所占的比例相对较高，最高时可过半（古典课程方案中古典课程的占比可高达 52.5%，现代语言课程方案中现代语言课程的占比也为 52.5%）。而新兴的科学课程和历史课程所占的比例相对较低，在四组课程方案中，科学课程占比均未达到四分之一，历史课程均未达到五分之一。

由于古典课程所占的比例相对较高，《十人委员会报告》常常被看作高学术标准的代表，被冠以“古典性”“学术性”“保守性”“传统主义”“人文主义”等称号。赫布斯特就认为报告意欲给所有人提供一种

① Cecil F. P. Bancroft,“Report of the Committee of Ten,from the point of view of the endowed academy,”*Educational Review*,Vol. 7,1894:280-285.

无差别的“学术性训练”，这种对中学课程学术标准的过分强调最终导致中学的原始属性受到束缚，使学校很难发挥为社区培养工商业实用人才的作用，阻碍着民主社会的健康发展。此外，休伊特在《理解和塑造课程》一书中将报告看作“传统主义”的典型代表。盖伊将报告看作“古典性”的代表，认为它代表了大学和私立预备学校的利益。克利巴德认为报告推崇的是一种“人文主义课程”。

表 2-3　四类课程在四组课程方案中的设置情况

方案	古典课程		科学课程		历史课程		现代语言课程		总时间（课时）
	时间（课时）	比例（%）	时间（课时）	比例（%）	时间（课时）	比例（%）	时间（课时）	比例（%）	
古典课程	42 或 39	48.8—52.5	9	11.3	7 或 10	8.8—12.5	22	27.5	80
拉丁—科学课程	32 或 29	36.3—40	18	22.5	6 或 9	7.5—11.3	24	30	80
现代语言课程	14 或 11	13.8—17.5	18	22.5	6 或 9	7.5—11.3	42	52.5	80
英语课程	32 或 14	17.5—40	18	22.5	14	17.5	16 或 34	20—42.5	80
合计	93-120	29—37.5	63	19.7	33—42	10—13.1	104 或 122	32.5—38.1	320

有意思的是，从表 2-4 中可以发现，古典语言在现代语言课程方案中所占的比例为零，在英语课程方案中，也可能为零。这在希腊语和拉丁语繁荣的时代是不可思议的。

《十人委员会报告》削减古典课程的做法不可避免地引起了古典课程支持者的不满。1895 年 3 月 27—28 日，在密歇根州举行的古典会议就反对《十人委员会报告》中减少古典学科学习时间的建议。该会议通过了两项重要决议，一是中学应该给拉丁语课程提供 6 年的学习时间。他们认为,将希腊语学习时间从三年减少为两年是在摧毁希腊语的学习。二是反对《十人委员会报告》中提出的削减为大学做准备的希腊语课程时间的决议。这项决议被全票通过,没有反对意见。在他们看来,中学至少应该提供3年的希腊语课程。随后举行的美国语言协会会议也响应这一主张,认为中学至少要给希腊语课程提供3年的学习时间。[①] 可见,在当时的时代背景下,十人委员会力求降低古典课程比例的做法已是众多压力之下的勇敢之举。

表2-4 古典语言和数学在四组课程方案中的设置情况

课程	古典课程方案(课时)	拉丁—科学课程方案(课时)	现代语言课程方案(课时)	英语课程方案(课时)
古典语言	28	18	0	0—18
数学	14或11	14或11	14或11	14

三、统一课程方案的其他争论

(一)学科本位与学科协调

要将诸多学科统一到一个课程体系中,不仅涉及学科的绝对教育价值,还涉及各门学科之间的相对教育价值。从十人委员会形成最终课程方案的过程中,很难看到它在这一方面所做的工作。由于十人委员会下设的9个学科分会均是单独召开会议并形成分会报告,9个学科分会之间基本没有联系,人们很自然会指出委员会在“比较和协调各学科”尤其是“衡量各学科的相对教育价值”方面的不足。

---

① “Proceeding of the Classical Conference Held at Ann Arbor Michigan,” *The School Review*, Vol. 3, 1898: 461.

早在1894年2月，舒尔曼就在这一点上对十人委员会提出批评，认为尽管十人委员会在成立之初就认识到“对各学科进行全面比较研究”的必要性，却因其困难而最终没有采取措施。为了使这一失败之举合理化，报告中反复强调在保证按照学科委员会提出的学时要求和教学方式来进行教学的前提下，各学校在制订本校的课程规划时，完全可以从委员会提供的课程设置中去掉任何一门学科。舒尔曼认为十人委员会的这一做法非常不负责任，他强调：“如果十人委员会认为对各学科进行全面的比较研究太难而无法实施的话，就应该把这一点明确告知各个学科委员会，请各学科委员会在与其他学科比较后衡量各自学科的相对教育价值，委员会没有这么做是一个工作程序上的失误。”在舒尔曼看来，学科委员会独立讨论形成的报告自然没有考虑到如何平衡各个学科的相对需求，在表达各自学科的需求和愿望时，也不可避免地带有明显的学科本位立场，而这种学科本位立场在一些长期被忽视的学科中表现得尤为明显。①

埃利奥特曾对此做出回应，认为虽然各学科分会主要讨论本学科而很少关注其他学科，但所有分会都奉行一条原则，即各自的学科必须联系其他学科，学科必须和学科群联系起来。在各分会中也到处可见学科相互协调和相互支持的情况。此外，十人委员会作为一个统筹全局的总会也会在总体上负责比较和协调各分会的建议。因此，报告最终代表了包括古典学科、新兴学科和科学学科等在内的各方利益。②巴特勒也指出，在面临学科之间的冲突时，各分会都放低了自己一方的标准，因而很难去反驳十人委员会。他具体道：“拉丁语分会表示不希望大学入学考试中再提高对拉丁语的要求；希腊语分会希望进入大

① J. G. Schurman, “Report on Secondary School Studies,” *The School Review*, Vol. 2, 1894: 83-97.

② Charles W. Eliot, “Report of the Committee of Ten,” *The Educational Review*, Vol. 7, 1894: 105-110.

学的学生年龄可以比现在小一些；数学分会认为应该适当删减分配给算数、代数和几何的时间；地理分会认为学校现在分配给地理学科的时间超过了地理学科目前带来的价值。”此外，《十人委员会报告》在“协调和联系各学科”方面的做法和赫尔巴特学派的主要信条一致，巴特勒还具体列举了科学和英语、历史和地理、英语和历史等学科的配合与协调来支持自己的论点。① 在巴特勒看来，十人委员会理论上丝毫没有在古典课程与科学课程之间有所偏重。但在实践中，由于长期以来地位低下和师资、教材不足等的影响，现代语分会和部分科学分会不可避免地面临一些困境，十人委员会在这方面还需要做出更大努力。从巴特勒列出的表格中就可以看出，四组课程中科学课程所占的比例都不到科学分会希望达到的四分之一。②

表 2-5　《十人委员会报告》建议的四年课程方案平均每周分配给各科的时间表

学科	经典课程方案（课时）	拉丁—科学课程方案（课时）	现代语言课程方案（课时）	英语课程方案（课时）	总量（课时）
语言	50	42	42	34	168
历史	7	6	6	14	33
数学	14	14	14	14	56
自然科学	9	18	18	18	63
总量	80	80	80	80	320

后世的学者对《十人委员会报告》中课程的割裂也颇有微词。盖伊就认为十人委员会将学校的课程看作众多学科的拼凑，其对中学课

① Nicholas Murray Butler, "Reform of Secondary Education in the United States," *Atlantic Monthly*, Vol. 73, 1894: 376.

② Nicholas Murray Butler, "Reform of Secondary Education in the United States," *Atlantic Monthly*, Vol. 73, 1894: 375.

程的重组只是对原有分散、孤立学科的改进，委员会并没有考虑到学校课程的全局。①

可见，虽然《十人委员会报告》中设置的课程方案相较于以往的课程设置更加综合，也确实表现了一定程度的学科协调，但是委员会没有提前对各个学科的教育价值尤其是学科的相对教育价值进行深入分析，这是理论上的失误；九大学科单独召开会议，缺乏学科间的沟通与交流是工作程序上的失误。这些在一定程度上造成了报告的学科本位立场和对古典课程的偏重。值得注意的是，也有人对十人委员会试图协调各学科的做法提出异议，他们认为报告是在试图融合人文学科和技术训练课程，而当这两种性质不同的课程被迫融为一体时，各自的本质都会受到损害。②

（二）大学主导与利益兼顾

《十人委员会报告》是一次致力于统一中学课程和大学入学标准的改革。为了解决好统一性问题，必然需要不失偏颇地考虑各方利益，十人委员会为此做了很多努力。但报告究竟代表哪方利益，仍长期存在争论。

巴特勒从组成人员的身份背景出发，认为十人委员会及其分会的成员广泛地代表了各方的利益。他指出，十人委员会成员中“有来自东部大学的一位校长，有来自西部大学的两位校长，还有来自南部大学的一位校长；有一位女子学院的校长，还有一位男女兼收的西部大学的教授；有捐赠学园的校长，也有男女兼收的公立中学的校长，还有女子公立中学的校长；另有熟悉美国各地教育理论与实践的教育专员，这位教育专员间接代表了初等学校的利益和特殊学生群体的利

① Guy Montrose Whipple, *The Twenty-sixth Yearbook of the National Society for the Study of Education* (Bloomington: Public School Publishing Company, 1926), p. 39.

② "The Future of the American High School," *The School Review*, Vol. 3, 1895: 287-293.

益”。关于分会成员，他更是提道：“看到分会的 88 个成员名单很难不激动，这些人中有美国最优秀的学者，每个人都在相应的教育领域拥有丰富的经验。这使他们的建议相对具有分量。”此外，他还指出，从小学立场来看，报告合理而可行，因为它考虑了儿童的兴趣，有助于儿童的自然发展；从大学的立场来看，报告也颇有价值，因为它为大学提供了合格的中学毕业生。①

埃利奥特的观点基本和巴特勒一致，在他看来，从十人委员会组成人员的身份背景便可以看出他们广泛地代表了全国各地教师的意见，也代表了中学和大学双方的意见。他强调，报告一直在试图建立中学和大学之间的紧密联系，绝没有特别强调大学一方的利益。而报告之所以考虑大学一方的需求，是因为中学和大学的紧密衔接问题也必然关涉大学一方。② 他还强调，十人委员会旨在“为生活做准备”，为那些不能继续接受教育的人提供一种系统的训练方法，主要的目标群体是 14、15 岁辍学的学生。③

事实上，报告是否充分地考虑了中小学方和大学方的利益这一问题在当时还是有一些争议的。小学方面的批评者认为《十人委员会报告》中要求提前两年实施课程的方案不符合小学课程太多、教室太少等实际情况，是不切实际的大学方提出的理想目标。④ 中学方面也发出了自己的声音。1895 年 5 月的《学校评论》上有一篇名为“美国中学的未来”的文章，简要梳理了美国中学产生的历史。文章认为中学的

① Nicholas Murray Butler, “Reform of Secondary Education in the United States,” *Atlantic Monthly*, Vol. 73, 1894: 372-384.

② Charles W. Eliot, “Report of the Committee of Ten,” *The Educational Review*, Vol. 7, 1894: 105-110.

③ “The New England Association of Colleges and Preparatory Schools,” *The School Review*, Vol. 2, 1894: 616.

④ James H. Baker, “The High-school Period,” *The Educational Review*, Vol. 9, 1896: 472-477.

产生是基于公共设施好转的情况下越来越多的学生愿意在学校学习到18、19岁，高中需要为大学提供良好的高中毕业生，即高中为大学做准备并非高中固有的使命，而是后来才赋予高中的职责。美国高中本不是大学向下延伸的产物，而是公共学校向上延伸的产物，教育体系中各个中间部分的独立性是不容置疑的，没有先进部分去支配落后部分的状况（这里是指大学对中学的支配）。而十人委员会使教育领域出现了一种大学对中学的凌越，他称之为跨领域影响。在这种影响下，大部分高中被迫采用大学的入学标准，为大学做准备。在他看来，高中的主要功能从来不是也不应该是去满足特定大学的要求。根据大学的要求而制定的大学预备课程必然阻碍中学课程的自由发展。①

作为回应，胡灵指出，十人委员会在解决大学与中学的衔接问题上做了积极的努力，是中学和大学之间的第一次灵活性合作。② 班克罗夫特则在具体分析当时的各类教育（包括预备学校，法学、医学、工程和技术类专门学校，科学学校等）的基础上指出，《十人委员会报告》建立的统一课程计划充分考虑了这些机构的状况和利益诉求。③ 此外，来自科学学校的沃克校长也表示，报告充分考虑了科学课程，科学和技术学校没有任何理由质疑报告。④

泰勒除了从委员会成员的身份背景和各类学校的利益角度来分析报告的合理性外，还提供了另外一个视角。众所周知，十人委员会为了更好地了解中学课程的状况和问题，在会议召开之前选取了美国当

---

① "The Future of the American High School," *The School Review*, Vol. 3, 1895: 287-293.

② "The New England Association of Colleges and Preparatory Schools," *The School Review*, Vol. 2, 1894: 594.

③ Cecil F. P. Bancroft, "Report of the Committee of Ten, from the point of view of the endowed academy," *Educational Review*, Vol. 7, 1894: 280-285.

④ "The New England Association of Colleges and Preparatory Schools," *The School Review*, Vol. 2, 1894: 612.

时最具代表性的54所中学，对它们的教授科目、各科时间分配等做了详细的调查，列出了一份表格。委员会后来提出的统一课程方案就是在这份表格的基础上提出的。在泰勒看来，委员会进行的这次大范围教育调查使报告在很大程度上代表了美国中等教育的利益。埃利奥特也充分肯定了这次调查的意义，指出这次调查算得上全国教育协会进行的第一次大范围教育调查，尽管之前新英格兰已经进行过一些调查，但只是局部调查，十人委员会进行的则是一次全国范围内的广泛调查。[①] 当然，由于54所学校全是从最好的公立、私立机构中挑出来的，批评者也会指责其对不发达地区和机构的漠视。[②]

尽管委员会成员反复表明报告至少在原则上广泛地代表了大学和中学双方的利益和需求，后世学者仍更多地将报告看作大学派的代表。盖伊指出，十人委员会由众多的学科专家组成，他们代表了大学和私立预备学校的利益，认为报告确立了一个由大学的入学要求决定中学课程建构的时代。[③] 阿普尔将《十人委员会报告》的出台看成在美国长期掌握学术话语权的利益团体之间不断角逐之后最终达成的政治和文化妥协的产物。在他看来，九大学科领域基本上代表了占统治地位的学院和贵族精英两方的文化资本。

事实上，从《十人委员会报告》原文中提供的九大分会成员信息列表可以看到，分会的90位成员中有54位来自大学或学院，34位来自中学，1位是气象局工作人员，还有1位没有交代背景。但埃利奥特在分析九大分会成员的背景时指出，“在九大学科分会的90位成员中，

---

① Charles W. Eliot, "Report of the Committee of Ten," *The Educational Review*, Vol. 7, 1894: 105-110.

② J. M. Taylor, "Report of the Committee of Ten," *The School Review*, Vol. 2, 1894: 193-199.

③ Guy Montrose Whipple, *The Twenty-sixth Yearbook of the National Society for the Study of Education* (Bloomington: Public School Publishing Company, 1926), p. 39.

47 人为学院或大学人员；42 人为学校人员，1 人从前是大学人员，现为政府官员。每个分会选出主席和秘书，主席中的 6 人来自学院、3 人来自中学；秘书中，2 人来自学院，7 人来自中学”。他还特别强调：“在大学任职的人中，有相当一部分曾在中学任过职。”或有心，或无意，数据上的这些偏差表明，埃利奥特在竭力说服公众，使人们相信报告公平地考虑了大学和中学之间成员的分配。

表 2-6　十人委员会及九大分会成员的背景

名称	大学或学院	中学	其他	总计
十人委员会	6	3	1*	10
拉丁语分会	6	4		10
希腊语分会	7	3		10
英语分会	7	3		10
其他现代语言分会	5	5		10
数学分会	6	4		10
物理、天文和化学分会	6	3	1	10
博物学分会	5	5		10
历史、公民政府和政治经济学分会	8	2		10
地理分会	4	5	1▲	10
合计	60	37	3	100

注：* 教育专员。▲气象局。

在 1888 年发表的《学校课程是否能缩减并丰富?》一文中，埃利奥特就尝试为解决大学困境而去推动中学的教育改革。埃利奥特在文中交代了自己之所以从大学的需求出发去指导中学课程改革的原因：“任何一项学校课程改革举措，倘若能够造福于那些可能会一直学习到 25 岁的、受教育时间较长的青年，就同样会造福于那些相对受教育时间较短的孩子。虽然在公立学校培养的学生中永远只有少数人才能升入高等教育机构是不争的事实，但为满足那些最聪明也最幸运的学生的需要而对课程进行调整，学校课程就可以更加丰富且系统，从而使所有学生从中受益。”① 埃利奥特的这一推论表现了明显的大学本位立场。因此，虽然埃利奥特和《十人委员会报告》对美国的中学课程产生了极大的积极影响，但其被指责的“出于哈佛的利益去改造中学”，“造成大学对中学课程的主导和控制”，也不无道理。

（三）同等对待与区别对待

在十人委员会提出的问题清单中，针对第七个问题——“对于要进入学院、科学院校或两者都不去的学生，在该科目上是否应该区别对待?”，委员们空前一致地认为，“不管学生将来去向如何，所有中学里教授的所有学科都应以同样的方式和深度教给每一个学生”②。主席埃利奥特多次表示，报告提出的不加区分地对待所有选择该课程的学生这一建议具有重要意义。

尽管人们大多同意委员会提出的“同等对待升学和就业的学生”这一决议，但是具体原因是不同的。巴特勒认为委员会的这一做法将在很大程度上简化课程和减少教学费用。③ 班克罗夫特则将此举看作委员会为制订一套统一的课程计划而采取妥协的产物。④ 德加缪则认为这一做法有利于打破阶层、性别界限，实现教育机会均等，促进社会流

---

① Charles W. Eliot,“Can School Programmes be Shortened and Enriched?”*Atlantic Monthly*, Vol. MⅫ, 1888: 252.

② National Educational Association, *Report of the Committee of Ten on Secondary School Studies , with the Reports of the Conferences Arranged by the Committee* (Knoxville: American Book Company, 1894), p. 6.

③ Nicholas Murray Butler, “Reform of Secondary Education in the United States,” *Atlantic Monthly*, Vol. 73, 1894: 376.

④ Cecil F. P. Bancroft,“Report of the Committee of Ten, from the point of view of the endowed academy,”*Educational Review*, Vol. 7, 1894: 280-285.

动。[1] 帕克校长也非常赞同十人委员会一致表达的反对“阶级教育”的主张。[2]

克鲁格在《美国中学的形成》一书中将十人委员会及其报告置于中学作为大众机构与民主社会的关系中考察，立场鲜明地将报告放在了一种追求民主与平等的立场上。在他看来，埃利奥特与十人委员会面临的基本问题在于“中学是应该成为一个现代工业社会的分层机器，还是维持一种灵活性，以保证其不会迫使个人进入一种特定的社会轨道”。他认为，在20世纪中学发展史的光照下，《十人委员会报告》不应再被贬低为保守性的，而应被视为“在我们的社会中维护中学作为社会流动机制而非社会分层机器的最后努力之一”。[3] 乔尔·斯普林也在《美国学校》一书中将报告视为教育民主的代表，认为报告在竭力避免阶层分化的教育。[4] 然而，具有讽刺意义的是，报告的批评者则恰恰认为这一点体现了十人委员会的不民主，因为它没有为不准备上大学的学生设计特殊的课程。这种反差凸显了教育与民主社会之间的复杂关系，即人们可以认为提供满足个人需求和兴趣的教育是民主的，但也可以反过来论证这种教育是反民主的，因为它将人们束缚在自己的社会阶层中。

米雷尔在谈到报告涉及的教育民主与教育机会均等的问题时指出，十人委员会认为不考虑学生将来的去向而向所有学生提供学术性课程

---

① Charles De Garmo, “Report of the Committee of Ten, from the point of view of educational theory,” *The Educational Review*, Vol. 7, 1894: 275-280.

② Francis W. Parker, “The Use of the Report of the Committee of Ten for the Improvement of Teachers Now at Work in the Schools,” *The Educational Review*, Vol. 7, 1894: 479-491.

③ Edward A. Krug, *The Shaping of the American High School, Vol. 1, 1880-1920* (New York: Harper & Row, 1964), P. 39.

④ Joel Spring, *The American School, 1642-1993, 3rd Edition* (New York: McGraw-Hill, Inc., 1990), p. 217.

是为生活做最好的准备，也是为大学做最好的准备。但这种设想过于简单，其理想与报告所处时代之间存在着矛盾，对所有学生推行这种高标准的学术性课程很难实现其追求教育平等的诺言，反而体现了其维护平等的脆弱性。其结果只能是让“所有的公立中学学生都应接受一种严格的、博雅的却无用的教育”①。

尽管报告饱受争议，但十人委员会成员面对四组课程的评价始终保持着谦虚开放的态度。埃利奥特早在1894年2月就指出，十人委员会的工作做得是否成功还有待公众的长期讨论。② 哈里斯也表示，四组课程方案是各成员为达成一致意见而妥协的产物，报告也并非最终决议，只是为中学提供建议。③ 巴特勒也提道：“报告并非追求完全统一的大学入学标准，而是希望大学和科学学校能够接受所有合格的中学毕业生。四组课程方案也并非绝对的课程设置标准，中学可以根据自己的实际情况对课程做出相应调整。”他还详细交代了十人委员会在设计四组课程的过程中所做的复杂烦琐的工作和课程设置的一些基本原则，竭力维护《十人委员会报告》。④

第三节　《十人委员会报告》在学校的实施与实际贡献

1894—1895年，许多中学采纳了《十人委员会报告》的建议并积极在学校推行。其中，有的直接采纳报告建议的课程，有的则在报告

---

① Jeffrey Mirel, David Angus, “High Standards for All? The Struggle for Equality in the High School Curriculum, 1890-1990,” *American Educator*, Vol. 18, Summer, 1994.

② Charles W. Eliot, “Report of the Committee of Ten,” *The Educational Review*, Vol. 7, 1894: 105-110.

③ William T. Harris, “Report of the Committee of Ten,” *The Educational Review*, Vol. 7, 1894: 1-10.

④ Nicholas Murray Butler, “Reform of Secondary Education in the United States,” *Atlantic Monthly*, Vol. 73, 1894: 377-379.

的基础上结合本校教学实际进行适当调整。这些实践为进一步改进报告提出的课程方案提供了非常有价值的反馈。从改进学校教育教学的角度来看，尽管报告在实施过程中遇到了一些阻碍，但它对各级各类教育尤其是中等教育和高等教育做出了实际的贡献。

1894 年 3 月，汉诺思指出，“得益于十人委员会的工作，我们在研究和提高中等教育水平方面拥有了很多有价值的成果，这也将促进高等教育的发展”①。1894 年 4 月，布兰德利指出，正是十人委员会打通了高中到大学的大门。不管这份报告受到什么样的争议，它都给中等教育打了一针强心剂，必然极大地增加学院入学人数，也必然大幅度提升大学的教育质量。② 1895 年 2 月，巴茨总结了学院、大学和各位校长对《十人委员会报告》的看法：学院一方将报告称作“美国教育的第一部宪法”；大学一方指出，十人委员会推荐的四类课程 10 年内会是一个有价值的目标。各大学校长也纷纷发表意见：康奈尔大学的舒尔曼校长表示大学入学标准的制定需要像十人委员会一样充分考虑中学和大学双方的利益。威斯康星大学的亚当斯校长也表示在历史学科上，威斯康星大学会尽可能采用十人委员会中历史分会的建议。③

1906 年，德克斯特就《十人委员会报告》对美国中学课程的影响做了一项调查，并且将调查结果撰写成文，以“十人委员会报告的 10 年影响——给中等教育课程带来的变化”为题发表在《学校评论》上。④ 德克斯特通过对全美 80 所中学的调查指出，大部分学校愿意尝

---

① Paul H. Hanus, "The Sturdy of Education at Harvard," *The Educational Review*, Vol. 7, 1894: 247-259.

② J. E. Bradley, "Report of the Committee of Ten, from the point of view of smaller colleges," *The Educational Review*, Vol. 7, 1894: 370-374.

③ William H. Butts, "Uniform Standards in College Preparation," *The Educational Review*, Vol. 9, 1896: 150-158.

④ Edwin G. Dexter, "Ten Year's Influence of the Report of the Committee of Ten," *The School Review*, Vol. 14, No. 4, 1906: 254-269.

试报告提出的建议，报告的影响之大和功绩之卓越是其他文件难以超越的。报告发布后的10年间，学校发生了显著变化，很多学校的课程设置已与报告非常吻合。此外，学校在1905年比1895年更加认同报告的提议。1895年只有80所学校参与其中，而1905年参与其中的学校数量达到160所。

表2-7　《十人委员会报告》的10年影响调查

分会	提议	学校的响应
拉丁语	1. 四年拉丁语课程 2. 在学习恺撒之前，先介绍一些说明的书籍资料 3. 不再教授维吉尔的田园诗 4. 如果在学习维吉尔之前已经学习了西塞罗，只需学习反对喀提林的演说即可	学习拉丁文4年的比例由46%上升到80%；使用说明性、引导性书籍资料的人数由10%上升到46%
英语	1. 英语应学4年，每周5小时 2. 五分之三的时间应该用来学习文学，如4年一直保持每周3小时学习文学 3. 十分之三的时间应该用来学习作文，如前两年每周学习2小时，后两年每周学习1小时 4. 十二分之一的时间应该用来学习修辞，如第三年每周学习1小时 5. 十二分之一的时间应该用来学习语法，但是安排在第四年学习	在最初的80所学校中，52%的学校都是学习4年的英语；10年后，这一比例上升到68%；其他几条提议由于过于具体，没有被广泛采纳，大部分学校根据报告的提议做了一些调整
其他现代语言	1. 学生在10岁左右开始学习德语和法语 2. 如果高中阶段要学习古典文学，就不应该在第一年学习现代语言 3. 除此之外，高中应该在第一年学习第一现代语言 4. 高中应该在第二年开始学习第二现代语言 5. 两种不同的现代语言不应该同时学习	未得到很好实施，主要原因是高中引进了很多新学科，对老学科造成冲击

续表

分会	提议	学校的响应
数学	1. 代数的学习：第一年全年、第二年和第三年各半年学习代数 2. 几何的学习：第二年和第三年各半年 3. 三角学和高级代数：第四年学习半年 4. 统计学和商业运算：选择性地学习，在第二年和第三年与几何一起学习	未能得到很好的实施
物理、化学、天文学	1. 最后一年应学习物理 2. 第三年应学习化学 3. 天文学应该作为选择性课程且做一份详细报告	化学由 1894 年的 66%提升到 1904 年的 74%，表明化学的再次回归；化学的学习时间是一整年，10 年来一直保持；化学的学习不会晚于第三年 天文学的提议没有受到重视
博物学	1. 用一整年的时间学习植物学或动物学，两者不可同时进行 2. 用一年半的时间学习生理学	10 年间同时开设两门课的学校由 43%上升到 64%
历史、公民政治和政治经济学	1. 历史：4 年中，每学年都是每周 3 次历史课。建议 1 年级学习法国历史，2 年级学习英国历史，3 年级学习美国历史，4 年级集中学习某阶段的历史，在进入高中之前应该学习希腊历史和罗马历史 2. 公民政治：分会的提议很简单，认为不需教太多时间，但是学科地位要受到平等对待	历史的状况有所改善，但仍没有达到分会所要求的时间；希腊历史、罗马历史和通史的学习情况差强人意
地理学	1. 物理地理学应在文法学校学习 2. 自然地理学应在高中后半期的课程中学习 3. 地质学可在高中最后一年作为选修课程来学习	地理学已逐渐淡出学生的课程

1950 年，巴纳德·梅尔在《世纪之交的中学：关于 1890—1900 年美国公共中等教育目标、计划的变化的研究》一书的第 9 章专门介绍了《十人委员会报告》及其研究成果发布之后对中学课程的影响，阐述了教师在何种程度上可以接受报告的建议、报告提出的时间分配是否有效、报告发布之后出现的中等学校计划和中等学校的发展趋势等问题。

该书认为《十人委员会报告》对1890—1900年中学课程的变化产生了很大的影响，应该给予充分关注和反思。①

在具体学科的教学方面，学者们也普遍认为十人委员会做出了突出贡献。埃利奥特指出，十人委员会强调的“在科学课程中重视实验室学习”的建议具有重要意义。麦斯威尔赞扬十人委员会下设的英语分会在英语教学方面提出的明智建议，如委员会提出的“正式语法的教学应该是附带的”，“阅读和写作应该联系学生的实际”等。巴特勒也认为，从总体而言，十人委员会在提高英语学科教学和追求最好的语言和自然科学教学方法方面做出了突出贡献。②

更为重要的是，《十人委员会报告》对美国的学制产生了很大影响，间接促成了“八四”学制向“六三三”学制的转变。在《十人委员会报告》设计的课程计划中，科目过多且任务繁重，原有的4年制中学很难胜任。舒尔曼指出，报告设计的课程中学生的学习年限太短，而需要学习的科目太多；在这种情况下，学生不可能全面掌握任何一门学科。为使教育质量进一步提高，泰勒还希望学校能够给课前准备性的讨论课程安排更多时间。但事实上，除非延长中等教育年限，否则连基本的教学任务都很难完成，更不用说腾出时间给课前准备性质的讨论课。因此，泰勒认为《十人委员会报告》间接表达了对当时中小学划分的反对，主张将中等教育年限前延到文法学校。③ 麦肯齐也认为，报告中存在的问题可以通过“将中等教育的年限前延两年，从4年变为6年”来解决。他指出，在英国、法国和德国，六年制中学已经存

---

① Bernard Mehl, *The High School at the Turn of the Century: A Study of the Changes in the Aims and Programs of Public Secondary Education in the United States 1890-1900* (Chicago: University of Illinois, 1950), p. 217.

② Nicholas Murray Butler, "Reform of Secondary Education in the United States," *Atlantic Monthly*, Vol. 73, 1894: 376.

③ J. M. Taylor, "Report of the Committee of Ten," *The School Review*, Vol. 2, 1894: 193-199.

在了近半个世纪，这在一定程度上解释了他们在教育上的优异表现。而十人委员会提出的课程方案中因课程太多而无法实施的问题便可以通过前延中等教育年限来解决。在他看来，只有将中等教育的年限延长至6年，才能既解决中等教育时间不足的问题，同时提高大学的教育质量。① 埃利奥特总结道：初等教育当时的水平和4年的中等教育年限使报告不可能为中等教育提供满意的课程，希望中等教育能够提前2年，变为6年。②

此外，由于《十人委员会报告》的推行有赖于高水平的教师，因此推动了教师培训的发展。埃利奥特早在1894年2月就指出，为了保证报告建议的课程计划得以实施，高水平的教师培训迫在眉睫。③ 十人委员会地理学分会成员、库克县师范学校的帕克校长在这方面做出了具体努力。他认为《十人委员会报告》反映了学校课程改革的迫切需求，主张将《十人委员会报告》以低价广泛销售给督学和教师，并且由教师就报告内容进行积极讨论，一方面完善报告，另一方面提高教师素质。为方便教师讨论，帕克给出了3条具体建议和6条详细的讨论大纲，在自然科学（包括物理、化学、植物学、动物学、生理学、自然地理）、历史、英语、数学和现代语言等学科的开始学习时间、最佳教授方式、合理教学内容等方面为教师提供了具体建议。④

---

① James C. Mackenzie, "Report of the Committee of Ten," *The School Review*, Vol. 2, 1894: 146-155.

② Charles W. Eliot, "Report of the Committee of Ten," *The Educational Review*, Vol. 7, 1894: 105-110.

③ Charles W. Eliot, "Report of the Committee of Ten," *The School Review*, Vol. 1, 1894: 603-618.

④ Francis W. Parker, "The Use of the Report of the Committee of Ten for the Improvement of Teachers Now at Work in the Schools," *The Educational Review*, Vol. 7, 1894: 479-491.

第四节　《十人委员会报告》的历史意义与地位

在社会层面上，《十人委员会报告》是教育界对美国 19 世纪末 20 世纪初工业化、城市化带来的一系列问题的回应。面对工业化和城市化带来的广泛的社会冲突和随着新移民涌入日益激化的社会矛盾，教育工作者致力于建立一套统一的公共教育体系，为国家培养受过良好中等教育的公民，以维护社会的长治久安。从结果来看，《十人委员会报告》的出台对缓解社会矛盾的作用有限，但它无疑是教育在解决社会冲突问题上的一次积极响应。

在教育层面上，从 19 世纪中期开始，中等教育与高等教育的衔接问题、中学课程和大学入学标准的统一性问题便开始受到人们的关注，教育领域先后出现了一些地方性的探索。随着十人委员会的成立和《十人委员会报告》的发表，这种探索变成了全国性的努力。作为美国公立中学统一课程的第一次全国性努力，《十人委员会报告》在其发布后的 10 余年间对美国的中等教育乃至整个教育系统产生了极大的积极影响。它使美国教育长期混乱无序的状态得到很大程度的调整，在此基础上建立的“六三三”学制也成为美国乃至全世界最普遍采用的学制系统……尽管到 20 世纪初，尤其是 1916—1917 年，面对教育领域的新变化，报告逐渐表现得力不从心，但作为美国历史上最重要的教育文献之一，它已经完成了其历史使命。

在美国中等教育发展史中，《十人委员会报告》是一份具有里程碑意义的文件。在 1935 年全国中学校长协会（National Association of Secondary School Principals）举办的美国中学建立 300 周年纪念活动上，布里格斯具体考察了十人委员会的成立历程、报告从起草到发表的具体过程及各学科分会的工作情况后指出，十人委员会是美国初中运动的肇始者。布里格斯的这一说法没有夸大十人委员会在中等教育发展史上的地位，从《十人委员会报告》发表后美国中等教育变迁的过程中可以清晰地看到，正是从1893年开始，美国中等教育进入一个全新的发展阶段，中等教育改革和运动不断涌现。但需要注意的是，在十人委员会产生的年代还没有初高中之分，所以更确切的说法是，十人委员会揭开了美国中等教育改革的序幕。与此同时，伴随着《十人委员会报告》的激烈讨论，全国教育协会作为一个专业性的教育组织获得了全国性的声望和地位，内部机构也日趋完善。在1893年十人委员会解散后，全国教育协会又相继成立了大学入学要求委员会（Committee on College-Entrance Requirements）、中等教育改组委员会（Commission on the Reorganization of Secondary Education）、节约教育时间委员会（Committee on Economy of Time in Education）和中学与大学衔接委员会（Committee on the Articulation of High School and College）等一系列委员会，组织探讨广泛的教育问题。因此，在一定意义上，十人委员会为美国教育开创了一个全新的局面，即由全国性的专业组织（全国教育协会）推动教育改革的特殊动力机制的形成。①

在课程史中，《十人委员会报告》为课程领域确立了一个重要的先例，即课程编制者由学科专家担任。② 十人委员会的10位委员既有哈佛大学、密歇根大学等高校的杰出领导者，也有来自顶尖公立或私立中学的校长，还有当时教育界极具威望的教育专员。就连在十人委员会下设的九大分会中，委员也囊括了各学科的专家、知名学者和资深教师。因此，就这一点，坦纳在《学校课程史》中给予《十人委员会报告》极高的评价。安格斯（David L. Angus）和米雷尔（Jeffrey E. Mirel）也在《美国中学失落的承诺》中强调，《十人委员会报告》是对

① 张斌贤，李曙光，王慧敏：《揭开美国中等教育改革的序幕：〈十人委员会报告〉发表始末》，《外国教育研究》2015年第1期，第3—20页。

② ［美］丹尼尔·坦纳，劳雷尔·坦纳：《学校课程史》，崔允漷等译，教育科学出版社，2006，第79页。

外行董事们控制中学课程的直接冲击，是迈向课程计划专业化的第一步。①

《十人委员会报告》的意义还在于，在围绕它展开的百余年的争论中，有相当一部分具有普遍的教育意义。虽然报告已经成为教育史中的一个标本，但这些争论是教育领域的永恒议题。

第一，统一与差异之争。从程度上来讲，教育不存在绝对意义的统一和绝对意义的差异，《十人委员会报告》常常因其强调的课程统一而被批评为不考虑学生的个性与天赋。尽管埃利奥特在《可取的和不可取的学校统一》中多次强调"要求所有中学生学习完全相同的科目既无必要也不可取。但是，如果学生已经选择学习一门学科，那么在这门学科一年应该学习几周、应该包含哪些特定的主题和应该采用怎样的教学方法等方面应该达成一定程度的统一"②。尽管埃利奥特多次对"统一性"的内涵和外延做出审慎的界定，但人们依然常常自顾自地将"统一"与"个性"看作两个极端来讨论教育问题。因此，在讨论教育统一问题时，统一的程度和方面应予以充分关注。从历史的角度来讲，不同时期需要不同程度的统一，人们对"统一"一词的褒贬程度也会随着时代的变迁而发生变化。在19世纪80年代，"统一性"是一个非常受欢迎的词汇。尽管此时不同学者所指的"统一性"的内涵有所不同，对"统一性"能够带来的具体好处也持不同态度，但在教育的混乱状态折磨着与之相关的所有团体和个人的状况下，教育"走向统一"是人们的共同诉求，"统一"也是很多教育家推行教育改

---

① David L. Angus, Jeffrey E. Mirel, *The Failed Promise of the American High School ,1890-1995*(New York: Teachers College, Columbia University, 1999), pp. 8-10.

② Charles Eliot, *Educational Reform : Essays and Addresses*(New York: The Century Company, 1898), p. 289.

革的口号。[①] 而到了进步主义时期，当“民主”与“个性”成为时代之音，课程过分统一所导致的对学生个性的忽视才受到美国进步主义教育家越来越多的批判。我们很难站在今天的立场去批评统一时间、统一地点，甚至统一年龄的班级授课制，它在很大程度上节省了师资，扩大了 18 世纪受教育的对象；我们也很难站在今天的立场去批评进步主义时期对传统教育观念的彻底颠覆，它确立了“学生中心”的现代教育观，引领教育向民主与多元的方向发展。我们同样很难站在今天的立场去批判《十人委员会报告》所倡导的课程统一，它是治愈 19 世纪末混乱课程的一剂良药。

第二，传统与现代之争。《十人委员会报告》为美国中学设计了四组课程方案，其第一套方案——古典课程方案中希腊语、拉丁语和数学课程的占比可高达 52.5％。由于对古典课程的重视，《十人委员会报告》常常被看作高学术标准的代表，被冠以“古典性”“学术性”“保守性”“传统主义”等称号。但另一方面，古典语言（希腊语和拉丁语）在现代语言课程方案中所占的比例为零，在英语课程方案中的占比也可能为零，拉丁语的学习时间也从原先的 6 年左右变为 3 年左右，这在希腊语和拉丁语繁荣的时代是不可思议的。《十人委员会报告》削减古典课程的做法不可避免地引起了古典课程支持者的不满。19 世纪 90 年代在美国举行的古典会议无不在这一点上给十人委员会施压。今天很难想象十人委员会当时面临的压力，埃利奥特等人为了保证这份报告顺利通过和实施，竭力在协调各方的利益和需求，《十人委员会报告》不是空想社会家描绘的蓝图，而是美国混乱的课程状况所急需的一剂良药。从这个层面上看，委员们在这场博弈中展现了卓越的理性与智慧。

---

① Edward A. Krug, *The Shaping of the American High School*, *Vol. 1*, *1880-1920* (New York: Harper & Row, 1964), p. 32.

在评价《十人委员会报告》时，以往学者或因为报告的高学术标准和对古典课程的过分重视将其看作传统主义的代表，或者因为报告对现代课程的关注和对历史课程的引入将其看作进步教育运动的先锋。有关《十人委员会报告》的评价长期处在传统与现代的斗争之中。但事实上，从十人委员会各分会之间的博弈、从委员们为各学科所占份额展开的激烈争论中，可以看到《十人委员会报告》更像一个美国式的熔炉，它既给传统课程一定程度的尊重，又竭力为现代课程的发展创造机会，在斗争、博弈、妥协、融合和开放中为美国混乱的课程构建了一个秩序，成为美国20世纪课程改革和发展的基础。

在教育领域中，传统与现代的争论一直存在。后世学者在评判《十人委员会报告》中的课程时，通常将拉丁语、希腊语和数学看作传统课程，将现代语言课程、科学课程、历史课程和实用性课程看作现代课程，从而形成传统与现代的对立。有意思的是，这种传统与现代的对立很快便转化为新传统与新现代的对立。对于更重实用的人们来说，打字、速记和职业课程随后都变为传统；20世纪后，实验法和统计策略得到长足发展，最终也成为传统；甚至今天蓬勃发展的计算机科学也终有一天会成为传统。传统与现代是一个相对概念，何为传统是由特定时期的专业学者和公众力量所决定的。十人委员会最重要的意义不是划分何为传统、何为现代，而是为老学科和新学科创建一个斗争、博弈、妥协、融合的平台，推动课程的自我更新。

【参考文献】

［美］埃尔伍德·帕特森·克伯莱. 美国公共教育：关于美国教育史的研究和阐释［M］. 陈露茜，译. 合肥：安徽教育出版社，2012.

［美］威廉·F. 派纳等. 理解课程：历史与当代课程话语研究导论［M］. 张华，等译. 北京：教育科学出版社，2003.

［美］丹尼尔·坦纳，劳雷尔·坦纳. 学校课程史［M］. 崔允漷，

等译. 北京：教育科学出版社，2006.

[美] L.迪安·韦布. 美国教育史：一场伟大的美国实验 [M]. 陈露茜、李朝阳，译. 合肥：安徽教育出版社，2010.

[美] 约瑟夫·沃特拉斯. 20世纪美国教育中的哲学冲突 [M]. 王璞、於荣，译. 合肥：安徽教育出版社，2011.

[美] S.亚力山大·里帕. 自由社会中的教育：美国历程（第8版）[M]. 於荣，译. 合肥：安徽教育出版社，2010.

龚兵. 从专业协会到教师工会——美国全国教育协会角色转变之研究 [D]. 上海：华东师范大学，2005.

胡庆芳. 美国高中课程发展研究——从失衡发展到基础振兴 [D]. 上海：华东师范大学，2004.

Bernard Mehl. The High School at the Turn of the Century: A Study of the Changes in the Aims and Programs of Public Secondary Education in the United, 1890-1900[D]. Chicago: University of Illinois, 1954.

Cecil F. P. Bancroft. Report of the Committee of ten, from the point of view of the endowed academy[J]. The Educational Review, 1894(7): 280-285.

Charles W. Eliot, and William Allen Neilson, eds. Charles W. Eliot, the Man and His Beliefs, Vols. 2[M]. New York: Harper, 1926.

Charles W. Eliot. A Wider Range of Electives in College Admission Requirements[J]. The Educational Review, 1896(6): 417-428.

Charles W. Eliot. Educational Reform[M]. New York: D. Appleton-Century Company, 1898.

Charles W. Eliot. Report of the Committee of Ten [J]. The Educational Review, 1894(7): 105-110.

Charles W. Eliot. The Unity of Educational Reform [J]. The Educational Review, 1894(7): 209-226.

David E. Labaree. The Making of an American High School: The Credentials Market and the Central High School of Philadelphia, 1838-1939[M]. New Haven: Yale University Press, 1988.

David L. Angus, and Jeffrey E. Mirel. The Failed Promise of the American High School, 1890-1995[M]. New York and London: Teachers College, Columbia University, 1999.

David Tyack, and Larry Cuban. Tinkering toward Utopia: A Century of Public School Reform[M]. Cambridge: Harvard university press, 1995.

Diane Ravitch. Left Back: A Century of Failed School Reforms[M]. New York: Simon & Schuster, Inc., 2000.

Edward A. Krug ed. Charles W. Eliot and Popular Education, Classics in Education[M]. New York: Bureau of Publications, Teachers College, Columbia University, 1961.

Edward A. Krug. The Shaping of the American High School, Volume 1, 1880-1920[M]. New York: Harper & Row, 1964.

Herbert M. Kliebard. Changing Course: American Curriculum Reform in the 20th Century Reflective History Series[M]. New York: Teachers College Press, 2002.

Herbert M. Kliebard. The Struggle for the American Curriculum, 1893-1958, 3rd Edition[M]. New York and London: Routledge Falmer, 2004.

Hugh Hawkins. Between Harvard and America: The Educational Leadership of Charles W. Eliot[M]. New York: Oxford University Press, 1972.

Joel Spring. The American School, 1642-1993, 3rd Edition[M]. New York: McGraw-Hill, Inc., 1990.

John S. Brubacher, and Willis Rudy. Higher Education in Transition: A

History of American Colleges and Universities, 4th Edition[M]. New Brunswick and London: Transaction Publishers, 1997.

Jurgen Herbst. The Once and Future School: Three Hundred and Fifty Years of American Secondary Education[M]. New York: Routledge, 1996.

Lawrence A. Cremim. The Problem of Curriculum Making: An Historical Perspective[M]//What Shall the High Schools Teach? 1956 Yearbook of the Association for Supervision and Curriculum Development, edited by Arno A. Bellack. Washington, D. C.: ASCD, 1956.

Marc A. Van Overbeke. Climbing the Ladder: The Evolving Relationship between Secondary and Higher Education and the Standardization of American Schooling, 1870-1910[D]. Madison: University of Wisconsin-Madison, 2005.

Michael W. Apple. Power, Meaning, and Identity: Essays in Critical Educational Studies[M]. New York: Peter Lang Publishing, Inc., 2002.

National Educational Association. Report of the Committee of Ten on Secondary School Studies with the Reports of Ten Conferences Arranged by the Committee[M]. New York: American Book Company, 1894.

Nicholas Murray Butler. Reform of Secondary Education in the United States[J]. Atlantic Monthly, 1894(73): 372-384.

Paul H. Hanus. Adventuring in Education[M]. Cambridge: Harvard University Press, 1937.

R. Freeman Butts, and Lawrence A. Cremin. A History of Education in American Culture[M]. New York: Henry Holt and Company, Inc., 1953.

Ray G. Huling. The Reports on Secondary School Studies[J]. The School Review, 1894(2): 268-280.

RheaZirkes Schwartzberg. A Case Analysis of Two Major American Reform Proposals："A Nation at Risk" And "Report of the Committee on Secondary School Studies"[D]. Gainesville：University of Florida，1988.

第三章 美国专业教育标准化的开端：《弗莱克斯纳报告》

第一节 《弗莱克斯纳报告》的出台背景

从内战结束到19世纪末，是美国经济狂飙突进的时期，美国逐渐成为一个工业化和城市化的国家。此时的美国人深刻地体会到科技带来的便利，他们相信社会达尔文主义，相信社会与丛林相似，社会中的所有人都将为了生存进行激烈的竞争，所有行业都运行在“自由放任主义”的氛围中。庞大的产业、城市和商业交易的交织让这个时代看起来像黄金一般闪耀，随之也带来了两极分化的加剧、政治腐败泛滥、传统道德规范衰落的社会矛盾。马克·吐温（Mark Twain）将这个金玉其外、败絮其中的时代称为“镀金时代”。在看似混乱的转型社会中，西方知识分子在自由、平等、公正的理想和视角下发起了“进步主义”社会改良运动。他们希望借此重新构筑精神繁荣的社会价值体系，消除社会中因工业文明带来的一切不合理现象，建立符合公平原则的行业规范和统一标准，建立连续一致的行动方案。

这份追求标准化的改革首先发生在医学教育领域。为了改善医学领域的声誉，提升医学教育的质量，一些民间医学专业组织决定针对美国及加拿大范围内的医学教育进行一场质量认证。亚伯拉罕·弗莱克斯纳（Abraham Flexner）受邀加入了这场声势浩大的认证活动并成为其中的负责人。1909 年，弗莱克斯纳完成了对 155 所医学院的考察，在次年提交了《美国和加拿大的医学教育：提交给卡内基教学促进基金会的报告》（*Medical Education in the United States and Canada*：*A Report to the Carnegie Foundation for the Advancement of Teaching*），简称《弗莱克斯纳报告》（*Flexner Report*）。该报告在当时引起了巨大的轰动，它的问世和成功有着特殊的背景条件。

一、教育背景

（一）大学时代与封闭的学院体制

一方面，南北战争后的美国迈进了“大学时代”，获得赠地、拨款支持后的大学纷纷涌现于各大城市。根据库斯（L. V. Kos）的统计，自南北战争后到 1885 年，约有 300 所大学院校，到 1935 年时已迅速增加到 1600 所，1940 年又上升为 1800 所。不只是院校的数量，学生的数量也急剧攀升，从 1890 年 15.6 万人到 1935 年的 120.85 万人，根据大学院校学生占当年 18—21 岁青年的比例的变化可以得到更加直观的体验，即从 3%到 13%的变化。另一方面，传统的学院时代已经过时了，因为它与蓬勃发展的工业社会的需求相隔绝。在美国高校规模扩大的同时，封建、封闭的学院体制并没能跟上时代的步伐。虽然它们的所有制形式和办学条件各不相同，但相同的是这里的大学被视为“城市的象征”，而非探究学问的场所。有了这些高等学府，美国社会就是一个所谓“完整的社会”。这些大学的教学质量低下，甚至遭到了欧洲大学的耻笑。1905 年，德国柏林大学曾针对美国转学生的质量问题通知“全美大学联合会”，形容“美国大学毕业生的知识水平仅相当于综合中学的毕业生”[①]。这些被称作大学的机构根本不具备任何科学的教育政策方针，不懂得什么是教育理想，它们可以被称作中学、职业学校、教师培训学校、地位提升机构等，唯独不能称其为大学。弗莱克斯纳这样描述19世纪末20世纪初的美国高等教育：“美国的大部分院校挂着大学的名字，但实际上是在进行着中学程度的教育。”[②] 这些高校间相互竞争的结果就是大学培养人数的激增和培养质量的“贬值”，大学的毕业生就像通货膨胀的货币。

尽管美国相对殖民地时期已经在高等教育上获得了很大的发展，但实际上这种发展的展开机制是极其松散的，是“无认证”的。高等院校的数量上去了，但质量不见起色，这种违背教育规律的做法让大学遭受了公众的信任危机。

（二）专业教育的发展

社会的进步在造成大学数量激增的同时，也为专业学院的发展埋下了伏笔。在科学技术迅速发展和社会分工日趋专业化的刺激下，美国社会对职业人才展现了极大的渴望，社会各行业都出现了较为严重的人才紧缺问题，与各行业相对应的各种专业教育（Professional education）进入了风生水起的发展阶段。

专业教育，是指针对“专门职业”[③] 所进行的教育，是指对人类社会活动中一部分知识含量较高的特殊职业的教育，如医生、律师、工程师、建筑师、会计师和教师等。“专门职业”与“普通职业”最根本

---

① Abraham Flexner, *Medical Education in the United States and Canada : A Report to the Carnegie Foundation for the Advancement of Teaching* (New York: Carnegie Foundation for the Advancement of Teaching, 1910), p. 1.

② Abraham Flexner, *Medical Education in the United States and Canada : A Report to the Carnegie Foundation for the Advancement of Teaching* (New York: Carnegie Foundation for the Advancement of Teaching, 1910), p. 1.

③ “专门职业”主要指的是传统上需要接受高深教育和特殊训练的职业(Profession)，即教士、律师和医生等。

的区别就在于它是拥有高水平专业知识和技术的职业，需要复杂的理论和技术支持，是建立在科学理性之上的专业学科的完备知识体系。[①]

早在殖民地时期，培养教士、律师、医生等的专业教育并不是由学校提供的，主要以学徒制的方式实现。20 世纪以前，大学一直只是实施普通教育的机构，所以它提供专业教育的能力十分有限。据不完全统计，到 19 世纪末，真正具有专业学院和研究生院文凭的毕业生仅占大学生人数的 10%。[②] 南北战争以后，整个社会越来越多的行业向着专业化和知识化的方向发展。一方面，传统的专业教育必须提高质量以适应社会中不断产生的新需求；另一方面，越来越多新的专业教育，如培养工程、农业、管理、教师等职业的教育开始在大学立足并得到迅速的发展。一时间，是否设立专业学院成为判定各个高校是否可以跻身现代大学行列的决定性指标。根据美国国家教育办公室（United States Office of Education）的统计，1875 年，医学院只有 78 所；到 1881 年，医学院已达 96 所；到 1890 年，增加到 120 所；至 1900 年，医学院共有 151 所。[③] 同样，此时隶属大学的专业法学院也已经达到 71 个。但是，这时候专业教育的能力仍然十分有限，并不能得到来自社会的认可，所以保证质量的工作理所当然地被提上了日程。

（三）医学教育亟待改革

对美国的医学生来说，通过 3 种途径可以接受现代医学教育，即学徒制、私人专门学校（Proprietary schools）和大学的医学院。殖民地时期的医学教育是以学徒制的方式实现的，徒弟跟随有名望的长者，

---

① 马莹：《美国专业教育发展的社会与文化基础》，《清华大学教育研究》，2014 年第 3 期，第 76 页。

② 张又：《美国高等教育专业认证的出现及其背景》，《药学教育》，2005 年第 1 期，第 31—32 页。

③ 陈敏：《美国医学教育专业认证制度研究》，硕士学位论文，华东师范大学，2013，第 27 页。

作为其助手，通过观察和模仿的方式学习专业知识。作为美国最古老的专业教育形式，这种以老带新的学徒制不具组织性和正规性，其教育质量无法满足社会需求。而专门学校和大学医学院的教育状况也因其教育水平同样令人担忧。

19 世纪初，已经有一些医生为了方便开始将徒弟们组织起来进行集体教学，相对专门化的讲授代替了经验性的培训，说代替了做，教室代替了直接实践的场所。到 19 世纪 80 年代，在美国创办医学学校成为一件很有利可图的事情，在利益的驱使下，大量私立医学院成立，它们被称为“专门学校”。这些专门学校实际上是私营的训练学校，为了与本行业的学徒制竞争，招生条件几乎等于零，他们录取的往往是那些没能考入学院或学院预科的男青年。典型的专门学院由一个小的教师团体组成，通常是 8 人或 10 人，他们操控着学校，把利润和财务结果当成衡量成功的标准。同时，这部分学校想方设法地为自己做广告，十分注重招生的筹资，他们吸引了大批毫无医学准备和经验的青年放弃工厂的职业，投身医学行当；但是，他们在教学投入上斤斤计较，导致其办学质量低下。各个地方的学业课程差别很大，学制从一年到三年不等。教学方式通常包括有关解剖学的讲座、关于病理学理论的讨论，以及由教师们自行决定的其他主题。除了这些课程，医学课程与化学、生物科学方面的新的学术成就没有任何联系。臭名昭著的专门学校模式作为 19 世纪美国医学指导的主导而存在着。

伴随着社会的转型，原先依靠农业的美国迅速走向工业化，机械化的生产对各个领域的从业人员提出了全新的要求，极大地促进了专业教育的发展。原来独立设置的医学院、法学院等纷纷积极地并入大学，另外一些大学也都开始尝试成立这些专业学院。据统计，19 世纪上半叶有 175 所医学院曾经不时提供医学课程。他们成为反映美国社会偏爱教育但同时厌恶标准的一个重要例子。在这些医学院中，几乎没有任何实质性的入学要求。当时的人还没有这样的观念，即未来的医学学生都必须具备高中文凭或大学学位。哈佛等学院早已意识到未来专业教育所要求的是应把学徒制重视实践的优点和学院中重视理论的优点结合起来。在这种背景下，哈佛大学的法学院和医学院尝试只招收那些已经受过学院教育的青年，使他们再经过3年的培训以便在学识上达到专门职业要求，但是这种程序既非典型，也不是必需的。然而，在当时的社会，由于经济条件等原因，大多数学生很难达到这样的要求。与此同时，城市开发的进程也不可避免地影响了大学内的医学教育。在这种情况下，很多医学院长期以来仅仅由地方从业者组成，并且在名义上附属于大学。

可以说，注册进入医学院学习的青年在开始履行治病救人的使命前，获得的所有知识都来自于这些学校。医学院不是作为对青年人医学教育的补充，而是医学生一切知识和经验的来源。但实际情况下的美国医学教育仍然没有从古老的学徒制中脱离出来，他们仍然使用着说教的教学方式，设施依旧陈旧简陋，教师的素质仍旧低下，课程设置仍然不能与时俱进，这无疑使医学教育状况恶化。医学教育过量地培养了不合格的医务人员，这些人大多缺乏甚至没有受过系统、正规的医学教育。显然，这是对公众不负责的做法，是违反公共福利政策的。有人对当时美国内科医生的数量做了一个统计，发现美国内科医生的数量竟然是那些老牌国家（如德国）的4—5倍。其中，除了相当多的开业医生从文凭制造机构购买学位外，他们所接受的医学教育的质量也差别很大。较好的医生一般是在地位较高的学校获得学士学位，在相当好的机构取得医学博士学位，然后去国外学习1—3年。然而，普通医生很难达到高级水平，通常很低。他们只需通过参加连续两年的4个月或5个月的医学课程学习就可以获得医学学位。①

---

① Abraham Flexner, *Medical Education in the United States and Canada: A Report to the Carnegie Foundation for the Advancement of Teaching* (New York: Carnegie Foundation for the Advancement of Teaching, 1910), pp. 1-2.

当这些积习的恶劣影响达到了最高点的时候，人们不得不开始思考：大学究竟要达到哪些标准才能被称为大学？医学教育（包括大学中的所有专业教育）又应该具备什么样的条件才能培养适应现代医学的人才？又有谁来考查这些标准和条件？

二、行动背景

当医学教育领域混乱不堪时，出于对行业的保护和对教育质量的关注，一些自愿性的专业学校协会及行业协会在这一时期逐步出现了。

（一）民间组织的实践推动

自治和分权管理是美国高等教育长久以来的一大特色，民间教育组织在这一传统中觅得自身生存和发挥作用的契机，长远地作用于社会改良。

20世纪初，面临医学界的众多问题，许多民间教育组织如卡内基教学促进基金会（The Carnegie Foundation for the Advancement of Teaching）和医学专业教育组织（如美国医学协会，the American Medical Association，简称AMA；美国骨病协会，the American Osteopathic Association，简称AOA；等等）率先承担了改善美国医学教育状况、保障医学教育质量的重大社会性责任。这些组织针对美国医学专业进行了一系列的标准考察、比较分析及排名评定。

最初是作为医学民间组织的美国医学协会介入了教育标准的考察中。1876年，美国医学协会第一次会议在费城举行，代表来自几乎所有地区，协会试图统一收费标准及建立学制课程。1880年，协会投票通过实行三年制的医学教育学制。然而，三年制导致许多学校退出协会，东部学校与西南部的学校产生分裂。1882年，协会瓦解，直到1902年才得以重建。重建后的协会在其官方刊物《美国医学会杂志》（*The Journal of the American Medical Association*）上发文，痛心疾首地指出当时美国医学教育与欧洲教育界存在着令人震惊的差距。

1901年，美国骨病协会开始对医学院校进行评估和鉴定。1905年，美国医学协会代表机构（the AMA House of Delegates）根据当时的教育状况规划了课程设置，确立了A、B、C三级医学院分类标准，这是美国最早的有关医学专业资格认定和评估的标准。同年，美国医学协会成立医学教育委员会（the Council on Medical Education，简称CME），负责考察美国医学教育状况，并且有责任定期召开会议提供考察报告。医学教育委员会在1906年首次年会上提出2项主要改革动议："医学院入学基本教育要求的标准化，以及在全国实施'理想'的医学课程，即2年的实验室科学培训和随后2年在教学医院的临床轮转。"[①]随后，委员会年报针对160所医学院根据以上标准进行了评价，将所有被评医学院分为A（通过，82所）、B（暂缓通过，46所）和C（未通过，32所）3个等级，并且对外宣布了所有结果。其中，仅有50%符合"现代医学教育"的标准，30%条件很差，另外20%"名不符实"。通过认证的医学院，说明它们已经具备了提供医学专业教育的资格；暂缓通过的医学院需要进一步的考察；未能通过认证的医学院毕业生，将因此丧失在执业医师考试中的报考资格。1906年6月，美国医学协会教育委员会发送一封信给每个美国医学院校，敦促采纳其建议——所有学生在入学前至少进行一年的生物学、化学、物理和外语的学习，但收效不佳。

美国医学协会因为自己身份的限制，对成员学校难以提出客观且

① 田明国：《纪念弗莱克斯纳报告发表100周年》，《中国高等医学教育》2012年第2期，第128—130页。

具有震慑性的批评。巧合的是，卡内基教学促进基金会[①]正极其关注美国的高等教育质量，学会便试图寻求与其合作。19世纪末，基金会时任主席亨利·普利切特（Henry Pritchett）为了确认之前发放的资金是否得到了有效利用，也为了确认有哪些大学有资格继续接受基金会的资助，开始关注美国大学的质量问题，开始把调查和提高大学的教育质量作为重要任务。就这样，教育委员会把医学专业教育的研究作为对普利切特和卡内基教学促进基金会的支持交给了基金会，并且提供了相关专家的建议。

（二）弗莱克斯纳的个人经验

亚伯拉罕·弗莱克斯纳，美国著名教育家。弗莱克斯纳的父母是德国的犹太人，后迁移到美国南方肯塔基州的路易维尔，在那里成了帽子商人。弗莱克斯纳就在那里降生，他还有另外8个兄弟姐妹。他的哥哥——西蒙·弗莱克斯纳（Simon Flexner）是一位有名的病理学家、细菌学家，1901—1935年负责主持“洛克菲勒医学研究所”（Rockefeller Institute of Medical Research，洛克菲勒大学的前身）的研究工作，并且带领他所在的研究所达到世界领先水平，他本人在脑膜炎抗血清研究上有着重大贡献。

受到家族人文熏陶的弗莱克斯纳，继承了他们追求、热爱真知的精神，自小就聪明又很努力。后来，他顺利地进入当时的顶尖学府约翰·霍普金斯大学，并且以两年的时间完成了四年的课程学习，于1886年获得文学学士学位。求学于霍普金斯大学是弗莱克斯纳一生中

---

① 卡内基教学促进基金会在接受安德鲁·卡内基（Andrew Carnegie，1835—1919年）捐赠后成立于1905年，于1906年获得国会许可。这个具有悠久历史的机构在创立之初将关注点完全放在为大学教授发放退休金上。后来，基金会慢慢演变成一个关注教学和学习的独立研究中心，致力于解决教育实践问题。基金会在发放资金的时候，必须明晰和判断大学的资格，这样有限的资金才能够得到最优化的利用。显然，最直接的方法就是基金会自己对大学的资质进行实际调查。

富有决定性意义的时光，他这样描述那段的日子:“那时候的约翰·霍普金斯大学不像现在这样浮于表面，学校里的学院都是为了追求真知而开设的，没有为新闻、商业、教育这些不能教的科目所开设的学院。”[①] 当时约翰·霍普金斯大学的校长是丹尼尔·吉尔曼（Daniel Gilman)，一位推崇德国大学“发展科学知识”理念的教育者。对于自己就读的大学，弗莱克斯纳赞其为“现代意义上的美国高等教育的起点”[②]。毕业后，弗莱克斯纳回到路易维尔，在一所男子高中教授古希腊、古罗马文学。在教学过程中，他对教育产生了一些新的看法，并且一直在寻找机会实现自己的教育理想。四年后，他创办了“弗莱克斯纳先生学校”（Mr. Flexner's School)，测试他关于教育的想法。在这里，他反对传统上强调绝对纪律和僵化结构的标准教育模式，主张以最低限度的学校管理实现学生最高水平的自我管理和自我学习。“弗莱克斯纳先生学校”没有给予传统成绩，没有使用标准课程，拒绝对学生进行考试，也没有保留学生的学业记录，但学校的毕业生很快被领先的大学接受，他的教学风格吸引了人们的注意。弗莱克斯纳在这所中学度过了 14 年，随后选择继续到哈佛大学深造。取得硕士学位后，他又前往德国去体验在当时被各国所艳羡的高等教育。1906 年，弗莱克斯纳前往柏林大学学习。在这里，他深深地体会到真正的大学应是“科学研究之所”。1908 年，弗莱克斯纳根据以往的教育感悟出版了他的第一本书，即《美国学院》(*The American College*)。在书中，他强烈批评美国高等教育的许多方面，特别谴责了大学讲座制度和选修制度，并且对美国学院提出了很多改革建议。这本书由纽约世纪出版公司出版，但是并没有引起重视，他在书中提出的建议也无人问津。虽

---

① Abraham Flexner, *I Remember: The Autobiography of Abraham Flexner* (New York: Simon & Schuster, 1940), pp. 29-30.

② Abraham Flexner, *I Remember: The Autobiography of Abraham Flexner* (New York: Simon & Schuster, 1940), p. 345.

然这本书在发表时的反响十分平淡，幸运的是它成功吸引了卡内基基金会主席普利切特的注意，此时普利切特正在寻找一个领导一系列专业教育研究的人。由于这本书中多处引用了普利切特关于教育改革观点的讨论，这位与普利切特拥有对传统教育持相同批判思想的才俊迅速引起了卡内基基金会主持人的注意。

1908 年，普利切特建议弗莱克斯纳代表基金会对医学教育做综合性评估并起草研究报告。普利切特认为弗莱克斯纳在教育领域的专业性和在医学教育领域的客观中立性使他成为这个项目的理想人选。弗莱克斯纳欣然接受了这个调查项目。这位约翰·霍普金斯大学的毕业生历尽千辛后终于完成了对多达 155 所医学院的实地考察与记录。1909 年，弗莱克斯纳在考察记录的基础上整理思路，撰写了这份影响世界专业教育命运的报告，并且于 1910 年将其发表。

第二节　《弗莱克斯纳报告》的调查过程与研究结论

弗莱克斯纳曾在其著作《现代大学论——英美德大学研究》一书中对“研究究竟由什么构成”这个问题进行了探究。他认为，收集大量的信息或描述性的材料都不是研究。虽然在一些领域（如家政学、社会科学、教育学）里，对材料在数量和精确度上的追求是相当普遍的，但它们仍然称不上研究。只有能够被分析且经过分析的材料，才能够构成研究。他还认为研究是个人在充分利用已有资源的基础上进一步做出的艰苦努力。这样的研究要求个人拥有强大的毅力，也要求个人具有对真理的绝对追求精神。此外，研究者必须摒弃个人私利的影响，必须以客观的态度做出静悄悄的努力。① 而此次调查的过程深刻

① ［美］亚伯拉罕·弗莱克斯纳：《现代大学论——美英德大学研究》，徐辉、陈晓菲译，浙江教育出版社，2003，第 106—108 页。

地印证了他对“研究”一词的理解。

一、《弗莱克斯纳报告》的调查过程

受约翰·霍普金斯大学的第一任校长丹尼尔·吉尔曼的影响，弗莱克斯纳在求学的过程中，很早便挖掘了一种先进的教育理念。这种理念强调在每一个学习阶段和每一种学习水平中“体验学习”（即“做中学”）的重要性。他坚信大学和专业医学院校除了要教学，还要具备促进实践调查的责任。因此，在正式进行此次调查活动前，弗莱克斯纳已经预先对美国专业教育的状况进行了一定程度的了解，拥有了属于自己的教育概念框架和教育见解，在加入卡内基基金会之后又有了相当的发展。当然，在这个过程中，约翰·霍普金斯大学的威廉·韦尔奇（William H. Welch）博士、洛克菲勒研究所的西蒙·弗莱克斯纳博士、美国医学协会教育委员会主席亚瑟·比万（Arthur D. Bevan）博士、美国医学协会教育委员会秘书洛厄尔（N. P. Colwell）博士和美国医学大学协会秘书赞普非（F. C. Zapffe）博士都曾给予弗莱克斯纳慷慨的援助。

应邀参与此项调查后，弗莱克斯纳决定通过阅读与欧洲、美国医学教育相关的所有文献来初步了解两者的医学教育状况，比尔罗特（Theodor Billroth）的《医学科学的教学与学习》（*Teaching and learning of medical science*）尤其给了他很大的启示，其中对德国大学的医学科学进行了详尽的描述。

随后，他到芝加哥拜访了乔治·西蒙斯（George H. Simmons）。乔治是美国医学协会的秘书，也是学会杂志的编辑，他向弗莱克斯纳展示了美国医学协会教育委员会的年度报告，并且就已所能地针对当时美国医学教育的状况给予弗莱克斯纳一些珍贵的建议。诚然，乔治的分享让弗莱克斯纳非常顺利地理清了下一步的思路，但与此同时他也隐隐觉得这份由洛厄尔博士为委员会准备的年度报告的可信性并不是很强。这份报告从来源或撰写主体来说是存在很大局限的，身为委员会成员的洛厄尔博士受自己身份的限制，在很多情况下都不得不更加谨慎。因此，他往往无法客观而坦诚地呈现事实真相。这也更坚定了弗莱克斯纳从事调查的信念，看起来非专业的自己确实在很多方面比一个医学院的教授更加适合这项工作。

弗莱克斯纳在完成了对医学教育的基本调查后，带着种种意向，决定效仿医学教育革命的先驱者建立一个实地调查的模范参照系。他来到了巴尔的摩，寻求供职于约翰·霍普金斯大学的弟弟——西蒙的帮助。在西蒙的斡旋下，弗莱克斯纳顺利地与霍普金斯大学的教职工进行了深入的交流，也针对医学教育问题咨询了这些专家的意见。弗莱克斯纳认为这是一所聚齐英、法、德三国医学教育优势的美国式医学院。在这里，杰克·韦尔奇（Jack Welch）及其他医学专业人士为他提供了有关的细节和建议。弗莱克斯纳更加坚定了以霍普金斯大学医学院的教育模式作为医学教育理想模板的设想，这个鲜活又具体的参照体系在日后的调查中发挥了巨大作用。他说："如果脑海中没有这种模式的帮助，那么我完成这次调查的可能性很小。而一旦有了它，我在美国和加拿大的医学院间迅速开始了一次重要的旅行。"

可以说，这次的访谈调研完全可以被看作对他已有推论的一次验证，他要为自己先前的设想找到一个有事实依据的佐证。弗莱克斯纳的科学研究思路充分体现了"现代科学研究是在反复中前进的，它是沿着假说—理论—新假说—新理论的路径进行的"①。

自 1908 年 12 月 1 日起，弗莱克斯纳开始了他的实地考察工作。这次考察活动持续了将近一年的时间，范围涵盖 155 所医学院校。在实地

---

① 于双成，安志国，安力彬：《奠定美国现代医学教育基础的 Flexner 报告之方法学特征》，《中国高等医学教育》2012 年第 8 期，第 17—18 页。

考察过程中，他采用的主要方法就是观察。这种观察并不是盲目的观察，而是在一系列科学理念的引领下，有目的、有选择地观察。他始终坚守着自己的研究理念和原则。

(一) 不畏艰难、实践出真知的原则

在考察过程中，弗莱克斯纳首先排除了问卷调查法，他认为问卷不是科学的工作，仅仅是“一种集廉价、方便和快捷这些特点为一身的获取资料的方法”，并且问卷经邮局发出后，有相当一部分会被当成垃圾扔进废纸篓，剩余的又有很大一部分将遭到不那么严肃的对待而被填满无关的信息。“一个合格的研究者决不会向两个人问同样的问题，因为每一个答案都是独特的，都可能提供一个能够揭开迄今还没有考虑的研究源头的线索。”[①] 所以，为了捕获可信的事实、获得有效的信息，弗莱克斯纳将千方百计、竭尽全力地亲自探访相距甚远的各个医学院，在追求真理的道路上刨根溯源。哪些医学院是名副其实的，哪些医学院是言过其实的，在这次调查下都无所遁形。就如费尔巴哈所言:“理论所不能解决的那些疑难，实践都会解决。”

在这次实践中，他要确认各个医学院呈递给美国医学协会信息的真实性；要调查医学院的师资队伍情况，确认学院的职位是由具有深厚临床功底的本地医生兼任，还是由具有丰富教学经验的教师任职；要亲自去实验室看一看里面的陈设，判断学院的实验设备、耗材情况；要动鼻子闻一闻空气中是否有消毒水的味道，感知解剖学的教学实验究竟有没有在实验室里进行过。弗莱克斯纳对自己的工作有过这样一段描述:“在调查过程中，我可以说是坚强不屈、百折不挠，寒冷的冬天我不能待在家里保暖，炎热的夏天我回到伯克郡（英国南部的一个郡）的蒂林厄姆，不管我身在何处，我都会带着我最为诊视的材料，

① [美] 亚伯拉罕·弗莱克斯纳:《现代大学论——美英德大学研究》，徐辉、陈晓菲译，浙江教育出版社，2003，第 106 页。

每天都要进行大量的写作。在这段紧张又忙碌的日子里，我们不能有任何的社交或消遣来放松和娱乐自己。”①

另外，资金拮据也给庞大的调查工作带来了困难。那时卡内基教学促进基金会支付的薪水实在是难以维系各项费用开支，基金会支付弗莱克斯纳的年薪为3000美元，再加上往返各校的差旅报销，估计大概仅有几万美金。幸运的是，这项医学改革的酝酿活动得到了来自洛克菲勒基金会的支持，获得了高达14000多万美金的捐赠，这笔及时的资金为调查排除了一部分困难。

（二）耳听为虚、亲身体验的原则

弗莱克斯纳的《我的记忆：弗莱克斯纳的传记》（*I Remember：The Autobiography of Abraham Flexner*）中记录了他在调查各个医学院的过程中的一些趣事和真实情况。当他在华盛顿塞勒姆考察实验室状况时，这所学校的院长十分肯定且自豪地向其渲染着学校的实验室是多么的完美，并且热情地将弗莱克斯纳带上楼去参观，可事实是在楼上的生理学实验室中仅有一个小小的脉搏描记器。

在得梅因的一个骨病学校考察时，这里的解剖学、病理学、生理学等实验室看似一应俱全，但每一个实验室的门上都上了锁，校长似乎也并不打算带他进去进行更加细致的参观。此外，管理实验室的工作人员都不在现场，这更让弗莱克斯纳心中升起了疑虑，但他并不能直接提出自己的疑问。于是，他与校长寒暄过后表示这所学校的情况令他十分满意，随后顺遂校长的意愿立即驱车前往火车站，乘车前往下一个地点——爱荷华市。但实际的情况是，待校长从火车站离开后，弗莱克斯纳又再一次回到了这所学校寻找看守实验室的工作人员。他以5美元的酬金请看门人打开了每一个实验室，映入眼帘的景象确如他

① Abraham Flexner, *I Remember：The Autobiography of Abraham Flexner* (New York: Simon & Schuster, 1940), pp. 131-132.

之前所假想的，所有的“实验室”中整齐地排放着桌子、椅子、黑板，却不见任何实验仪器设备的踪影，显得十分整洁。[①]

同样的事情也发生在弗莱克斯纳考察北卡罗来纳州立大学时，这所学校的医学院的总体情况还是不错的。在这里，校长自豪地为他解说学校引以为傲的课程安排，包括在教堂山分校前两年的课程情况，以及在罗利（Raleigh）的伦纳德医学院（Leonard Medical School）两年“临床年”（the clinical years）的课程。但弗莱克斯纳注意到校长避而不谈的另外一些情况：“它的临床机构仅仅是挂名而已。学校可以使用 16 个床位，其中至少包含 3 个随访的病人。这里没有取药的部门。这里没有图书馆，没有博物馆，也没有教学的配件。很明显，支付从业人员的费用已经榨干了学校的资金和资源。”[②] 这所医学院的卫生情况不佳且实验设备稀缺，与校长所言相差甚远。于是，他留下了每个房间的照片存底，将最真实的面貌以这样的方式记录下来。当普利切特看到这些材料的时候，他非常吃惊，随后给北卡罗来纳州立大学的校长写了一封信并附上这些照片，要求校长对此给出一个合理的解释。原来这位校长根本没有亲自了解过医学院的真实情况，收到信后他十分惊慌，立刻亲自拜访了普利切特，随即将大学董事会的董事聚集起来针对医学院的情况召开会议，确定废除了本校关于临床年的课程报告。

（三）坚守理性、严厉批评的原则

弗莱克斯纳在回忆录中写道：“我和洛厄尔博士多次一同旅行调研，大多数时候他有不得不谨慎行事的必要性，但我（因为没有他那

---

① 张立娟：《弗莱克斯纳现代大学思想及其实践研究》，硕士学位论文，苏州大学，2015，第 76—77 页。

② Abraham Flexner, *Medical Education in the United States and Canada: A Report to the Carnegie Foundation for the Advancement of Teaching* (New York: Carnegie Foundation for the Advancement of Teaching, 1910), p. 280.

种身份的苦恼）得以幸运地以最大的坦率说出真相。”① 他也确实这么做了。

弗莱克斯纳对事实的揭露是“无情”的，就算与他尊敬的普利切特先生②有着密切关系的华盛顿大学医学院（the University of Washington School of Medicine），也无法逃过他坦率的批评。普利切特在弗莱克斯纳前往华盛顿大学时愉快地表示：“接下来你要去的地方一定会让你心情愉悦，因为我的朋友布鲁金斯（Brookings）是一位对医学教育有着崇高理想的人。”③ 的确，华盛顿大学医学院比之前访问的大部分学校要好一些，但是在圣路易斯近两天的考察中，弗莱克斯纳还是发现了很多并不合格的地方。对此，他以一封信回应普利切特：“正如您对我所说的那样，华盛顿大学的确是一所相当雄伟的大学，它对圣路易斯、对我们国家都有着不可替代的意义。但可惜的是，它的医学院与华盛顿大学的整体精神格格不入。倘若不想让医学院成为华盛顿大学的污点进而成为它前进的阻力，那应该只有两个选择，要么废除医学院，要么重组医学院。”④

这封信件令普利切特百感交集，既震惊又失望的他下决心要帮助这所大学改变令他痛心的状况。他与校长布鲁金斯取得联系后，表达了对改变医学院状况的希冀，并且转述了弗莱克斯纳对学院重建的建议——要么废除医学院，要么重组医学院。他还决定每年拿出 8 万美元支持这所学校的改革。布鲁金斯即刻动身前往霍普金斯大学等优秀的

---

① Abraham Flexner, *I Remember: The Autobiography of Abraham Flexner* (New York: Simon & Schuster, 1940), p. 115.

② 普利彻特博士早年是这所大学艺术与科学学院的天文学教授。

③ 张立娟：《追求卓越：弗莱克斯纳的高等教育实践探析》，《苏州大学学报（教育科学版）》2014 年第 4 期，第 89 页。

④ 张立娟：《追求卓越：弗莱克斯纳的高等教育实践探析》，《苏州大学学报（教育科学版）》2014 年第 4 期，第 90 页。

医学院访学，为学院的重建寻求借鉴，这也成了他一生践行的改革目标，直到生命的尽头。后来的华盛顿大学医学院成功转型，一跃成为美国众多医学院的典范，其外科、生理学等科系都在美国医学界获得了良好的声誉，众多学子慕名而来。所以，布鲁金斯所做的努力也是成效非凡的，到1910年报告发布时，这所医学院已经有了很大的改善，已经有多项工作被纳入重组的日程。

资料的获取并不是真正困难的事情，但要在庞杂的信息中筛选它的关键、概括它的论题就是另外一回事了。研究者常常对前人所做的概括表示不满，但若不是同时获取基础资料又自身具备了灵活敏锐的大脑，任何人都不见得比前人做得更好。不论是自然科学，还是社会科学，材料的多寡本身并不能推动其前进，关键是在于对材料的解读和深层次的概括。这种概括既是一种考验，又是一种动力，因为任何结论都不是经久不变的，只能是无限地接近真理，而无法真正的到达。“一系列不断修正的判断构成无可争辩的科学进步。我们必须相信这种进步，但我们决不能过分相信这种进步所持续展现的种种外部形式。”①

历时12个月，在完成对众多医学院的实际调查后，弗莱克斯纳呈现了他的报告。当然，那时候他还不知道这份报告将引起怎样的轰动。

二、《弗莱克斯纳报告》的研究结论

这次调查的初衷是考察当时北美医学教育情况，以便加快医学教育的改革，并且顺利地淘汰那些不符合医学教育委员会标准的低质量医学院校。此次调查的结果也迎合了调查的目的，虽然大多数的医学校声称要坚持循序渐进的、科学的医学教育原则，但实际上只有极少

① ［美］亚伯拉罕·弗莱克斯纳：《现代大学论——美英德大学研究》，徐辉、陈晓菲译，浙江教育出版社，2003，第9页。

数的学校真正招收基础良好的学生，也很少有学校拥有财力、实验室和医院设施，以及高度熟练的教学人员以适用于这种苛刻的教育。

（一）入学标准问题与建议

整个 19 世纪，几乎没有哪个专业学院在学生入学时，要求其具备学士学位。大约在 1887 年，一名来自缅因州的 8 岁女童在不具备任何医学生入学资格的情况下，竟然仅凭一封入学申请信就成功获得了她所申请的大部分医学院的应允，其中几个学校甚至还专门向她保证学位考试并不困难。然而，这并不是个案，对当时的美国来说，它是十分普遍的。

那时的医学教育机构统共仅有 3 种类型。第一种要求报考者具有两年及两年以上的学院学习经验，这样的学校共有 16 所①，典型的是霍普金斯、哈佛及耶鲁大学；第二种要求报考者具有 4 年高中或同等学力的学习经验，这样的学校有 50 所；剩下的大多是第三种，要求十分简单，受过普通教育即可报考，几乎相当于没有要求。

1. 以学院经验为入学标准的学校情况

首先，这部分学校在数量上并不占优势。除去 16 所要求有 2 年学院学习经验的学校之外，还有一些的入学要求是 1 年学院学习经验。6 所大学要求具有 1 年的学院学习经历，但在 1910 年秋季入学时，他们改变了入学要求，成为第一种学校的一分子，包括印第安纳大学、爱荷华大学（不包括顺势疗法部）、密苏里大学、宾夕法尼亚大学、犹他大学、锡拉丘兹大学。还有一些学校即将在招生上实行“1 年的学院学习经验”要求，如弗吉尼亚大学、福特汉姆大学、西北大学、北卡罗来纳大学。在一般情况下，1 年的大学学习经验与高中经验是很难被区

---

① 约翰·霍普金斯大学、哈佛大学、凯斯西储大学、芝加哥大学、康奈尔大学、斯坦福大学、维克森林大学、耶鲁大学、加州州立大学、明尼苏达大学、北达科他大学、威斯康星大学、密歇根大学（独家顺势疗法的部门）、堪萨斯大学、内布拉斯加大学、南达科塔州大学。

分的，1 年的大学学习在高中教育基础上只有些许进步。北卡罗来纳大学提出在 1909—1910 学年实施 1 年学院经历的入学标准，但该校的学生们坦言并不支持这个标准，他们认为“相当于 1 年学院经验，实际上这意味着这个标准并没有得到实行”①。

另外，即使是这些宣称高入学标准的学校，情况也并不总能如愿。霍普金斯大学的入学要求是最严格的，除了要求大学学历之外，不管它是哪个专业的学历，都必须有 3 个基础学科的学习经验，即自然科学、法语、德语。哈佛对学位的要求有点不稳定，也决定招收一些接受过大学教育但最终并没有获得学位的学生，对这种学生入学后的要求更“特殊”一些，他们必须保持高水准的学习成绩才可以获得哈佛授予的医学博士学位。据弗莱克斯纳的调查，在宾夕法尼亚大学某班 114 名学生中，1909—1910 学年按“学院学习经验”要求入学的有 75 人（66%）；在密歇根大学的 36 名新生中，只有 8 名真正具备 2 年学院学习经验；在耶鲁大学 1909—1910 学年入学的 23 名学生中，也只有一小部分学生具有生物学基础。

2. 以高中经验为入学标准的学校情况

具有这一类招生标准的医学院成了真正的问题，大约 50 所学校的入学标准属于这个范围。但实际上被招录进学校的学生在素质上仍然参差不齐，并非人人都能达到这个标准。除了纽约大学有会考证书、密歇根大学有董事会的监督、麦吉尔大学和多伦多大学当局有对入学标准的控制，这些能够保证入学新生达到或接近高中水平，一些其他的没有受到那么好监督的院校并不能保证入学新生的实际水平，如马萨诸塞州的塔夫斯大学，1909—1910 学年入学的新生人数为 151 人，其中一半多一点的学生真正符合标准。这是一种常见的现象，杜兰大

① Abraham Flexner, *Medical Education in the United States and Canada: A Report to the Carnegie Foundation for the Advancement of Teaching* (New York: Carnegie Foundation for the Advancement of Teaching, 1910), pp. 28-29.

学医学院和杰弗逊医学院（费城）等也有相似的境遇。①

甚至在一般情况下，这些学校实际上是难以对它们进行分类的。因为他们的招生太过自由，甚至不能被划定拥有一个共同的招生基础。他们认可的凭证五花八门，包括来自学院或大学的学士学位、来自一所被“认证”（accredited）的高中的毕业证书、来自指定范围或几大地区的考试文凭证书，或者来自高中、师范学校或学院的校长、“有声望的指导员”、“国家或城市的一个教育部门领导”、“州医学委员会审查员”的认可证书，以上这些都象征着申请人拥有接受过高中教育的经验。

3. 无入学标准学校的情况

第三种学校在美国南部是最多的，他们的存在几乎占据了美国南部的整个地区，也存在于几乎所有的医学“中心”，像旧金山、芝加哥。这类学校显然并不愿意切实遵守州议会的法律，如果法律实施了，他们就用实际行动践踏，包括圣路易斯和巴尔的摩的学校。②

南部地区的这些学校指定了一系列令人印象深刻的入学资格凭据条款，范围从“大学教育程度”到一个“两年高中后文法学校学习经验”，或者由联邦、州、县负责人承认的足够的“学术成就”，抑或其他一些教育相关者“相当随意的证明”，这些都可作为进入医学院的敲门砖。但即使没有这些凭据，也不是什么大事，因为人人都可以立刻去购买，因为医学院对欺诈或伪造行为没有任何的防护或惩罚措施。这些五花八门的入学凭据被提交后，通常是被随随便便地看一眼后立

---

① Abraham Flexner, *Medical Education in the United States and Canada : A Report to the Carnegie Foundation for the Advancement of Teaching* (New York: Carnegie Foundation for the Advancement of Teaching, 1910), pp. 29-30.

② Abraham Flexner, *Medical Education in the United States and Canada : A Report to the Carnegie Foundation for the Advancement of Teaching* (New York: Carnegie Foundation for the Advancement of Teaching, 1910), pp. 36-37.

即归还学生；也有一小部分可能用一根橡皮筋卷在一起，然后被归档在满是灰尘的小隔间里。

通常以这种形式接受证书：

> 尊敬的……（院长）：
>
> 先生，我已经检查了……同学对……的学习情况，他的学术成就相当于我们的公立中学一年级教师水平，相当于两年的高中学习水平。
>
> 非常肃然的。
>
> （签字）__________（教育厅长）①

而南部地区以外的医学院通常的做法是假装要求招收具有“等效”高中受教育经验的学生，当然，在这些学校也存在几个相当能干的学生，但大部分学生都是以“等效”的身份入学的。实际上，在这些学校中，没有任何负责检验学生受教育经历的检查员被雇佣，并且这些医学院的院长极不情愿被牵扯其中。调查到芝加哥医学和外科学院时，在弗莱克斯纳的要求下，由秘书和几位学校教职工对学生入学凭据和学习记录的彻底搜查以失败告终，他们甚至搜查了书桌的抽屉和保险柜，但都没有找到相关资料。然而，这所学校在伊利诺伊州董事会依然拥有“良好的地位”，其教育资质是纽约教育部门认可的。查塔努加的一名教授这样说道：“招收到懂得一点点代数的医学生就很可贵了；给新入学的医学生使用的科学教材对他们来说是难以理解的。”在夏洛特，弗莱克斯纳被告知：“谈论真正的实验室工作是毫无意义的，因为学生们是如此无知和笨拙。他们中的许多人是被广告吸引而来，当农

---

① Abraham Flexner, *Medical Education in the United States and Canada: A Report to the Carnegie Foundation for the Advancement of Teaching* (New York: Carnegie Foundation for the Advancement of Teaching, 1910), p. 36.

民的话，他们能做得更好。实验生理学上的仪器设备是没有用的，这些人根本就不会用，他们笨手笨脚的。”①

由上可见，在大部分学校中，入学标准是可以被忽略不计的，已经提出的入学标准也并不能得到贯彻执行。通常来说，学校招收的是高中毕业生，无论他们的学术水平高或低，这样的学生一旦入学，就要花费两年甚至更多的时间去学习本应在一所良好的中学里学习的课程。

对此，弗莱克斯纳表示，医学已经发展到科学知识统治的时代，两年的本科学院教育是接受医学教育的基本准入条件。他认为现代医学是一门这样的学科：在这门学科中，努力以各种方式获取知识来实现一定的实践目标。它对疾病或治愈方法没有先入之见，不再从教条或原则开始，它需要一个理论只为可以方便地概括，在这个理论中有许多已查明的事实可以被用来初步定义一个行动。事实中包含了那些有关人体结构和功能的奥秘，也包含了操作医学实验仪器来诊断和治疗某些疾病的能力，而这些都以物理、化学、生物等科学知识为基础。但这些课程对中学生来说过于广泛和晦涩，对医学院学生来说又将侵占他们学习实验室科学的时间和精力，所以唯有将这些系统的基础性知识放在本科学院的教学中才是最佳方案。这些研究结果坚定了弗莱克斯纳效仿最好的大学课程的信念，所有非南方的医学院一定要坚持拥有一定科学素养的本科毕业生才能获准进入医学院学习的要求，而南方的医学院可以降低要求暂时招收高中毕业生，等待时机成熟再进一步提高要求。并且，对学生的入学资格认证应由州委员会指定一个由教育专家组成的机构来发挥评定学历证书的功能，以强化大学医学

---

① Abraham Flexner, *Medical Education in the United States and Canada: A Report to the Carnegie Foundation for the Advancement of Teaching* (New York: Carnegie Foundation for the Advancement of Teaching, 1910), p. 36.

院的入学标准。[①]

（二）课程体系问题与建议

弗莱克斯纳从上述三类学校中各选取一所典型学校，通过对它们的课程安排进行比较，得出了对课程情况的结论。他选取了凯斯西储大学（大学教育基础）、纽约大学（4 年高中教育基础）、亚拉巴马大学（无要求，亚拉巴马大学是无要求类型中相对具有医学精神的一所大学，可代表本类型的最高水平）进行比较。

1. 学年编制

3 所大学均为 4 年制大学。其中，凯斯西储大学、纽约大学每学年有 32 周，亚拉巴马大学则是 28 周。相比而言，亚拉巴马大学的学生在校学时安排低于总体水平。在招收学生入学标准已经落后的情况下，偏少的学习时间使学校很难在医学基础薄弱的先天条件下进一步开展医学专业教育，如此必然导致此类学校毕业生的质量更加不堪一击。

2. 课程内容

表 3-1 第一学年课程表[②]

学校	课程	学时	要求
凯斯西储大学	解剖学、生理学与生物化学	每学年 32 周	大学教育基础
纽约大学	解剖学、组织学与胚胎学、生理学、化学与物理学及细菌学	每学年 32 周	4 年高中教育基础
亚拉巴马大学	解剖学、无机化学、生理化学、胚胎学与组织学、配药学	每学年 28 周	无要求

① Abraham Flexner, *Medical Education in the United States and Canada : A Report to the Carnegie Foundation for the Advancement of Teaching* (New York: Carnegie Foundation for the Advancement of Teaching, 1910), pp. 49-50.

② Abraham Flexner, *Medical Education in the United States and Canada : A Report to the Carnegie Foundation for the Advancement of Teaching* (New York: Carnegie Foundation for the Advancement of Teaching, 1910), p. 90.

通过比较，弗莱克斯纳发现，凯斯西储大学的课程科目安排的相对数量少一些，而纽约大学与亚拉巴马大学的科目丰富一些。但这只是表面现象，事实上，在凯斯西储大学的每一科目下，将会延伸出更多的分支，显示了其对基础学科的重视程度。其解剖学下分列了比较解剖学、描述解剖学、内脏学、神经学、解剖体、显微技术、组织学、纤维解剖学、胚胎学。其生理学与生物化学下分列了实验生理学、生物化学及有机化学。这些科目有着单独明确的学时分配，按照教学进度逐步教授。纽约大学和亚拉巴马大学的课程数量相对广而杂一些，也没有给予明确的学时分配。

3. 课时安排

表 3-2　第一学年课时安排①

类别	凯斯西储大学（小时）	纽约大学（小时）	亚拉巴马大学（小时）
讲解和讲座	308	464	404
实验室操作	866	664	508
总计	1174	1128	912

在大多数项目上，亚拉巴马大学的总学时明显低于另外两所大学，这也是其学生在校学习周数偏低的所造成的，毫无疑问将使在校学生在学习过程中的差距被进一步拉大。

另外，3 所大学在讲解和讲座与实验室操作上用时的比值也有很大的不同。凯斯西储大学达到 1∶2.8，纽约大学达到 1∶1.4，亚拉巴马大学接近 1∶1.3。约翰·洛克（John Locke）和理查德·克拉克·卡博特（Richard Clarke Cabot）曾明确提出医学学习时间的分配原则：

① Abraham Flexner, *Medical Education in the United States and Canada : A Report to the Carnegie Foundation for the Advancement of Teaching* (New York: Carnegie Foundation for the Advancement of Teaching, 1910), p. 90.

“学习医学并没有从根本上不同于学习任何其他东西。好比如果有 100 个小时的时间来学习骑马或学习如何在公共场合演讲，可能要花大约 1 个小时（分次）在被告知如何做上、花 4 个小时看老师的示范，而剩下的 95 个小时都要放在实践上，整个学习中最初要被密切监督，而后逐渐地被一般监督。”① 医学是一门实践科学，3 所大学对实践操作的重视程度虽然仍然存在不小的差距，但显然他们都不达标。

4. 课程组织

美国大学医学院的学生往往是以固定的班级形态被组织起来学习和生活的，“他们所修的课程也是被固定安排的，同一学年、同一教室、同一门课程、相同的课时数，同时参加频繁的考试（每月或每学期都要参加统一考试）”②。这种严格的课程组织方式在弗莱克斯纳看来是不合时宜的，因为它似乎早已超出了大部分学生的学习和承受能力，同时也大肆消耗着那些相对优秀学生的学习激情。他说：“美国医学院以僵化的课程组织压抑了学生们的学习自由和学习兴趣。而德国大学的医学院则完全不同，他们充分赋予学生选课、听课的自由，给予学生选择修习课程顺序的机会，实现符合个人兴趣的个性化学习。德国的考试同样非常严格，但不像美国那样频繁、统一。”当时美国医学院僵化的课程方式除了造成学生创造性的严重缺失外，还造成教师的不思进取、缺乏竞争意识，从师生两方面拉低了医学教育的整体质量。

针对课程方面的调查结果，弗莱克斯纳描绘了他理想中的医学课程。首先，理想的医学课程应在 4 年中按逻辑顺序得到安排，大体上可

---

① Abraham Flexner, *Medical Education in the United States and Canada: A Report to the Carnegie Foundation for the Advancement of Teaching* (New York: Carnegie Foundation for the Advancement of Teaching, 1910), p. 99.

② 郝艳萍：《弗莱克斯纳的医学教育思想研究》，《黑龙江高教研究》2012 年第 3 期，第 6—9 页。

以被分解为两部分。开始的两年致力于实验室科学——解剖学、生理学、药理学、病理学，后两年进行医学临床工作——外科手术、产科手术。前者关注正常和非正常现象的学习，后者则忙于对疾病的实际治疗。相应的，课程应主要在实验室和医院中以实践的方式进行；但是，区别只是表面的，因为医院本身就是一个最大意义上的实验室。① 经过4年科学课程学习后，学生将被授予医学博士学位，但这并不意味着此时的毕业生已经具备了独立进行医疗活动所需要的技能，具有此意义的执业证书必须通过3—5年的住院医师培训才可获得。其次，针对课程中实际操作不足的问题，他充分强调课程中实践的重要性，建议淘汰重复性的讲座，这种讲座在面积小、质量差的专门医学学校十分常见，同时建议加强实验室和临床实践教学。再次，针对课程组织问题，弗莱克斯纳指出，学习从来都是依靠学习者自身来掌控的事情，即“每一个受过教育的人都是自我教育的”②。课程的僵化设置对教师和学生双方都是有弊无利的，它会在给教师增加负担的同时打击学生学习的积极性和创造性。反思德国医学院学术水平居高的原因，他认为就在于那里的医学生有着强烈的学习自主性，而这种自主性的先决条件就是课程组织的灵活性。所以，当时美国大学医学院急需摆脱这种机械式的课程组织方式，学习者的创造性也十分需要学术自由的保护。

（三）实验设备问题及建议

自19世纪末期开始，受德国大学中实验室研究崛起的影响，疾病研究机制正开始以实验的方式得到检查和确认。解剖学（一门有关肢

---

① Abraham Flexner, *Medical Education in the United States and Canada: A Report to the Carnegie Foundation for the Advancement of Teaching* (New York: Carnegie Foundation for the Advancement of Teaching, 1910), p. 1. 57.

② Abraham Flexner, *Medical Education: A Comparative Study* (New York: The Macmillan Company, 1925), p. 148.

体结构的学科),实验科学中最古老也是最基础的学科,这门长期以来没人在意的学科,几个世纪以来只是简单的示范教学,但随着科学的发展,它开始以惊人的态势大热。显然,医学从经验取向到实验科学取向的转变从根本上改变了它所需要的教育方式。“生理学和病理学已从解剖学中被分化出来,显微镜的广泛使用导致组织学和病理学已从解剖学中被分化出来,导致组织学和细菌学等新学科的迅速发展。”[①]“胚胎学、组织学、生理学、病理学恢复了往昔的风采,再一次成了繁荣的科学。”[②] 与此同时,越来越多的学校对所有基础科学课程都要求开展实验室工作。建立医疗实验室和创建大学临床教学医院使在医学教育中引入一个鼓励使用知识解决临床问题的积极主动的学习过程成为可能。许多美国医生对这种医学实验方法的诞生感到十分兴奋,他们前往德国学习实验室研究方法,并且承诺回国后在他们的大学建立科学医学院及实验室,其中包括芝加哥大学(The University of Chicago)、康奈尔大学(Cornell University)、哈佛大学、密歇根州立大学(Michigan State University)、宾夕法尼亚州立大学(the Pennsylvania State University)及后来的约翰·霍普金斯大学。高质量的医学教育让学生开始效仿他们所追求科学导向的教师,践行大学的知识探究精神。

但少数派的承诺只是杯水车薪,弗莱克斯纳在调查中发现,更多学校在实际教学中仍然以说教式的讲授为主,再加上微乎其微的示范教学。这些学校根本没有临床教学,而他们引以为傲的实验室也令人咋舌。例如,在密西西比医学院中没有发现任何实验设备;查塔努加医学院和旧金山内科医生和外科学院的病理学实验室仅仅拥有一台微

---

① 张艳荣:《20世纪初美国高等医学教育改革历程回顾与分析》,《中华医史杂志》2002年第1期,第7页。

② [美] 约翰·杜菲:《从体液论到医学科学:美国医学的演进历程》,张大庆等译,青岛出版社,2000,第194页。

型的显微镜；哈利法克斯医学院提供了一个简陋的细菌学和病理学实验室；底特律顺势疗法学院有一个肮脏和无序的房间，房间里有几十个湿标本，这里被称为病理实验室；在密尔沃基医学院，细菌学实验室里仅有几个肮脏的试管。[①] 一位1866年入学密执安大学医学院的医生后来回忆道："那时没有临床实习，除了解剖室，就没有其他实验室，因为毕业要求6周的化学课程，少数学院开设了化学实验室课程，但是密执安大学实际上缺乏任何实验仪器。"[②] 同时，一向有着"良好地位"（Good standing）的圣路易斯和芝加哥的医学院在实验生理学上拥有的设备竟然只是一张桌子，桌子的商标是崭新的，就像销售柜台上展示的样品。除此之外，再无其他。

总之，他发现医学院中的普遍现象是，医学院很少拥有实验室设施，学生也很难获得临床经验；在培训期间，只是偶尔能够检查病人。课程内容是基于过去智者的经验和医生的实践，并且医学实践也没与自然科学进步之间建立任何联系。这些偏离科学探究和严谨学术追求精神的医学院，丧失了他所秉持的教育理念，学生在这里完全没有主动性，学院依赖死记硬背的经验教学培养着医学生，生产着数量惊人的庸医。而造成这些问题的原因可以在财政调查中得到体现。在访问的所有学校中，仅有20所医学院拥有外部资金支持，包括依靠州财政的15所和依靠捐款的5所。

但是，这些仅仅是美国医学院中非常小的一部分，另外大部分医学院只能将运行所需经费转嫁到学生身上，收取的学费成为学院经费的唯一来源。在支付教师薪水和维持学院基本开销之外，所获取的资

---

① Abraham Flexner, *Medical Education in the United States and Canada: A Report to the Carnegie Foundation for the Advancement of Teaching* (New York: Carnegie Foundation for the Advancement of Teaching, 1910), p. 86.

② ［美］约翰·杜菲：《从体液论到医学科学：美国医学的演进历程》，张大庆等译，青岛出版社，2000，第194页。

金所剩无几，很难满足时代变革对更新医学院设施的要求。

表 3-3　医学院享受捐款情况表①

学校名称	捐款（美元）
哈佛大学	3327000
华盛顿大学	1500000
纽约内外科医师学院	832000
凯斯西储大学	785000
约翰·霍普金斯大学	19687

医学知识需要通过积极的方式来获取，现实却如弗莱克斯纳所观察的那样，大多数医学院依靠重复的讲座教学将知识传递给需要成为医生的学生们。对此，弗莱克斯纳明确指出，让学生能够以科学探究的精神学习医学，并且掌握医学研究方法，只有一个可靠的途径，就是把大部分时间花在实验室和诊所而不是在梯形教室。为此，弗莱克斯纳亲自为医学院寻求基金会的帮助，曾说服洛克菲勒基金会资助实际上总量达到 5000 美元给予那些弗莱克斯纳认为值得的学校。洛克菲勒的捐资反过来又刺激了其他慈善家支持医学教育，弗莱克斯纳指出的值得资助的机构获得了越来越多的资金支持。

（四）机构设置问题与建议

保证实验室与临床机构的密切联系，保持实验室与临床护理的连贯性，才能更有意义、更完整地建构学习经验，才能习得整合的科学知识。这种整合被认为在成为真正医师的过程中是必不可少的科学导向。如果不能把握医学教育所需的各个部分间的联系，那么这种被动式的学习是无效的。

① 张艳荣：《20 世纪初美国高等医学教育改革历程回顾与分析》，《中华医史杂志》2002 年第 1 期，第 5—9 页。

然而，现实情况是医学院内的实验室与临床机构关系并不那么密切。调查当年，在那些招生基础比较好的医学院中，也就是前文所提到的要求本科学习基础的学院，仍然有11所被称为“分裂”学校（the divided school）或“半个”学校（the half-school）。在入学要求上相对严格的学校已经如此，更不用说其他学校了。

1. 实验室和临床机构缺乏整合——分裂学校

“分裂”学校是指那些学校的实验室和临床机构相分裂的学校，多数情况下，它的实验室分支位于大学校园内，临床分支位于大学校园之外。弗莱克斯纳认为，医学的专业化需要实验室和临床机构的共同作用、双面支持。倘若临床分支远离大学校园，远离位于大学内的实验室，一方面，临床分支将难以受到监管，容易发生以权谋私的现象；另一方面，实验室和临床分支双方无法紧密联系，也就难以实现医学专业化理想。

有5所学校的实验室和临床机构是分离的，它们提供的实验室机构在一个地方，而临床机构独立组织在另一个地方，有时他们挨得接近，有时又相隔甚远。其中包括拉什医学院（尽管两机构都在奇卡，但前两年的课程在芝加哥大学，后两年在城市的其他地方开展）、加利福尼亚医学院（前两年在伯克利，第三和第四学年分别在旧金山和洛杉矶）、内布拉斯加医学院（前两年在林肯，第三和第四年在奥马哈）、堪萨斯医学院（前两年在劳伦斯，第三和第四年在罗斯代尔）、斯坦福医学院（第一和第二年在帕罗奥图，第三和第四年在旧金山）。①

学校的分裂是一个严重的问题。他的实验室机构坐落在大学，已成为“现代人”；他的临床机构坐落在一个离城市有一定距离的地方，通常位于年代久远的老式学校。没有理由相信分离的医学校会成为一

① Abraham Flexner, *Medical Education in the United States and Canada: A Report to the Carnegie Foundation for the Advancement of Teaching* (New York: Carnegie Foundation for the Advancement of Teaching, 1910), p. 72.

个有机的整体，虽然它可能成为一个从“专门学校”前往“大学医学部”这条道路上的过渡阶段。正如普里切特所说：“我忍不住想知道，这会如何影响一个学校的教育和职业理想，如果最初两年都在一个地方，而接下来的两年在200英里（约321.87千米）之外的地方。我想象中他们会是又很少联系的两个独立的学校。”①

2. 专业学习和临床护理难以整合——“半个”学校

“半个”学校是指没有临床教学的学校。高入学标准学校中有6所（密苏里、南达科他州、威斯康星、北达科他州、犹他、威克森林）是半个学校，它们只提供前两年的医学教学，之后两年本该教授临床教学的课程实际进行的却是文学学士学位课程。医学生见习的机会并不多，很少的医学院会把学生安排到教学医院学习，而自身拥有附属医院的医学院更是寥寥无几。

医学对疾病的研究必须是具体的、个体的形式。临床机构和实验室相结合对双方来说都将拥有一个无可争辩的优势。属于“半个”学校类型的医学院在普通实验室中进行着缺乏明确教育目的的教学，这里没有临床医院，当然也不会有临床教师，有的仅仅是一些缺失教学热情的未曾接受正规训练的教师。在没有临床实践相配合的基础上，实验室的工作和学习自然也无法得到整合性的发展。很显然，将文学学士学位课程作为医学生学习的填充物是不符合医学教育规律的，这是对医学教育力量的巨大伤害。② 这种课程安排已经违背了弗莱克斯纳在上文提出的现代科学的医学课程体系，也就是两年实验室学习、两年临床学习的专业学习。只有这种高于本科生教育而安排的课程，才

① Abraham Flexner, *Medical Education in the United States and Canada : A Report to the Carnegie Foundation for the Advancement of Teaching* (New York: Carnegie Foundation for the Advancement of Teaching, 1910), p. 72.

② 郝艳萍:《弗莱克斯纳的医学教育思想研究》,《黑龙江高教研究》2012年第3期，第7页。

是大学医学院应该教授的。

针对“分裂学校”问题，他认为实验室和临床医院需同时在大学校园中被安置下来，它们二者之间的相邻，以及它们与大学其他科系之间的相邻，毫无疑问都有助于医学生在学术和文化上接受熏陶，有助于各科知识的整合与交流。弗莱克斯纳建议，实验室和临床医院应保持密切的联系，这种联系首先就应该从地理位置上得到体现，最好它们可以同样坐落于大学校园中。从归属关系上来说，临床教学医院应属于大学或应该与大学建立契约关系。① 即使本身是附属于大学的医学院，但若是在地理上相隔、在管理上脱控，也是不能与大学取得真正联系、与大学共同进退的。

对于“半个学校”，他表示，临床实验室是医学新发明的摇篮，现代医学科学性的最主要的表现就是实验室学科和临床学科的紧密联系。一方面，临床上产生的问题是实验室学科教学研究的直接材料；另一方面，临床学科只有与实验室学科产生交流，才能科学有效地解决临床上的问题，那么任何来自二者的分裂对双方、对医学生来说都是有百害而无一利的。

（五）关于医学重建的建议

在 19 世纪下半叶，美国人最早意识到医学教育的不恰当，许多州成立了执照委员会，试图通过对医学学位进行认定来改善医学教育质量。但实际上，执照委员会成立后几乎承认所有学校的医学学位，结果更刺激了医学院校数量的增加，而对质量毫无裨益。1880 年，医学院只有 90 所；到 1910 年，已经几乎翻了一番。

最终，弗莱克斯纳对医学院的结论：“美国的医疗从业人员确实不亚于其他国家的，但世界上可能没有任何其他国家内部的医学教育有

---

① Abraham Flexner, *Medical Education in the United States and Canada : A Report to the Carnegie Foundation for the Advancement of Teaching* (New York: Carnegie Foundation for the Advancement of Teaching, 1910), p. 72.

这么大、这么致命的差距来区分着‘最好的’‘一般的’和‘最坏的’3种学校。”可以说，美国并不缺少好的医学院，但大量的“垃圾”医学院占据了美国整个医学行业的大半江山。医学院校的数量早已超过了社会的实际需求，根据当时的社会人口来推算，大概31所医学院校（按照每所医学院每年培养3500名医学专业人才来推算）就足以承担全国在医疗服务上的需求。但实际上，大量毫无准则的医学院的存在导致了医学院毕业生过剩的局面，详见图3-1。

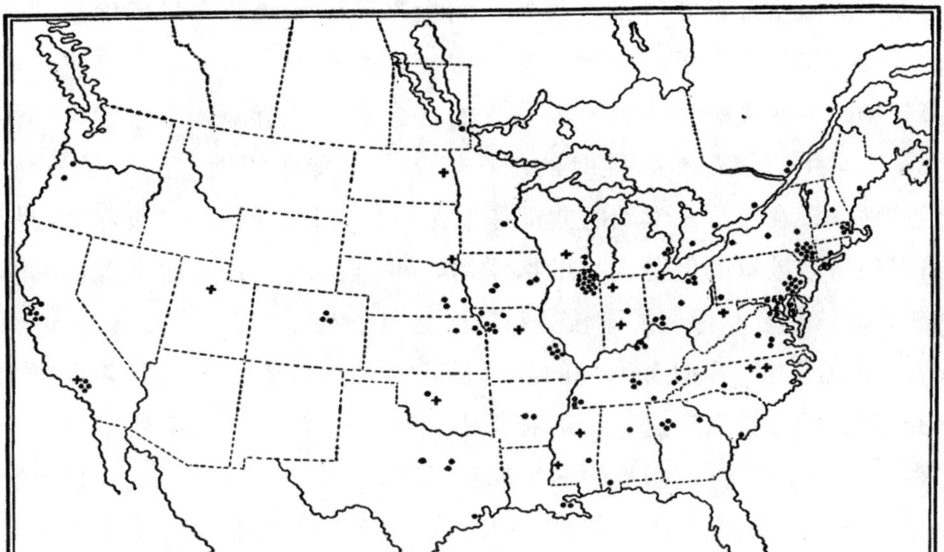

图3-1 医学院校的实际数量、地理位置分布图①

对此，弗莱克斯纳指出，当时已有的执照委员会不仅仅没有起到

① Abraham Flexner, *Medical Education in the United States and Canada: A Report to the Carnegie Foundation for the Advancement of Teaching* (New York: Carnegie Foundation for the Advancement of Teaching, 1910), p. 152.

振奋医学教育的作用，甚至导致医学教育呈现更加恶劣的态势。于是，他建议“应该在已有的执照委员会之外再建立各州医学考试委员会联合会并举行专业认证活动。各州医学考试委员会的成员应由医学界专家和教育人士组成。在举行认证考试方面，政府应赋予各州委员会权力并组成专门机构；对不合格的医学院校不予认证”①。

按照建议，美国和加拿大的学校数量将会大幅减少，从 155 所减到 31 所。只有少数学校应该被保留下来，绝大多数应该被淘汰或通过整合形成强大的部队。他坚持要规范所有医学院的教育活动，力求让所有留下的医学院都能达到“最好”的标准。他坚持所有最后幸存下来的学校都将是致力于医学研究和学术探索的院校。国家必须停止在经济拮据的商业性医学院身上浪费它的社会和经济资源，这些学校往往无法为学生提供昂贵、耗时的却在经济上不赚钱的理想的医学教育，但这种学校在美国医学院的数量是领先的。为此，他说：“现在的目标是发展适当数量的值得支持的医学院，迅速淘汰所有其他不合格的学校。”建议整合和保留的学校分布情况见图 3-2。

在地图上，看似有大量的学校被抹掉了，但事实上，弗莱克斯纳的建议远没有那么激进。因为在消失的 120 所学校中，37 所学校可以忽略不计，因为他们招收的学生甚至不足 50 名；13 所学校的在校生大致为 50—75 名；16 所学校的学生人数为 75—100 名。也就是说，在 120 所学校中，66 所学校实际上是非常小的，以至于它们的学生团体并不需要扩充，完全可以归到规模更大的学校中。在剩余的 30 所机构中，有几所将通过兼并生存下来。例如，杰斐逊医学院和宾夕法尼亚大学、塔夫茨和哈佛、范德比尔特和田纳西大学、克莱顿和内布拉斯加大学，这些医学院可以合并成中等规模的机构并将获得相当的发展。

① 洪一江，曾诚：《弗莱克斯纳报告及其对美国医学教育的影响》，《医学与哲学（人文社会医学版）》2008 年第 2 期，第 68 页。

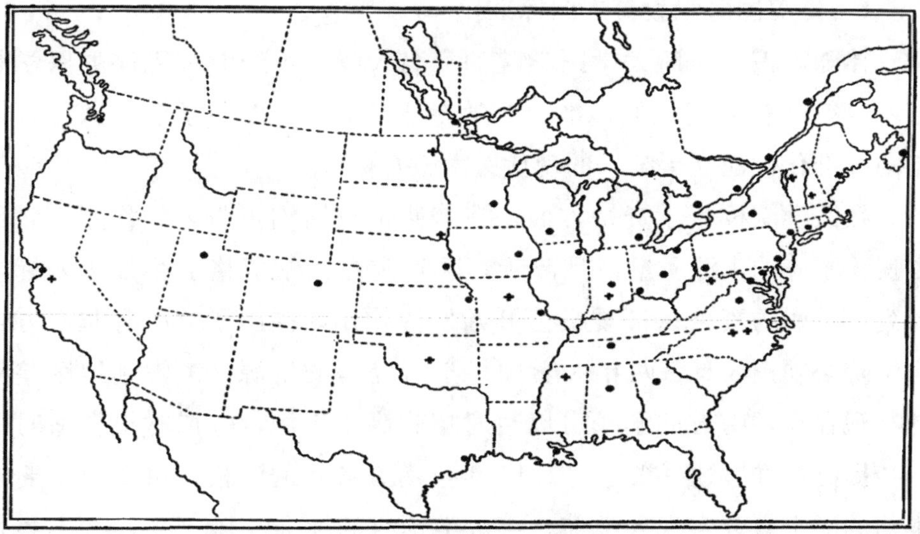

图 3-2　弗莱克斯纳建议的医学院校的数量、地理位置分布图①

第三节　《弗莱克斯纳报告》的实施效果与主要问题

一、《弗莱克斯纳报告》的实施效果

《弗莱克斯纳报告》被公之于众后，医学教育作为专业教育中的先行者，率先走上了标准化的道路，其他专业随后也在相似的背景和共同的专业化追求下紧紧跟进。这份报告展现的力量将改革的议题充分地引入更多的专业中。

① Abraham Flexner, *Medical Education in the United States and Canada: A Report to the Carnegie Foundation for the Advancement of Teaching* (New York: Carnegie Foundation for the Advancement of Teaching, 1910), p. 153.

（一）美国医学教育走向标准化

伴随着霍普金斯大学医学院的声名大噪，曾经混乱无序的医学教育制度终于有了统一的标准，医学专业教育的入学、学制、课程等均走向标准化，建立了统一的现代医学教育模式。

在医学院校入学资格方面，在《弗莱克斯纳报告》的作用下，原本良莠不齐的生源质量得到改善，医学院在入学资格上稳步迈入标准行列。各州的资格认证委员会开始发挥作用，提出了“所有非南方的医学院必须招收具备两年大学预科学习经历的生源，考虑到地区差异的客观存在，南方的学校可以暂时招收高中生源，等待时机合适时进一步提高标准”这一要求。1914 年，南方各州的资格认可委员会要求本州的医学教育实现入学前一年大学预科的标准。1918 年，南方各州资格认可委员会将标准再次提升，进一步改为两年大学预科标准。1922 年，美国 38 个州的医学院无一例外地对入学者提出了“必须具备两年大学预科学习经验”的要求，基本上无差别地实现了理想中的医学院入学标准。① 直到今天，美国的医学院仍然只招收具有学士学位基础的学生，这是来自这份理想的传承。

在医学院校学制、课程方面，弗莱克斯纳建议在美国推行精英大学式的两年基础科学、两年教学医院临床实习的 4 年学制。这一建议实现了美国医学在学制与内容上的巨大变革，此后医学教育的课程开始按照学科本身的逻辑被组织，前两年由解剖学、生理学、药理学、病理学、细菌学及物理诊断等重理论知识的学科实现临床前教育，后两年由内科、外科、产科等重实践操作的学科实现临床教学。这一医学教育的标准结构影响深远且被延续至今。

在医学教育模式方面，《弗莱克斯纳报告》不仅提高了医学专业教

---

① 洪一江，曾诚：《弗莱克斯纳报告及其对美国医学教育的影响》，《医学与哲学（人文社会医学版）》2008 年第 2 期，第 68 页。

育的标准，还促进了美国医学教育从传统知识说教式的培训向依托大学空间与精神的现代教育模式的转变。在报告引起社会广泛关注的情况下，整个调查过程中的参照系，即约翰·霍普金斯大学也获得了巨大的关注，美国医学协会等机构选取了 25 所院校作为推广该模式的改革试点，不久又将其扩展到全国范围，霍普金斯大学式的教育模式浪潮席卷了美国整个医学教育领域。1920 年，备受赞誉的霍普金斯体制在美国医学教育中被彻底建立起来。大学学位成为医学教育的前提，4 年制是标准，这意味着医学教育已经提高到研究生教育的层次。几乎所有的学校都有教学医院和临床实习，并且要求毕业生经过一年的住院医生训练，在完成严格的课程学习后还要通过执业资格考试才能具备当医生的条件。这场巨大的改革浪潮不仅提高了美国医学教育的水平，更为重要的是它使以实验室和临床学习为基础的研究型教育模式受到瞩目并得到大范围的推广，使基础学科和临床实习相结合的、强调“做中学”的科学推理方法成为美国医学教育的主导模式，而这些也奠定了此后美国医学教育发展的方向。

在医学教育认证方面，专业认证是指对某一专业（对象仅仅是那些涉及公众健康、安全、生命财产的专业，即针对专门职业）的认证，是一种合格性评价，为专业教育提供了基本的质量保证。这种评价是以提高专业教育质量为目标，通过可行的技术手段，系统地获取相关资料，从而对专业教育的质量进行审视、审查和判断的过程，通常是由某专业的民间协会组织与该领域的教育者一同实施，其认证标准是该专业必须达到的最低标准。美国的高等教育认证制度迄今已走过百年的历史，其专业认证就开始于医学领域。弗莱克斯纳虽然并非医学科班出身，但他引领了非专业人士评估专业教育的风尚，对后世的认证产生了深远的影响。他在《报告》中提出的“建立各州医学考试委员会联合会并举行医学专业认证”① 的构想得到了实施。

1912 年，美国 38 个州成立了州医学委员会联合会。联合会旨在确保医学教育的规范化、标准化，保证医学生在校期间能够接受系统且专业的训练。为了实现初衷，联合会根据以往美国医学协会医学教育委员会采用的评价标准，制定了医学专业的资格认可政策。其认证标准详见下表：

表 3-4　医学委员会认证标准②

一级指标	二级指标
机构设置	领导与管理、学术环境等 2 项共 15 个指标
医学博士的培养项目	培养目标、教育结构、教学与评估、课程管理、教学效果评价等 5 项共 48 个指标
医学生	录取要求、学生服务、学习环境等 3 项共 37 个指标
师资	数量、质量、职能及人事政策、师资管理等 3 项共 14 个指标
教育资源	财务、基础设施、临床教学医院、信息资源与图书馆服务等 4 项共 12 个指标

据统计，1913 年，在被评估的医学院中，达到 A＋的有 24 所、A 级 39 所，其余为 B 级；到了 1930 年，低水平（即 B 级）的学院完全消失了。报告发布 10 年后，美国医学院的数量从曾经的 155 所直接降低到 66 所。1924 年，弗莱克斯纳欣喜地发现，1910 年时存在的医学校已经消失了一半，其中包括几乎所有西南部质量最差的学校。改革者们不断地施加压力，不仅淘汰了弱校，还强化了好校，结果是医学院毕业生比 30 年前的毕业生所接受的培养好得多。

① Abraham Flexner, *Medical Education in the United States and Canada: A Report to the Carnegie Foundation for the Advancement of Teaching* (New York: Carnegie Foundation for the Advancement of Teaching, 1910), pp. 167-169.

② Bogue E. G., Saunders R L. *The Evidence for Quality* (New York: Jossey-Bass Publishers, 1992), p. 36.

由于在这项规定下获得专业认证的学校能够获得良好的声誉，专业认证自此成为各个医学院扩大知名度的最好办法，成为吸引生源最有效的手段，也成为公共部门和私人基金会投资的风向标。专业认证的意义不仅仅限于促使各个学校按照一定的行业标准培养合格的毕业生，还为学生挑选自己心仪的学校、获得从业资格证书、得到社会的认可等创造了条件。① 它也是将高等教育与社会联系，让社会大众对与自己密切相关的教育提出监督和建议，从而打破高等教育的封闭状态，使专业教育更适应社会需求的一种方式。

（二）对其他专业教育的示范性影响

在这场变革潮流中，医学专业认证的变革的确成了先行者，它在美国其他专业的认证中引起了一场“弗莱克斯纳革命”。这场革命不只提升了医学生的能力、维护了医疗行业的声誉、为基金会和专业协会树立了威信，还引起了更多专业领域的效法。

报告发布后，卡内基基金会并未停止以调查促改革的步伐。1913年，卡内基基金会为一个专门从事教育调查的部门（Division of Educational Enquiry）捐赠了125美元。不久后，这个调查部门就对卡内基基金会新建的佛蒙特州委员会（Vermont Education Commission）发出邀请，希望基金会能够主持对佛蒙特州整个教育系统的调查评估。基金会欣然接受了这项工作，历时9个月对公立学校系统主要是高等教育进行了一次广泛性的科学调查。1914年，马里兰州（Maryland）州长提出与佛蒙特州一样的调查邀请，希望卡内基基金会能够对马里兰的公立教育问题进行一次调查，弗莱克斯纳再次与弗兰克·巴赫曼（Frank P. Bachman）投身于这场事业，并且于1916年出版了《马里兰州公立教育：向马里兰教育调查委员会提交的报告》（*Public Education in*

① 孙晓新：《美国高等教育专业认证制度探析》，硕士学位论文，东北师范大学，2007，第15页。

Maryland : A Report to the Maryland Educational Survey Commission)。

不只是基金会，法律、护理、工程、教育等专业也纷纷效仿医学专业的做法，陆续开始对本领域的专业教育进行认证，标准在各行各业兴起。这些领域的专业教育都在后起的探索中经历了与医学教育十分类似的发展历程。

表 3-5 美国各专业认证的起始时间①

专业名称	时间（年）	专业名称	时间（年）
足病学	1918	商业	1919
法律	1923	图书管理学	1924
音乐	1924	营养学	1927
护理麻醉学	1931	药剂学	1932
工程学	1932	视光学	1934
牙科学	1937	教育学	1923

1. 法学专业认证

20 世纪初的美国，其法学教育与医学教育一样深陷泥潭而难以自拔，整个法律职业市场也呈现一片鱼龙混杂的景象。仅有哈佛等少数法学院设置必要的入学门槛，即提出两年大学预科的标准，其余大部分的法学院像大部分的医学院一样，源源不断地吸纳着高中水平的毕业生。

除了招生，法学教育的途径与医学教育也十分相似，正规的法学院和传统的学徒制、质量低下的个人兴办的专门学校并存。培养形式也是五花八门，涵盖全日制、非全日制及夜校等多种选择。19 世纪的美国，学徒制是成为律师的主要培训形式，学生们在一个老律师的办公室里读法律，为他复印法律文件，然后办个差事，在这样的过程中

① 张斌贤：《美国高等教育史》（中），教育科学出版社，2019，第 482 页。

学习如何成为一名律师。而专门学校作为一个独立的机构，律师或律师团体会在这里直接为支付学费的学生讲学。到了19世纪30年代，也就是杰克逊时代，法学院开始与大学联合，并且盛行哈佛法学院院长克里斯托弗·兰德尔（Christopher C. Langdell）所主张的“案例教学法”。案例研究方法是通过苏格拉底式的对话，在真实情况下做真正的判决，这打破了讲座和教科书研究的法律原则。

在大学法律教育得到加强的同时，专门学校为了与其竞争，开始为非全日制学生提供下午或晚间的课程。前者（像哈佛、剑桥）习惯招收全日制学生，后者更倾向于期待非全日制的学生。例如，华盛顿特区的乔治·华盛顿大学于1865年开设了提供下午课程的法学院，旨在吸引政府部门的员工前来就读。非全日制的法学院越来越多地提供夜间课程，因此被称为夜间法学院，像1888年在纽约、芝加哥、明尼阿波利斯开设的学校。1889—1890年，在4486名法律专业学生中，403人就读于夜校；1915—1916年，在22203名法律专业学生中，5570名是夜校的学生，所占比例在25年间从9%上升到25%。

然而，多样的培养形式并没有带来高质量的毕业生，大量的法学院内存在着课程学习时间短、重招生而不重培养、考试内容浮浅等问题。来自法学专业的众多人，怀着与医学专业同样的诉求和希望，一致决定效仿美国医学协会的做法。1913年2月，美国律师协会（American Bar Association，简称ABA）下设的法学教育与律师资格委员会写信给普利切特，表达了对《弗莱克斯纳报告》的赞赏，希望卡内基基金会能够出面在其法律教育与职业领域进行一个相似的调查。普利切特同意了这个提议，任命艾尔弗雷德·里德（Alfred Z. Reed）前往调查。

1921年，《里德报告》（*Reed Report*）被正式发表。这份法学领域的报告按照医学领域的改革路径，将美国的法学教育领上了标准化之路，转变了美国法学教育当时的状况。在这场改革中，最值得注意的是里德有关法学院夜校的建议。他要求美国律师承认"法律理论教育"与"法律实践教育"的双重性：一方面，他强调精英教育，学校要培养有重点大学学历的律师以迎合政府和企业客户；另一方面，他强调民主教育，支持夜校为工作的人提供学习的途径。报告问世后，1923年，美国律师协会在华盛顿召开了法律教育全国会议，来自全国的331名代表经过讨论，同意签署了ABA标准，开始了法学院的认证之路。

2. 工程技术专业认证

工程学领域的专业认证在工程学专业化标准的需求下开始进入公众视野。在1862年《莫雷尔法案》颁布时，工程教育就已经获得了美国法律的庇护，再加上《弗莱克斯纳报告》在专业教育领域引发的关注，20世纪初的一批工程学会掀起了工程专业内的进步运动。以化学工程师学会（American Institute of Chemical Engineers）为代表，他们对工程专业教育的标准、方法及发展模式都进行了一系列的讨论。1923年，美国工程教育促进学会（Society For Promotion of Engineering Education，简称SPEE）像卡内基教学促进基金会一样，组织了美国历史上首次大规模的工程教育考察研究活动。其成果《威肯登报告》（*Wickenden Report*）的发表，象征着美国工程教育认证组织的建立和工程专业的认证活动指日可待。

1932年10月，7个专业学会（土木工程师学会、采矿和冶金工程师协会、机械工程师学会、电机工程师学会、工程教育促进协会、化学工程师协会、州工程检查员委员会全国理事会）联合授权建立了一个新机构，即工程专业发展理事会（the Engineers' Council for Professional Development，简称ECPD）。"1936年，ECPD首度对工程学专业教育项目实施了认证，第一批获得通过的有哥伦比亚大学、康乃尔大学等高校的工程专业；10年后，ECPD对工程技术学专业教育进行了认证；到1947年，该理事会已经对133个机构中的580个工程相关专业教育项目进行了认证。”①

3. 教师教育专业认证

同样，教师教育专业也进入了积极寻求标准化模式的重要阶段。自从《弗莱克斯纳报告》问世，美国的大学迅速进入了新一轮的扩张期，一系列新兴专业先后并入或直接升格到大学中。20 世纪 30 年代，已经有一些学校开始以研究生教育的形式承担教师教育工作。这个时候能够从事教师教育的机构非常多，包括师范学校、教师学院、州立综合大学或学院、文理学院、综合大学教育学院、综合大学教育研究生院等。这些不同类型的机构所提供的培训千差万别，大到培训的层次，小到培训的课程，都没有统一的标准，教师教育这个新兴专业迫切需要建立自己的专业标准模式，如此才能不被时代大潮吞没。

同医学领域一样，一些专业协会组织在此之前已经做过相当重要的工作。早在 1885 年，美国师范学校协会（American Normal School Association）针对师范学校的课程和教学标准问题已经展开了广泛的讨论。“到 1923 年，美国教师学院协会（American Association of Teacher College，简称 AATC）首次提出了师范学校和教师学院的 9 项最低标准，并且于 1928 年开始公布通过认可的教师教育机构的名单。”② 1946 年，全美教育协会成立了全美教师教育和专业标准委员会（National Commission on Teacher Education and Professional Standards，简称 NCTEPS），力图制定一套适用于全国教师教育机构的标准。1948 年，AATC 与全美教育学院和教育系协会（National Association of Education Colleges and Departments，简称 NAECD）、全美城区教师教育机构协会（American Association of Urban Teacher Education Institutions ，简称 NAUTEI）合并成立了美国教师教育学院协会

① 张斌贤:《美国高等教育史》(中)，教育科学出版社，2019，第 483 页。

② 贾国锋:《战后美国教师教育专业标准演进研究》，天津社会科学院出版社，2014，第 31 页。

(American Association of Colleges for Teacher Education，简称AACTE)，其主要工作就是对教师教育机构进行认证。1952年，全美教师学院协会（the American Association of Teachers Colleges）联合其他相关机构、协会和团体共同成立了全美教师教育认证委员会(National Council of Accreditation of Teacher Education，简称NCATE)。NCATE一直致力于为教师教育机构的质量提供专业判断，并且以此鼓励教师教育机构不断提升质量。1954年，NCATE作为美国教育部唯一承认的教师教育认证机构开始投入工作。1957年，NCATE对外颁布了它的认证标准，包括教师教育的目标、教师教育的组织和管理、学生事务与服务、专业教育的大学教师、教师教育的课程、实验室专业实习、设施和教学资料等。此后，NCATE就一直承担着全美高校教师教育专业的资格认证工作。

在这场标准化浪潮中，约翰·霍普金斯、弗莱克斯纳及美国医学教育委员会的开创性工作固然值得称颂，但我们应当注意到至20世纪初，社会和科学的变化显然正在动摇以往无序的专业教育的基础。专业教育已经进入了一个新纪元，即使没有弗莱克斯纳、韦尔奇或其他人，这种标准化也必将发生，标准化潮流必然以势不可当的趋势蔓延到更多的专业，甚至是更多的国家中。

弗莱克斯纳以他有关专业教育的思想和行动，推动了美国专业教育标准化的历史巨轮。《弗莱克斯纳报告》作为美国专业教育标准化的引航者，在专业教育标准的内涵和专业教育标准化的实现路径上均为世界教育留下了宝贵的财富。

【参考文献】

Busing N.，汪青．弗莱克斯纳报告精神引领下的加拿大医学教育未来图景［J］．复旦教育论坛，2011，9（1）：92-96.

曹留成．论亚伯拉罕·弗莱克斯纳的现代大学学术观［D］．郑州：

河南大学，2007.

曹义孙. 多面向的法治教育［M］. 北京：中国政法大学出版社，2012.

陈敏. 美国医学教育专业认证制度研究［D］. 上海：华东师范大学，2013.

陈学飞. 美国高等教育发展史［M］. 成都：四川大学出版社，1989.

董秀华. 专业认证：高等教育质量保障的重要方法［J］. 复旦教育论坛，2008（06）：33-38.

范爱华. 我国高校专业认证实施策略研究［D］. 湖北：武汉理工大学，2007.

高爱国. 新时期中国医学教育改革发展的解析与思路［D］. 西安：中国人民解放军空军军医大学，2002.

郝艳萍，王保星，贺国庆. 弗莱克斯纳的现代学院思想研究［J］. 清华大学教育研究，2004，25（1）：78-83.

郝艳萍. 弗莱克斯纳的医学教育思想研究［J］. 黑龙江高教研究，2012（3）：6-9.

洪流等. 浅谈美国医学专业学位教育的特点［J］. 西北医学育，2015（1）：39-42.

洪一江，曾诚. 弗莱克斯纳报告及其对美国医学教育的影响［J］. 医学与哲学，2008（2）：67-68.

侯静. 美国高等教育认证体系中的民间组织研究［D］. 重庆：西南大学，2008.

贾亮亭，邱伟华. 《弗莱克斯纳报告》与美国医学教育认证的起源［J］. 复旦教育论坛，2012，10（6）：93-96.

李颜伟. 美国改革的故事［M］. 北京：北京大学出版社，2009.

李杼机. 关于构建我国高等教育专业认证体系的思考［D］. 北京：

中国地质大学，2008.

梁云．秩序与标准的寻求：美国院校调查运动研究（1908—1943）[D]．上海：华东师范大学，2016.

刘宝存．弗莱克斯纳大学理念述评 [J]．学位与研究生教育，2002（5）：11-15.

刘献君．专业教学中的人文教育 [M]．武汉：华中科技大学出版社，2003.

马莹．美国专业教育发展的社会与文化基础 [J]．清华大学教育研究，2014（3）：73-80.

郄海霞．重新审视现代大学的职能——兼评弗莱克斯纳《现代大学论——美英德大学研究》[J]．高教探索，2005（2）：20-23.

[美] 史蒂文·J. 迪纳．非常时代：进步主义时期的美国人 [M]．萧易，译．上海：上海人民出版社，2008.

孙晓新．美国高等教育专业认证制度探析 [D]．吉林：东北师范大学，2007.

田明国．纪念弗莱克斯纳报告发表 100 周年 [J]．中国高等医学教育，2012（2）：128-130.

汪青．跨世纪的医学教育：改革是永恒的主题 [J]．复旦教育论坛，2014，12（2）：103-108.

吴雪．我国高等教育专业评估体制研究 [D]．福建：厦门大学，2007.

徐辉．弗莱克斯纳大学理念初探 [J]．华北水利水电学院学报（社科版），1999（1）：63-65.

荀渊．美国教师专业教育的兴起与困境 [J]．教育科学文摘，2013（6）：29-31.

[美] 亚伯拉罕·弗莱克斯纳．现代大学论——美英德大学研究 [M]．徐辉、陈晓菲，译．杭州：浙江教育出版社，2001.

叶建华，邓东波．弗莱克斯纳的“无用知识的有用性”探析［J］．中国电力教育，2011（1）18-19.

于双成，安志国，安力彬．奠定美国现代医学教育基础的 Flexner 报告之方法学特征［J］．中国高等医学教育，2012（8）：17-18.

［美］约翰·S. 布鲁贝克．高等教育哲学［M］．王承绪，译．杭州：浙江教育出版社，1987.

［美］约翰·杜菲．从体液论到医学科学：美国医学的演进历程［M］．张大庆，等译．青岛：青岛出版社，2000.

［美］约翰·塞林．美国高等教育史［M］．孙益，等译．北京：北京大学出版社，2014.

张斌贤．美国高等教育史［M］．北京：教育科学出版社，2019.

张立娟．弗莱克斯纳现代大学思想及其实践研究［D］．江苏：苏州大学，2015.

张利荣．大学研究性学习理念及其实现策略研究［M］．青岛：中国海洋大学出版社，2012.

张新军．美国医学教育的世纪变革——以两个弗莱克斯纳报告为线索［J］．中国医学教育探索杂志，2015（4）：334-336.

张艳荣．20 世纪初美国高等医学教育改革历程回顾与分析［J］．中华医史杂志，2002（1）：5-9.

张又．美国高等教育专业认证的出现及其背景［J］．药学教育，2005（1）：31-32.

赵风利．弗莱克斯纳现代大学理念及其现实意义［D］．保定：河北大学，2007.

Abraham Flexner. I Remember：The Autobiography of Abraham Flexner[M]. New York：Simon & Schuster，Inc. ，1940.

Bogue E. G. Saunders R. L. The evidence for quality[M]. San Francisca：Jossey-Bass Publishers，1992.

Flexner A. Medical Education in the United States and Canada: A Report to the Carnegie Foundation for the Advancement of Teaching: Bulletin No. 4[R]. New York: Carnegie Foundation for the Advancement of Teaching, 1910.

Harlow G. Huger. Encyclopedia of American Education[M]. New York: Facts on File, 1996.

Hiatt M. D. , Stockton C. G. The Impact of the Flexner Report on the Fate of Medical Schools in North America after 1909[J]. Journal of American Physicians and Surgeons, 2003(4): ?.

Peter Jarvis. International Dictionary of Adult and Continuing Education[M]. London: Kagan Publishing, 1990.

Thomas Neville Bonner. Abraham Flexner and a Life in Learning [M]. Baltimore: Johns Hopkins University, 2002.

第四章　美国中等教育的重构：《中等教育的基本原则》

在美国中等教育发展历史上，有三大报告对中等教育的塑造起到了决定性的作用，对中等教育的改革、发展与完善具有里程碑式的意义。第一个是耶鲁大学1827年发表的《耶鲁报告》，第二个是1893年美国全国教育协会十人委员会发表的《十人委员会报告》[①]，第三个就是1918年全国教育协会中等教育改造委员会发布的《中等教育的基本原则》(Cardinal Principles of Secondary Education)。《中等教育的基本原则》因社会转型时期对中等教育提出的新挑战应运而生，对于美国中等教育的改革与发展起到了举足轻重的作用，也给予并仍在继续给予美国公立中学基本的课程指导及制度架构。[②] 正如赫伯特·克利巴德(Herbert M. Kliebard)所言，与《十人委员会报告》一样，《中等教育的基本原则》也有两种历史，一种是报告形成的事件和观念史，另一种是报告发表后不同时期的学者对它们的阐释史。[③] 如果忽视对《中等教育的基本原则》报告的系统和专门研究，就无法深入认识美国中

---

① 《十人委员会报告》重申古典自由教育理念，继续关注教育的学术价值，同时也是为了应对美国在向现代工业社会转型过程中对教育提出的挑战，揭开了美国中等教育改革的序幕。

② Jurgen Herbst, *The Once and Future School : Three Hundred and Fifty Years of American Secondary Education* (New York: Routledge, 1996), p. 141.

③ Herbert M. Kliebard, *Changing Course : American Curriculum Reform in the 20th Century* (New York: Teachers College Press, 2002), p. 40.

等教育发展变革的历程，也难以真正理解现代美国中学的来龙去脉。

本章基于《中等教育的基本原则》的完整文本及其他原始文献，借鉴国内外相关研究成果，通过考察中等教育改造委员会的成立及《中等教育的基本原则》的出台背景，梳理委员会成立与运行的过程，重点分析《中等教育的基本原则》的基本内容，以期对报告进行较为详细深入的解读，并且揭示其对美国中等教育发展和中学改革的历史贡献。

第一节 《中等教育的基本原则》的出台背景

19 世纪末 20 世纪初，随着工业化、城市化及新移民浪潮的到来，美国社会发生了剧烈变革。到第一次世界大战结束时，美国城市人口超过农业人口，基本上实现了城市化。至此，工厂制度取代了家庭手工业制度，机器的使用代替了手工劳动，与精细劳动分工相适应的工序的高度专业化取代了学徒制。生产技术的进步和更新对劳动力的素质和能力提出了新的要求，要求他们接受过初等水平以上的教育和培训，于是就导致了社会对中等职业技术人才的大量需求。而此时的中等教育根本无法满足培养大量工商业和科技人才的需求，急需改革。此外，“新移民”① 的大量涌入也导致了中学学生数量的变化。一方面，中学人数急剧增加，学校规模迅速扩大。1890—1930 年的 30 年，美国公立中学的入学人数实际上每 10 年增加 1 倍。② 中学生从 1889—1890

---

① 我们通常把 19 世纪 80 年代以前的移民称作“老移民”，他们主要来自经济比较发达的西欧和北欧地区，而且大部分具有一定的文化知识或职业技能。“新移民”主要来自东欧和南欧，移民动机主要是解决生计问题。他们大多来自欧洲较为落后的非英语国家，多为东正教徒，而且受教育程度、职业技能远远落后于“老移民”。

② ［美］劳伦斯·A. 克雷明：《美国教育史·3·城市化时期的历程（1876—1980）》，朱旭东等译，北京师范大学出版社，2002，第 600—601 页。

年总人口中每 210 人中有 1 名增加到 1899—1900 年每 121 人中有 1 名，到 1909—1910 年每 89 人中有 1 名，到 1914—1915 总人口估计数中每 73 人中就有 1 名。另一方面，中学不仅人数增加，由于大量具有不同能力、资质、社会遗传的学生入学，中学生数量的特性也发生了巨大的改变。绝大多数新移民及移民子女在中等教育方面的需求不是升入大学，而是接受一种更为实用的教育，以便增加将来的就业机会。面对数量庞大、需求多样的中学生，中等教育要考虑不同学生的天赋、兴趣、能力及发展需求，不仅要满足少数学生升学的需求，还要满足大多数中学毕业就离开学校进入社会的学生的需求，给他们提供适当的教育。然而，这一时期的中学仍然主要是高等教育的预备机构，主要承担为升学服务的功能，其教学内容以大学预备课程为主，学术性倾向过浓，严重缺乏实用性，与社会生活存在严重脱节，无法满足广大非升学学生的需求，教学方法呆板僵化，缺乏灵活性。由于中学无法适应入学人数的大幅度增加，以及学生特性和需求的变化所带来的改变，导致中学辍学率极高。当时，在小学一年级的学生中，只有约三分之一能够进入 4 年制中学，仅有约九分之一能从中学毕业。① 因此，中学既不能适应不同学生个性的发展，也不能满足社会多样化的需求，急需做出根本性的调整。而这一时期教育学所依赖的各种科学的发展，尤其是现代心理学在个体发展方面的新发现，促进了新的教育理论的产生，为教育改革提供了坚实的理论基础。正如报告中所言："如上所述的社会变化、中学人数特性的变化、教育理论的变化，连同许多其他方面的因素，都要求中等教育进行全面的改革。这样的改革已经在某些方面开始了。当前需要制订一项全面的改造计划，并且通

① United States Bureau of Education, *Cardinal Principles of Secondary Education: A Report of the Commission on the Reorganization of Secondary Education Appointed by the National Education Association* (Washington, D. C.: Government Printing Office, 1918), p. 8.

过适当的调整，使其被全国所有的中学采纳。所以，由全国教育协会这样一个具有代表性的机构拟订这一计划是合适的。而这就是该协会委托给中等教育改造委员会的任务。”① 总而言之，中等教育改造委员会的成立是继美国全国教育协会一系列关于中等教育改革的艰难探索之后的又一次伟大尝试。《中等教育的基本原则》的出台是对美国19世纪末20世纪初工业化、城市化和移民潮所带来的社会剧烈变革的回应，是对中等教育审时度势的改造和调整，是新的教育理论被应用于实践的吁求。报告的发表正确总结了过去的传统，客观分析了当时的形势，回应了社会发展变化需求，为中等教育的改革指明了前进的方向。

第二节　中等教育改造委员会的成立及报告的出台过程

一、中等教育改造委员会的成立

美国中等教育改造委员会是全国教育协会1910年成立的中学与大学衔接九人委员会（the Committee of Nine on the Articulation of High School and College，简称“九人委员会”）工作的直接产物。九人委员会先后于1911年、1912年、1913年分别向全国教育协会提交了报告，试图通过大学入学要求的修改重新定义中学的功能，让中学提供比学术性课程更广泛的科目，使中学的工作满足所有学生的多种需求，同时促进大学入学要求的完善。九人委员会认识到放宽大学入学要求使中学承担了更多的责任去开发合适的计划，这就意味着中学必须进行

---

① United States Bureau of Education, *Cardinal Principles of Secondary Education: A Report of the Commission on the Reorganization of Secondary Education Appointed by the National Education Association* (Washington, D. C.: Government Printing Office, 1918), p. 9.

更加激烈的改革。因此，委员会建议全国教育协会成立 14 个负责起草不同中学科目报告的小组委员会。[①] 报告还建议把中学界定为一种既为升学的学生服务也为非升学的学生服务的机构，这就暗示了进一步改组中学的需要，这一需要直接导致了中等教育改造委员会的诞生。[②] 1913 年，九人委员会在向全国教育协会提交的第三次报告中提出了成立中等教育改造委员会的建议，以审视和协调各个学科委员会的工作，考察中等教育的基本原则和职能。[③]

为了重新定义中等学校的功能，在 1910 年成立的中学与大学衔接委员会的基础上，全国教育协会于 1913 年成立了中等教育改造委员会。委员会是在合并九人委员会的基础上，另外建立新的分委员会，由 17 个分委员会组成，包括中学与大学衔接委员会、中等教育组织与管理委员会、14 个学科委员会[④]及审议委员会。前 16 个分委员会分别负责发行关于中学的组织和管理、主要课程和科目的学习目的、方法和内容等方面的报告。第十七个委员会是审议委员会，由 26 位成员组成，分别是 10 位中等教育改造委员会主席团成员和 16 位各分委员会的主席。审议委员会权力极大，作为中等教育改造委员会的执行委员会，主要负责评估其他委员会的工作、举办年会、组织不同委员会之间的通信交流，并且为各委员制定工作纲领。审议委员会每年都要组织各

---

① ［美］约瑟夫·沃特拉斯：《20 世纪美国教育中的哲学冲突》，王璞、於荣译，安徽教育出版社，2011，第 79 页。

② Roger V. Bennett, *Cardinal Principles Report : An Educational Classic* (Maryland: University of Maryland, 1972), p. 22.

③ Clarence D. Kingsley, "Third Report of the Committee on the Articulation of High Schools and Colleges," in *Journal of Proceedings and Addresses of the Fifty-first Annual Meeting of National Education Association of United States*, 1913: 490.

④ 各学科分别是英语、数学、古典语言、现代语言、社会科（social studies）、自然科学、工业技艺（Industrial arts）、家政学、农业、商业、音乐、艺术、体育、职业指导。各学科委员会在中等教育改造委员会成立之后几经变化，最终呈现于《中等教育的基本原则》中的是 13 个。

分委员会举办 1—2 次会议，每次会议短则 1 天，长则 6 天。会议从多个角度讨论各分委员会的报告，其中一些报告历经多次修改。

中等教育改造委员会由克拉伦斯·金斯利（Clarence D. Kinsley）担任主席，金斯利同时也担任审议委员会的主席，他在委员会的成立及报告出台的过程中发挥了至关重要的作用。金斯利原本是一名普通的手工训练学校的数学教师，但是由于心怀改革美国中等教育的远大理想，加之积极的工作和不懈的努力，在 1910 年被任命为全国教育协会中学与大学衔接委员会主席。由于金斯利在担任中学和大学衔接委员会主席期间辛勤的工作和杰出的工作能力，他又被任命为中等教育改造委员会及中等教育改造委员会审议委员会的主席。金斯利是美国教育界直接从学校教师做到全国性教育组织总主席的第一人，审议委员会也是第一个由一个相对不知名的前中学教师领导的全国性组织。①

十人委员会的成员主要来自大学，也正因如此，《十人委员会报告》被指责为主要代表大学的利益，导致了大学对中学的控制。② 而相对于十人委员会，中等教育改造委员会审议委员会拥有多样化的成员背景，其成员来源广泛、涵盖面广，包括两个州中学督学、一个美国教育专员③、六个大学教育学教授、一个技术中学校长、两个中学教师、两个美国联邦教育署代表、一个克利夫兰艺术学院院长、两个国际基督教青年会学院代表、一个纽约文化伦理学院（Ethical Culture School）代表、一个公立中学音乐学科主任、一个学校助理督学等。委员会成员的身份涉及中学校长与教师、督学、师范学校和技术学校教师和校长、教育行政部门官员、大学教授等，几乎囊括整个教育系统

① Roger V. Bennett, *Cardinal Principles Report: An Educational Classic* (Maryland: University of Maryland, 1972), p. 23.

② ［美］丹尼尔·坦纳，劳雷尔·坦纳：《学校课程史》，崔允漷等译，教育科学出版社，2006，第 36 页。

③ 美国联邦内政部教育署行政官员。

的所有层面和各类职业。因此，委员会的工作没有受制于大学要求。除此之外，审议委员会还有一个特点，就是在组成委员会的六位大学教育学教授中，没有信奉传统心智训练的代表，这也是委员会工作没有像十人委员会一样受到过多的学术性标准影响的原因之一。但是，审议委员会的成员构成也并非完美无缺，其不足之处在于明显缺少中学一线教师代表，只有两个中学教师代表。尽管审议委员会有着多样化的成员背景和不寻常的特征，但它完全有能力完成大量显著的成就，其中最重要的成就就是《中等教育的基本原则》的起草。①

二、《中等教育的基本原则》的出台

南北战争后，中等教育的目标和任务始终在面向升学和面向就业之间摇摆不定，这一矛盾随着 19 世纪末中学入学人数的大幅度增加及社会的剧烈变化而被激化了。为了解决中等教育存在的一系列问题，使中学尽快适应社会、人口特性及教育理论的变化，全国教育协会曾多次委派专家进行调查研究并提出报告。早在 1892 年，全国教育协会就成立了“中等学校课程十人委员会”（即十人委员会），对中等教育存在的问题进行调查并提出解决方案，之后又在 1895 年成立了大学入学要求委员会（Committee on College Entrance Requirements）。虽然针对中等教育存在的问题，两个报告都提出了一些具体的建议，但是它们的主要观点和课程设计仍然具有鲜明的为升学服务的色彩。两个委员会都偏重中等教育升学的目的，在中等教育和高等教育衔接问题上，都主张中等教育要服从高等教育的需求，作为大学的预备教育存在。也正因如此，它们无法满足社会发展对实用课程和绝大多数非升

---

① Roger V. Bennett, *Cardinal Principles Report : An Educational Classic* (Maryland: University of Maryland, 1972), p. 24.

学学生的需求。它们提出的建议无法满足美国当时社会经济发展的现实需求，都没能解决这一时期中等教育面临的问题，中学的定位仍然处于升学和就业的摇摆之中，改革中等教育的呼声仍然高涨。

1893年《十人委员会报告》的发表揭开了美国中等教育改革的序幕，但由于其过于浓重的学术性色彩难以回应社会发展变化的需要而受到批评，之后成立的一系列委员会对中等教育的改革方向也始终没有给予明确而具体的答案。这也就直接导致了成立新的委员会的需求，促成了1913年中等教育改造委员会的成立。中等教育改造委员会于1918年出台了终期报告——《中等教育的基本原则》。

为了慎重起见，在认真审议各分委员会提交报告的基础上，审议委员会成员花费了3年的时间最终形成了《中等教育的基本原则》。该报告是由中等教育改造委员会审议委员会的成员共同起草的，主席金斯利是报告主要执笔人。可以确切地说，金斯利是《中等教育的基本原则》所有作者中最具影响力的，[①] 报告是金斯利自己的观点、同时代人的思想及过去的传统思想的结晶。报告在前言中指出，这些基本原则如果被应用于日常实践，那么不可避免地需要中等学校的行政官员和教师投入持续不断的研究和实验。[②] 它强调了改革成功的关键在于学校教育工作者的切实努力。从1913年委员会成立到1922年，中等教育改造委员会相继发布了16个分学科委员会的报告和其他一些专题报告。在这些报告中，尤以1918年审议委员会发布的《中等教育的基本原则》

---

① Roger V. Bennett, *Cardinal Principles Report : An Educational Classic* (Maryland: University of Maryland, 1972), p. 38.

② United States Bureau of Education, *Cardinal Principles of Secondary Education : A Report of the Commission on the Reorganization of Secondary Education Appointed by the National Education Association* (Washington, D. C. : Government Printing Office, 1918), p. preface.

最重要，影响最深远。[①] 审议委员会认为，中等教育改造委员会在此提出的基本原则将引导美国中等教育的改组和发展。报告认真考察了中学面临的问题，仔细分析了中学的性质、职能和目标，确立了中等教育的七大主要目标（又称“中等教育的七大原则”），并且提出了“六三三”学制、综合中学等具有可操作性的改革建议。该报告为中等教育面临的各种问题的最终彻底解答指出了明确的方向，对中学的进一步发展提出了新的任务。从此，中学既是文化科学的教育阵地，又是培养职业技能的教育场所，上一阶段的问题才告一段落。

第三节　《中等教育的基本原则》主要内容解读

《中等教育的基本原则》总共由 17 个部分组成，这 17 个部分既相互独立，又相互联系。虽然名为“中等教育的基本原则”，但是报告所涉及的内容非常广泛，包括中等教育的性质和目标、学制、课程、教学、学校的组织和管理，以及各级教育之间的衔接等 19 世纪末 20 世纪初美国中学所面临的最基本、最关键的问题。

报告的第一部分首先从社会的变化、中学人数的变化、教育理论的变化 3 个方面论述了对当时中等教育进行改造的必要性。第二部分指出了民主社会中的教育目的，认为美国教育应当由一个清晰的关于民主意义的概念加以指导。紧接着，报告的第三部分通过对个体活动的分析，讨论了教育主要目标的形成过程，最终确立了教育的七大主要目标：健康；掌握基本的技能；称职的家庭成员；职业；公民资格；合理利用闲暇；道德品格。之后的第四部分“中等教育在实现这些目标中的作用”、第五部分“中等教育目标的相互关系”、第六部分“认

---

① Herbert M. Kliebard, *The Struggle for the American Curriculum, 1893-1958* (*second edition*) (New York: Routledge, 1995), pp. 142-143.

识中学学科改造的目标”、第十四部分“认识课程规划的目标”及第十七部分“认识学校组织的目标”等内容都与第三部分直接相关，作为第三部分的补充，进一步围绕教育的七大主要目标进行讨论。报告的第十八部分指出，只有将在此概述的这些目标作为教育的主导目的，才能扩大对每一个男孩和女孩的教育，实现对所有青年人都必不可少的中等教育。为了实现对所有青年人都必不可少的中等教育这一目标，报告在第十九部分建议实行最低要求的强制性非全日制学校教育，建议立法强制要求所有未满 18 岁的年轻人，无论就业与否，都应该接受每周不少于 8 个小时的学校教育，最好是全日制的，最低要求也得是非全日制的。[①]“所有青年人都必不可少的中等教育”的提出是为了应对现代社会变化发展的需要，也是使中等教育适应现代民主社会生活的客观要求，实质上反映了现代民主社会教育民主化、大众化发展的总趋势。此外，中等教育改造委员会认为，为了实现这七大目标，必须把教育作为生长的过程和生活的准备（第七部分）。在学制改革方面，报告建议采取“六三三”学制作为标准学制。报告的第十部分建议对初等教育和中等教育进行重新划分，每段各 6 年，然后第十一部分进一步明确把中等教育划分为初级与高级两个阶段，每段各 3 年，并且指明了初级中学和高级中学的主要任务。此后，“六三三”学制逐渐成为美国普通基础学校教育制度的主要形式。报告的第十二部分和第十三部分指出，为了民主的利益，必须加强中等教育与初等教育、高等教育与中等教育的衔接，使更多的年轻人获得接受中等教育和高等教育的机会。第十五部分指出，中等教育既具有使个体在各种职业和人类努力的领域中变得有效的专门化功能，又具有使民主社会的成员形成共

---

① United States Bureau of Education, *Cardinal Principles of Secondary Education: A Report of the Commission on the Reorganization of Secondary Education Appointed by the National Education Association* (Washington, D. C.: Government Printing Office, 1918), p. 30.

同观念、共同理想及共同的思想、感受和行动方式的统一化功能，并且认为这二者是相互补充的关系。为了实现上述目标和功能，委员会在报告的第十六部分建议，在一个统一的机构中涵盖所有课程（包括普通教育课程和职业教育课程）的综合中学应该成为美国中学的标准类型。“六三三”学制、综合中学的建议和实施使有别于欧洲“双轨制”“单轨制”的教育成为美国学校教育制度的主要特征。此外，为了更好地满足继续求学或辍学学生的需求，报告的第八部分和第九部分还阐述了明确的价值需求和延迟价值的从属性。建议第一学年的课业对那些不再继续读书的学生要有明确的价值。开始时应该安排一些更加简单和更加直接实用的课程，当这些课程能够被很好地领会时，再延迟细化以后的课程。

最后，委员会对《中等教育的基本原则》进行了总结。首先，委员会指出，关于使中等教育满足现代民主生活需求的最好方法的研究才刚刚开始，对年轻人的身体、智力、情感和道德特点的理解依然模糊不清，所以中等教育问题应该得到比以前更加严肃的关注。其次，委员会认为，改革成功的关键在于对教师进行充分的职前和职后专业训练。只有广大管理者和教师认真学习了有关社会需求和已有教育理论与实践的知识并努力探寻伟大的民主运动的内在含义，才有可能使中等教育满足现代民主生活需求的目标真正实现。再次，委员会坚定地认为，美国中等教育必须完全以所有青年完满而有价值的生活为目标，每个人都有权利获得发展自身最优秀的品质的机会，在寻求唤醒个人和群体独特的卓越品质的同时，中学必须同样积极地培育共同的观念、共同的理想、共同的思维、情感和行为模式。由此，通过一种丰富、统一和共同的生活，美国可以为民主的世界提供最真诚的服务。最后，委员会呼吁公众关注它的其他 17 份报告，其中一份报告将详细考察这些基本原则在中学组织和管理方面的运用，13 份报告涉及根据这些原则制定的各种学科和课程的目的、方法和内容，另外 3 份报告讨论了职业指导、体育及产生于中学组织和教学的道德价值。[①] 下面就《中等教育的基本原则》中的主要内容进行较为详细和深入的分析。

一、报告的两大基本理念——“民主”和“社会效率”

民主的理念是中等教育改造委员会所持有的一个基本理念，也是《中等教育的基本原则》的核心理念和基本的指导原则之一。报告指出，美国教育应当由一个清晰的关于民主的概念加以引导。民主社会中的个体与社会是相互统一的关系，民主的目的就是使每个个体都可以通过为其同胞和整个社会的福祉而服务的活动来发展自己的个性。[②] 民主的理想可以使个人与社会在彼此中得到自我实现。[③] 基于此报告，民主社会中的教育也应该遵从民主的原则。“民主”的概念是《中等教育的基本原则》的核心理念之一，这在很大程度上是受到杜威“民主主义教育”思想的影响。[④] 金斯利并不否认中等教育应当是民主的，但是一个民主的教育仍然意味着让每一个体、无论男女，都能在社会秩序中找到合适的职业，使社会秩序能够有效运行。因此，除了受到杜威“民主”思想的影响，金斯利还受到大卫·斯内登（David Snedden）

---

① United States Bureau of Education,*Cardinal Principles of Secondary Education : A Report of the Commission on the Reorganization of Secondary Education Appointed by the National Education Association*(Washington,D. C. :Government Printing Office,1918), pp. 31-32.

② United States Bureau of Education,*Cardinal Principles of Secondary Education : A Report of the Commission on the Reorganization of Secondary Education Appointed by the National Education Association*(Washington,D. C. :Government Printing Office,1918), p. 9.

③ Jurgen Herbst,*The Once and Future School : Three Hundred and Fifty Years of American Secondary Education*(New York:Routledge,1996),pp. 139-140.

④ Jurgen Herbst,*The Once and Future School : Three Hundred and Fifty Years of American Secondary Education*(New York:Routledge,1996),pp. 141-142.

等人“社会效率”(social efficiency)观念的影响。“社会效率”是《中等教育的基本原则》的另一个重要主题。社会效率认为,教育应该帮助学生理解他们在社会中的作用,并且向他们提供最直接的、能够为未来生活做准备的课程以实现社会的有效运作,同时让学生更有效地利用时间,实现学校更有效的运营。[①] 罗杰·贝内特(Roger V. Bennett)认为,审议委员会的成员生活在19世纪末20世纪初社会效率、科学管理、职业主义盛行、强调社会进程和社会需求的教育环境中,他们的思想不可避免地受到这一大环境的影响。因此,委员们都主张把社会作为制订课程计划的首要参考因素,报告也就不可避免地具有鲜明的“社会中心”取向色彩。[②] 金斯利已经把效率作为课程计划的一个主要标准。[③] 所谓教育的效率,实质上就是教育教学要满足学生和社会的实际需要,学校要开设适应个体和社会实际需要的课程,如职业课程。

在金斯利看来,“民主”和“效率”是相辅相成、相互统一的关系。报告指出,民主理想的实现要求将人类活动置于高水平的效率之上……要求个人选择有助于其个性发展且变得最有效的职业和社会服务形式。[④] 民主社会中的教育,无论是在校内的还是在校外的,都应发展个体的知识、兴趣、习惯和能力,个体借此将会找寻到自己在社会

---

① [美] L.迪安·韦布:《美国教育史——一场伟大的美国实验》,陈露茜、李朝阳译,安徽教育出版社,2010,第209页。

② Roger V. Bennett, *Cardinal Principles Report: An Educational Classic* (Maryland: University of Maryland, 1972), p. 26.

③ Jurgen Herbst, *The Once and Future School: Three Hundred and Fifty Years of American Secondary Education* (New York: Routledge, 1996), p. 142.

④ United States Bureau of Education, *Cardinal Principles of Secondary Education: A Report of the Commission on the Reorganization of Secondary Education Appointed by the National Education Association* (Washington, D.C.: Government Printing Office, 1918), p. 9.

中的定位，并且利用这种定位使自己和社会迈向更崇高的目标。[①] “民主”和“效率”作为报告的两大主题和基本理念，相辅相成，共同作用于报告，是报告中提出的所有建议的最根本的指导原则。正是在这两大理念的指导下，中等教育改造委员会开始绘制中等教育改革的宏伟蓝图。也正是由于民主和效率相互统一的指导理念符合美国社会的特质及现实需求，所以直接促使这一报告在美国社会产生了前所未有的影响。[②]

二、中等教育的七大基本原则

报告通过对个体活动的分析提出了教育的七大主要目标，也就是著名的中等教育的“七大原则”。首先，健康是个体有效从事任何活动的基础和前提。因此，健康教育的目标是根本的和必不可少的。通常情况下，家庭活动、职业活动和社会公共活动共同构成个体生活最基本的活动。个体既是家庭的一员，也是职业群体的一员及各种公民团体的成员，由于这些关系，他被要求从事丰富的家庭生活、为他人提供重要的职业服务及促进公共福利活动。因此，称职的家庭成员、职业和公民资格应该作为教育的 3 个主导目标予以关注。其次，在生活事务的处理中，诸如阅读、写作、算术及口头和书面表达等，都是必要的工具。因此，掌握这些基本技能本身虽然不是目的，却是一个必不可少的目标。再次，每个人都应该有闲暇的时间来放松自己。闲暇的

---

① United States Bureau of Education, *Cardinal Principles of Secondary Education: A Report of the Commission on the Reorganization of Secondary Education Appointed by the National Education Association* (Washington, D. C.: Government Printing Office, 1918), p. 9.

② 王喜娟：《美国综合高中发展危机研究》，博士学位论文，东北师范大学，2010，第 45 页。

时间如果利用得当，将恢复个人的精力、丰富其生活，从而使他更好地履行各种社会责任；反之，则会损害健康，扰乱家庭生活，降低工作效率，妨碍公民职责的实行。随着机器的大规模使用、工作时间的缩短，人们的闲暇时间变得更长，所以合理利用闲暇的教育目标也变得越来越重要。最后，以上目标的实现取决于道德品格。作为一个称职的家庭成员，必须具有家庭美德；作为一个卓越的职员，必须具备职业道德；作为一名良好的公民，必须紧守社会公德。称职的家庭成员、卓越的职员、良好的公民，以及合理利用闲暇等，与道德品格并行不悖，它们既是优秀道德品格的产物，也是品格得到发展和展现的途径。因此，道德品格也应该被列入教育的主要目标之中。

通过对教育的主要目标的形成过程的分析，委员会最终确立了教育的七大主要目标：健康；掌握基本的技能；称职的家庭成员；职业；公民资格；合理利用闲暇；道德品格。委员会同时指出，这七个目标并非无所不包，对这七个目标的划分也并不意味着教育过程可以被划分为不同的部分，这些目标互相联系、密切相关，应该构成教育的主要目的。最为重要的是，这些目标将有助于指明努力的方向。① 从这七个原则可以看出，报告具有明显的学生导向、生活中心及社会指导的特征。它标志着新时代的中等教育与过去为升学做准备的传统中等教育的彻底决裂。②

紧接着，报告又具体考察了中等教育在实现这七大目标中的作用。一是健康。中等教育阶段的健康需要对个人和种族都至关重要。因此，

---

① United States Bureau of Education, *Cardinal Principles of Secondary Education: A Report of the Commission on the Reorganization of Secondary Education Appointed by the National Education Association* (Washington, D. C.: Government Printing Office, 1918), p. 11.

② 龚兵:《角色与追求——美国全国教育协会之嬗变》，湖南师范大学出版社，2012，第 77 页。

中学应该通过在学业和游戏计划中考虑健康需要，在安全保护和促进健康方面与家庭、社区开展合作及组织有效的体育运动，开展健康教育，培养健康习惯，并且能在整个学生群体中培养一种对清洁运动（clean sport）的热爱，使校舍、教室和周围环境达到最佳的卫生和环境标准。二是掌握基本的技能。在阅读、写作、算术及表达（包括口头的和书面的）等技能熟练程度的提升方面，实际的运用远比通常在第七、八年级进行的复习更加有效。因此，在整个中学阶段，教学与实践必须紧密地联系在一起。三是称职的家庭成员。这个目标对男孩和女孩都适用。家政（the household arts）应在每一位女中学生的教育中占据突出地位，因为它们对女孩本人和与其直接相关的其他人都很重要。在男孩的教育中，应当使他们明智地理解一个完善的家庭的价值和维系这样一个家庭所需的能力，包括食物的营养价值、环境卫生及家庭预算的必要性等。四是职业。职业教育应当赋予个体自食其力的能力，并且尽可能地在职业中实现自我的最大发展。通过职业，个体能够为社会服务，能够与同事及社会维持正当关系。因此，有效的职业指导课程在中学是必不可少的。为了取得令人满意的结果，应当聘用职业领域的能手作为教员，并且利用真实的职业情境。五是公民资格。学校应该通过公民教育发展男女公民的社会责任观念，培养他们的责任意识，提升他们的公民素质。同时，让学生去理解其他国家在促进文明方面的价值，理解它们的志向、理想、成就及局限性，为建立一种真正的国际主义奠定基础。培养民主态度和习惯的途径是向学生布置合作性的任务，从而使班级形成集体责任感。除此之外，学校自身的民主组织和管理，以及师生之间、学生之间、教师之间的合作关系也是不可或缺的。此外，社会科——地理、历史、公民、经济应该把促进良好公民的培养作为它们的主要目标。历史应该对制度发展的现代价值予以重视；地理应该反映人类的相互依赖；公民课应该少关注宪法问题和政府职能问题，多关注身边的社会机构和注重追求公共福利的非正式活动。六是合理利用闲暇。教育应该赋予个体确保从闲暇中重塑身体、心灵及丰富和拓展个性的能力。这个目标要求运用音乐、美术、文学、戏剧和社交活动等娱乐形式，并且将其与培养每个人的一个或多个特殊的业余爱好联系起来。当时，中学专注智力训练多，对这方面的关注很少。七是道德品格。在一个民主社会中，道德品格是中学所有目标中最重要的。在道德品格的培养方法中，可能会提及所有学习科目中教学内容和方法的明智选择，学生之间及与教师之间的社会交往，学校组织和管理为培养学生责任感和主动性提供的机会，以及最重要的服务精神和真正民主的原则应该渗透进整个学校——校长、教师和学生的生活中。①

报告还对中等教育各个目标之间的相互关系进行了分析，指出教育的本质是一个统一和连续的过程，7 个目标都必须在整个中等教育范围内得到认可，如健康的需求显然在中等教育的所有阶段都很重要。这七大目标相辅相成、密切关联，共同构成一个有机的整体，如职业与公民资格是相关的，学生的公民资格是基于他的职业的。基于此，委员会反对将职业与公民教育分离，支持将服务精神与职业相融合。

为了更有效地实现教育的七大目标，委员会建议对中学当时的学科、课程规划及学校组织进行改造。委员会认为，学习科目和学校活动本身不是目的，应该把它们当作实现教育目标的手段，使每门学科在中等教育中的地位取决于它为实现上述目标所做出贡献的价值。如果把学科作为中学赖以组织的唯一基础，每个部门将只致力于某个特定的学科，每个教师将其职责仅仅看作引导学生掌握特定的学科，就会造成对这些学科的过高评价。在分学科委员会提交的一系列关于各

---

① United States Bureau of Education, *Cardinal Principles of Secondary Education: A Report of the Commission on the Reorganization of Secondary Education Appointed by the National Education Association* (Washington, D. C.: Government Printing Office, 1918), pp. 11-16.

学科的报告中，委员会建议要根据目的和方法选择内容。在课程规划中，委员会建议也要求对上述七大教育目标予以重视，否则中学的课程不会令人满意。① 此外，委员会指出，目标必须决定组织，否则组织将决定目标。因此，在学校组织方面，委员会提议成立校长理事会，负责研究和组织与某一特定目标相关的学校活动，探讨实现这些目标的各种计划，最大化地实现中等教育的七大目标。这样一个理事会的成员及其职责：一是健康指导，应该确保学生的健康需要得到充分满足。二是公民资格指导，应该确定学生正在形成首创精神和个人责任感。三是课程指导，应该研究职业的需求状况，为每一个重要的职业群体提供一门或一组课程，利用已获得的这些知识努力改善学校提供的课业。课程主任中应有一位负责大学和师范学校的升学准备。四是职业和教育指导，应该负责收集各种职业的和教育的机会及所需资质数据。五是课余生活指导，应该尽可能地了解学生正在养成的兴趣，着重关注音乐组织、学校图书馆、艺术俱乐部和艺术班级，以及学生度过闲暇的各种方式。规模较大的学校可能需要增加额外的主任负责教育的其他重要方面。此外，在实际过程中，校长亲自管理教学并指导所有的学校活动是很难的，所以可以任命教师委员会，每个委员会协助校长负责与上述各项类似的职责。校长理事会或教师委员会在实现教育的七大目标中的作用是不可或缺的。这种方式能够保证整个教师队伍的合作，使所有目标都得到关注。②

---

① United States Bureau of Education, *Cardinal Principles of Secondary Education: A Report of the Commission on the Reorganization of Secondary Education Appointed by the National Education Association* (Washington, D. C.: Government Printing Office, 1918), p. 20.

② United States Bureau of Education, *Cardinal Principles of Secondary Education: A Report of the Commission on the Reorganization of Secondary Education Appointed by the National Education Association* (Washington, D. C.: Government Printing Office, 1918), pp. 27-29.

与《十人委员会报告》片面强调中等教育的升学目标不同，《中等教育的基本原则》确立的七大原则中只有“掌握读、写、算等基本的技能”这一项与大学的升学目的直接相关。《十人委员会报告》更多地关注课程和学科本身，把课程本身作为目的，而《中等教育的基本原则》更加关注课程之外的个体和社会目的，课程只是实现这些目标的手段而已。① 克利巴德指出，至于报告提出的 7 个目标是导致了 20 世纪中学课程范围的大规模拓展还是仅仅反映了中学前进的一个方向，这都无关紧要。至关重要的是，这些目标象征着应该如何对中学课程进行合理的构思和设计。报告永恒的遗产之一就是标志着教育的构思和设计从满足学生的智力发展（心智训练）到满足公民未来的生活的需求转变。② 中等教育的七大原则体现了美国力求通过中等教育培养既满足美国政治经济发展需要又实现自我发展价值的具有综合素养的公民的教育目的。③

三、学制改革——“六三三”学制

1888 年，哈佛大学校长埃利奥特在全国教育协会督学部（the Department of Superintendence）会议上发表题为“学校课程是缩减还是丰富?”的演讲，指出美国大学入学年龄不断延长，导致学生毕业时年龄过大，呼吁中学缩短修业年限并充实学校课程内容。1892 年，在另外一个报告《缩短与充实文法学校课程》中，埃利奥特又重申了缩

---

① ［美］L. 迪安 · 韦布：《美国教育史——一场伟大的美国实验》，陈露茜、李朝阳译，安徽教育出版社，2010，第 210 页。

② Herbert M. Kliebard, *Changing Course : American Curriculum Reform in the 20th Century* (New York: Teachers College Press, 2002), p. 46.

③ 王曦：《美国中等教育综合化研究》，硕士学位论文，华东师范大学，2007，第 24 页。

短修业年限的建议。[①] 埃利奥特的建议逐渐引起教育界的重视，最终促成了教育界对整个学校教育系统的重新审视。有学者认为，“埃利奥特虽然没有提出具体的学制系统，但是他对学制的批评点燃了美国学制革新的火炬”[②]。

这一时期，美国各地较为流行的学制——“八四”学制（初等教育8年，中等教育4年）已经不能满足社会发展变化的需求，引发了人们的纷纷指责。有人指出，七八年级的课程过多地重复小学前5年的内容，所提供的课程缺乏实用性，不能满足青少年学生社会和心理发展的需要。中等教育也需要更长的时间和更合理的安排，以便为升学做更好的准备。此外，初等教育和中等教育的差距导致大量的学生在八年级辍学。[③]《中等教育的基本原则》响应社会的号召，建议采用当时人们普遍认为较为科学合理的“六三三”学制取代“八四”学制。报告中关于学制改革的建议分两步实现。首先，对初等教育和中等教育进行划分，每段各被划分为6年。报告指出，学生的个体差异和社会的多样化需求都要求在适当的阶段安排适当的课程并逐步使学生的课业差异化。此前，初等教育的8年没有被有效利用，尤其是最后两年没有很好地满足青少年的需要，致使许多学生丧失了学习兴趣，或者辍学，或者养成了游手好闲的习惯。基于此，委员会认为，一种始于12岁或13岁的新型中等教育将会使许多困难迎刃而解。因此，委员会建议改革学制，将前6年用于初等教育，以满足6—12岁学生的需要；后6年

---

① Charles W. Eliot, “Shortening and Enriching the Grammar School Course,” in *NEA Proceedings*, 1892: 617.

② 滕大春：《美国教育史》，人民教育出版社，1989，第525页。

③ 李文文：《美国“六三三学制”研究（1888—1918）》，硕士学位论文，上海师范大学，2015，第52页。

用于中等教育，旨在满足12—18岁学生的需要。[①] 这样就完成了学制改革的第一步，接下来就是对中等教育进行初级阶段和高级阶段的划分，并且对两个阶段的任务做出规定。委员会认为，初级阶段和高级阶段应该各为3年，以便实现它们各自的特定目标。至此，中学开始被分为初级中学（Junior High School）和高级中学（Senior High School）两个阶段。委员会建议，初级中学教育的重点应该放在帮助学生发掘自己的潜能上，应该引入分科教学、根据指导选择课程、按学科升级、职前教育课程等，让学生对自己将要从事的工作做出临时的初步选择。高级中学教育则应该将重点放在所选择领域的训练上，应该提供目标明确的课程安排。至此，“六三三”学制作为美国中小学教育的标准学制正式在美国确立下来。

“六三三”学制对美国教育的发展产生了重要影响。有学者指出，“六三三”学制在很大程度上是基于教育心理学的理论研究，尤其是霍尔对青少年心理发展的研究，所以适应了儿童发展的连续性和整体性，为不同年龄段的学生提供了合适的教育。[②] 还有学者指出，“六三三”学制的目的是实现教育民主，缓和原先“八四”学制小学教育年限过长、学生辍学严重的问题，同时也满足了社会发展对更多中学水平劳动力的需求。更重要的是，这种学制的确立在不用增加大量教育经费的前提下就可以顺利普及中等教育，有利于美国“教育民主”口号的宣传。[③] 此外，“六三三”学制作为美国的标准学制不仅影响了美国，

① United States Bureau of Education, *Cardinal Principles of Secondary Education: A Report of the Commission on the Reorganization of Secondary Education Appointed by the National Education Association* (Washington, D. C.: Government Printing Office, 1918), pp. 17-18.

② 李梅香：《1890—1920年美国中等教育变革研究》，硕士学位论文，上海师范大学，2013，第50—51页。

③ 王曦：《美国中等教育综合化研究》，华东师范大学2007年硕士学位论文，第22—23页。

还影响到世界其他国家学制的建立或改革，在现在世界很多国家的学制中都能见到美国“六三三”学制的模板或影子，如日本、中国等。被誉为“中国近代教育史上的一座里程碑”① 的1922年“壬戌学制”，学习和借鉴的就是当时美国的“六三三”学制。②

四、中等教育与初等教育和高等教育的衔接

首先是关于中等教育与初等教育的衔接问题。委员会指出，把完成规定数量的学业作为升入中学的要求，结果导致许多小学超龄的学生要么辍学，要么滞留在小学，而此时的小学教育已不能使他们获益。中学能为超龄学生提供特别的教育，比小学更能满足超龄学生的需要。因此，委员会建议，中学招收所有那些在各方面都已成熟以至于他们能从中学比从小学获得更多教益的学生，为他们提供恰当的教育，③ 加强中等教育与初等教育的衔接。初级中学作为中学学校体系中的一个新的梯级，对初等教育与中等教育的衔接起着重要的过渡作用。

其次，随着中学入学人口的大规模增加，高等教育与中等教育的衔接也显得日益严峻。针对大学和中学衔接的问题，之前的《十人委员会报告》主张对升学与不升学的学生在课程设置上不应区别对待，建议设置4组大学预科课程，制定统一的大学入学标准。只要顺利完成4组课程中的任何一组，就可以进入大学相关专业学习。然而，这种建议受到广泛的批评，批评者认为报告没有为不准备上大学的学生提供

---

① 孙培青：《中国教育史》，华东师范大学出版社，2000，第397页。

② 李文文：《美国“六三三学制”研究（1888—1918）》，硕士学位论文，上海师范大学，2015，第9页。

③ United States Bureau of Education, *Cardinal Principles of Secondary Education: A Report of the Commission on the Reorganization of Secondary Education Appointed by the National Education Association* (Washington, D. C.: Government Printing Office, 1918), p. 19.

特殊的课程，实际上是一份精英主义的设计方案。[①] 而《中等教育的基本原则》指出，由于民主社会要求为日益增多的人口扩大高等教育层面的自由和职业教育，但是从整体来看，高等院校的入学要求和品格考察阻碍了中学在民主社会中发挥其恰当的功能，所以委员会建议高等院校应该针对那些中学不能再满足其需求并具有继续接受教育倾向的学生承担类似的义务。为了民主，必须打破高等教育应限于少数人的观念。委员会还指出，必须转变对中学性质的认识。中学不再仅仅是为自由的或职业的高等教育做准备的机构，它既不会影响拥有学术兴趣的学生去选择满足其需求的课业，同时也不会影响那些在中等教育阶段投入大量时间学习包含职业内容课程的学生继续接受任何形式的高等教育。[②] 这样，既能满足学生学术的需要又能满足学生职业的需要的中等学校就在更加宽泛、更加民主的基础上实现了与大学的衔接。20 世纪前期是美国中等教育发展的关键期，也是中等教育与高等教育形成制度衔接的关键期。《中等教育的基本原则》为中等教育与高等教育的衔接奠定了基础。[③] 报告强调中学阶段的功能不应仅限于为升学做准备，中学不能成为大学的预备学校，沦为大学的附庸，而应该满足学生不同层次和类型的需要，包括升学、就业及为生活做准备。[④] 这就为美国中等教育与高等教育的衔接设定了一个制度原则。在这一原则

---

① ［美］乔尔·斯普林：《美国学校——教育传统与变革》，史静寰等译，人民教育出版，2010，第 325 页。

② United States Bureau of Education, *Cardinal Principles of Secondary Education: A Report of the Commission on the Reorganization of Secondary Education Appointed by the National Education Association* (Washington, D. C.: Government Printing Office, 1918), pp. 19-20.

③ 周世厚：《美国中等教育与高等教育衔接的多维解析》，《外国教育研究》2015 年第 7 期，第 17 页。

④ 李娟，谢君婷：《美国大学招生制度改革的历史变迁——中等教育与高等教育衔接的视角》，《外国教育研究》2015 年第 7 期，第 36 页。

下，综合中学成为中学发展的最佳模式，通过灵活的选修课模式保证了高中的多维功能，为学生进入不同类型的高校或就业提供必要的准备。①

五、中等教育的专门化和统一化功能

委员会认为，民主社会的理想包含专门化和统一化两个方面。专门化是指个人或群体有效地从事各种职业和人类努力的其他领域；统一化是指民主社会的成员形成有利于合作、社会凝聚和团结的共同的观念、理想、感受和行动方式。报告指出了二者各自的功能及互补关系，指出了中等教育在专门化和统一化方面的功能。没有专门化，社会就没有进步可言；没有统一化，民主制度就面临坍塌的危险。专门化和统一化的功能是相互补充的，专门化的不断深化要求统一化的进一步加强。

（一）专门化功能

专门化功能主要服务于个体的需要。过去的中等教育往往只满足少数群体的需要，如升学的需要。人们逐渐认识到美国民主的进步在很大程度上取决于是否关注不同学生群体的天赋、能力和志向所反映的不同需要，是否为诸多领域的专门化做好充分的准备，这正是造成当时中等教育改造的主要原因，也是保证每个学生有效学习的最可靠的方法。专门化要求中等教育具备的条件：一是范围广泛的学科。目的在于测验和发展中学年龄段学生身上具有的重要能力和兴趣。二是探索和指导。尤其在初级中学，应该给学生提供各种各样的经验和交往，以便他可以自由地探索自己的能力和潜质；同时也要加强指导，

---

① 周世厚：《美国中等教育与高等教育衔接的多维解析》，《外国教育研究》2015 年第 7 期，第 17 页。

帮助他们确定应该选择的教育和职业。三是内容和方法的适应。科目的教学内容和教学方法应该适应学生的能力、兴趣和需要。在某些科目中，对于不同的学生群体，情况也有具体差别，如化学在农业、商业、工业和家政教学中就应强调不同的方面。四是组织和管理的灵活性。科目或课程的组织和管理必须是灵活的，以满足不同能力程度的学生的需要。五是课程的分化。报告建议，把高中的课业组织为分化的课程（Differentiated curriculums)。根据学校有效开设课程的能力，这些课程的范围应尽可能广泛。分化的基础应该是职业性的，也应该为那些具有特殊学术兴趣和需要的学生做好准备。关于分化课程，杰弗里·米雷尔（Jeffrey Mirel）指出，《中等教育的基本原则》建立在两个相互关联的假设之上，这两个假设成为20世纪绝大部分时期美国中学讨论的焦点：第一个假设是这一时期的大部分中学生不如上一代中学生更具学术潜质；第二个假设是既然当时的中学生缺乏学术能力和愿望，以及进入大学的经济支持，因此要求他们接受一个大学预科的高中教育模式显然是适得其反的。简而言之，报告的支持者认为要求所有的学生服从相同的学术课程增加了教育的不平等。解决这一问题的建议就是分化课程，允许学生根据自己的兴趣、能力和需求选择合适的课程。①

（二）统一化功能

统一化功能在于使民主社会的成员形成有利于合作、社会凝聚和团结的共同价值观念、理想，以及共同的思想、感受和行动方式。在美国，种族、宗教信仰、社会习俗千差万别，不同群体之间的利益相互冲突，难以达成共识。学校是一个受民主制度明确和有意识控制的机构，它的目的之一就是团结人民。在这个过程中，以未成熟学生为

---

① Jeffrey Mirel, "The Traditional High School historical debates over its nature," *Education Next*, Vol. 6, No. 1, 2006: 15-17.

主的小学不能独自完成培养美国民主必需的共同知识、理想和兴趣的任务。而中等教育正处于个体社会兴趣快速形成和发展的关键阶段，大量的中学生直接参与社会生活，而且进入中学的移民子女数量庞大且不断增加。因此，在统一化方面，中学具有不可推卸的责任。统一化功能要求中等教育具备的条件：一是开设对这一目的具有直接价值的学科，尤其是社会科、母语和母语文。二是通过学校的组织和管理实现学生的社会融合。三是提供学生共同参与的负有责任的集体活动，如体育游戏、社会活动、学校管理。①

（三）专门化和统一化功能的互补

报告明确指出，专门化和统一化功能是相互补充的。随着社会专门化程度的不断提高，加强统一化的相应需求就越强烈。中学对专门化的不断关注需要更多有意义的统一化计划。如果中学的课业很少分化，在校学生的兴趣更少有差别，完整意义上的社会统一（social unification）就不可能发生。只有在专门化与统一化功能相互补充的基础上，才能真正达到个人和社会在彼此中得到自我实现的民主理想。

为了实现专门化与统一化功能的相互补充，中学应提供这样几类科目：一是固定课程（Constants），这是所有的或几乎所有的学生都必须学习的基础课程，也可以称之为“基础通习课程”，主要由健康、掌握基本技能、称职的家庭成员、公民和道德品格等目标决定。二是可变课程（Curriculum variables），是指特有的一门或一组相关课程。这些课程应由职业需要（包括为专门领域的继续深造所做的准备）决定，因此也可称之为“职业选修课”。三是自由选修课程（Free electives），是根据学生的个体潜能或特殊兴趣而设，通常是非职业性的。这些课

---

① United States Bureau of Education, *Cardinal Principles of Secondary Education: A Report of the Commission on the Reorganization of Secondary Education Appointed by the National Education Association* (Washington, D. C.: Government Printing Office, 1918), p. 23.

程在合理利用闲暇方面也做出了大量的准备。固定课程应明确地为统一化服务，可变课程则应明确地为专门化服务，自由选修课程则为这些功能中的一种或两种功能服务。

报告还指明了在实现专门化和统一化功能及二者的相互补充方面，初中和高中不同阶段、年级3组科目设置的合理安排及注意事项。报告建议，在初中的第一年，不应要求学生过早地选择他未来将专门从事的领域。这一时期的学生基本上还没有明确的目标，所以应该给他们提供广泛接触若干类型的重要工作的机会，如工业技艺、园艺或其他农业活动、打字或商业问题、家政等，让他们通过广泛的接触获得一些经验。将科目分成若干小单元，安排好时间表，使每个学生都可以修习其中的某几个，这样的课程既具有探究价值，又具有真正的教育价值。在初中接下来的两年里，一部分学生可以继续进行尝试，而另一部分学生则可以把更多的时间投入到可变课程中。这样，在九年级结束时，选择就业的学生可以将多达三分之二的时间用于职业准备。在高中，这三组学科的相对比例将随课程变化而变化。对于那些高中毕业就就业的学生，其可将大部分时间可以用在可变课程上，尤其是在他们在校的最后一年。简而言之，预留给可变课程的时间越多，用于固定课程的时间就应更具目的性，从而使学校成为一个有效的统一化机构。最重要的是，为了确保不会降低统一性要求，科目之间的分化越大，就越需要学习不同课程的学生之间的社会融合。①

最后值得一提的是，中等教育的专门化和统一化功能也是美国综合中学确立的基础和前提。委员会之所以建议在中学的组织方面采用综合中学，原因有二：一是中学应该为所有学生的需要服务，不管他

---

① United States Bureau of Education, *Cardinal Principles of Secondary Education: A Report of the Commission on the Reorganization of Secondary Education Appointed by the National Education Association* (Washington, D. C.: Government Printing Office, 1918), pp. 21-24.

们以前的背景和未来的抱负如何；二是中等教育有两个基本的功能——专门化和统一化。[①] 专门化的重点在于个体，为个体的发展服务，使个体借此能够在各种职业和人类努力的领域中变得有效；统一化则具有个体与社会双重意义，使民主社会的成员形成共同的思想、感受和行动方式。[②] 综合中学同时具有统一化和专门化两项功能，既是民主的，又是职业的，既能够满足社会的需要，又能够满足个体的需要，既可以为升学服务，又可以为就业服务。

六、美国中学的标准类型——综合中学

19 世纪中后期以来，美国中学的目标和任务一直在升学与就业之间摇摆不定。尤其是在 19 世纪末 20 世纪初，随着中学人数的急剧增加和生源的多样化，有效地整合中等教育的双重目标迫在眉睫。全国教育协会曾针对这一问题多次组织专门针对中等教育改革的委员会进行调查研究并提出对策，但是一直没有得到很好的解决。直到 1918 年《中等教育的基本原则》提出把包含所有课程的综合中学（Comprehensive High School）作为美国标准的中学类型才使这一问题最终尘埃落定，美国中等教育由此进入了一个全新的发展阶段。[③] 斯普林（Joel Spring）指出，《中等教育的基本原则》带有浓重的社会效能主义色彩，它致力于对中学的改革以满足现代国家的普遍需求，它建

① Roger V. Bennett, *Cardinal Principles Report : An Educational Classic* (Maryland: University of Maryland, 1972), p. 32.

② United States Bureau of Education, *Cardinal Principles of Secondary Education : A Report of the Commission on the Reorganization of Secondary Education Appointed by the National Education Association* (Washington, D. C. : Government Printing Office, 1918), p. 21.

③ 王喜娟：《美国综合高中发展危机研究》，博士学位论文，东北师范大学，2010，第 22 页。

议创建综合中学，提供不同类型的学生所需要的各种课程。综合中学作为中等教育的标志，存在了超过半个世纪之久，奠定了现代高中的基本框架。①

委员会建议，综合中学应该成为美国中学的标准类型，综合中学中应该包含所有的课程——大学预科课程、职业准备课程和其他文化基础科目。在课程类型上，综合中学既要设置必修课，又要设置选修课，既包含学术性课程，又包含职业性课程，让学生可以根据自己的兴趣需要及未来的发展方向进行自由的选择，以满足不同类型学生的需要，既包括升学，又包括就业。委员会同时指出，不论高中如何，初中必须是综合的，因为初中的主要目的之一就是帮助学生在广泛交往和尝试的基础上，对其将来所要从事的教育和职业做出明智选择。而之所以建议高中和传统的 4 年制中学也应是综合的，委员会给予了 6 点理由：一是职业教育的有效性。与特殊型学校（如专门的职业学校）相比，组织完善的综合中学能够使分化的教育产生更大的价值，因为综合中学有助于做出明智的课程选择，有助于在需要时进行重新调整，而且能提供在每种职业中取得真正成功所必需的更广泛的交往。② 二是统一化。通过与学习其他课程且与自己的职业和教育目标差异较大的同学建立友谊，学生会意识到他们与其他学生的共同利益终究要比可能会导致他们与其他学生产生对抗的差异性重要得多。简言之，综合中学是民主社会的原型，其中的不同群体通过对共同利益及理想的认识，结成一个更广泛的整体。这样的学校生活为民主社会的生活提供

---

① ［美］乔尔·斯普林：《美国学校——教育传统与变革》，史静寰等译，人民教育出版，2010，第 334 页。

② United States Bureau of Education, *Cardinal Principles of Secondary Education: A Report of the Commission on the Reorganization of Secondary Education Appointed by the National Education Association* (Washington, D.C.: Government Printing Office, 1918), p. 25.

了自然的和有价值的准备。[①] 三是职业之外的目标。与许多小型的特殊类型学校相比，由于拥有充足的设备和师资，综合中学往往能更有效地提供健康教育、合理利用闲暇的教育和家政教育。四是便利性。综合中学服务于某一特定的区域，可以减少学生往返学校的花费和时间，提高学校吸引和留置学生的能力。五是满足地方需要。在需要两所或以上中学的大城市中，每所中学都开设所有课程是不可能的，所以一些课程可能仅在精选的综合中学开设，而其他课程则会在每所学校开设。在较小的乡村中学，由于学生人数过少而不值得重复开设的课程应在精选的学校开设，需要这种课程的学生应该进入那种学校。六是综合中学课程的有效组织。委员会认为，除非对各种课程进行有效的组织和管理，除非将民主精神渗透进学校中，否则综合中学就面临失败的危险。综合中学职业教育的致命缺陷就在于缺乏恰当的组织和管理。为了改进这种状况，委员会建议，较大的综合中学应该将每门课程或密切相关的一组课程置于课程主任的监督之下，主任的任务是组织课程并保持其效率。在那些不能为各种课程聘用课程主任的中型中学，应该将由教师组成各个委员会，考虑各种课程问题，所有的工作都在校长的指导下进行。[②]

总而言之，美国的教育目标必须是民主的，因而不可能实行类似于欧洲的双轨制教育，综合中学是实现中等教育专门化和统一化功能的最有利的机构，它可以为所有学生提供普通教育，为想进一步接受

---

① United States Bureau of Education, *Cardinal Principles of Secondary Education: A Report of the Commission on the Reorganization of Secondary Education Appointed by the National Education Association* (Washington, D. C.: Government Printing Office, 1918), pp. 25-26.

② United States Bureau of Education, *Cardinal Principles of Secondary Education: A Report of the Commission on the Reorganization of Secondary Education Appointed by the National Education Association* (Washington, D. C.: Government Printing Office, 1918), pp. 26-27.

高等教育的学生提供预备教育，为想就业的学生提供职业教育，这也是综合中学承担的3个基本职能。[①] 通过设置分化的课程，综合中学可以满足学生多样化的能力、兴趣、需要，以及现代工业社会多样化的需求。综合中学结束了美国关于中学是效法欧洲的双轨制（学术和职业）还是采取相对民主的单轨制这一长达10年的争论，最终实现了学术与职业的并轨。《中等教育的基本原则》明确指出了综合中学的基本功能及建立综合高中的必要性，反映了时代和社会发展的需要，为综合高中在美国的建立及发展奠定了重要的基础。[②] 在此之后，综合中学在美国被广泛建立，逐渐成为美国中学的主要类型。综合中学的创立使美国完全现代的学校体系的演化达到高潮。[③]

虽然报告关于综合中学的建议得到了广泛的好评，但是就综合中学后来的发展而言，实际上并非一片赞歌，而是褒贬不一。总的来说，一方面是对综合中学进行高度的赞扬。有的学者认为，学术课程和职业课程的分化是满足中学生群体日益多样需求的恰当方式，尤其是在拥有大量移民人口的城市。综合高中是促进教育公平的重要手段，是美国式民主的重要标志，是美国实现中等教育普及的主要工具。[④] 这种综合的教育模式，结合普通教育和职业教育各自的优点，恰当地避免了职业和学术分流教育的缺陷，[⑤] 充分体现了现代社会的民主思想。有

① ［美］柯南特：《柯南特教育论著选》，陈友松主译，人民教育出版社，1988，第41页。

② 王喜娟：《美国综合高中发展危机研究》，博士学位论文，东北师范大学，2010，第26页。

③ Wayne J. Urban, Jennings L. Wagoner, *American Education: A History* (New York: The McGraw-Hill Companies, Inc., 1996), p. 211.

④ 王喜娟：《美国综合高中发展危机研究》，博士学位论文，东北师范大学，2010，第2页。

⑤ 王曦：《美国中等教育综合化研究》，硕士学位论文，华东师范大学，2007，第32页。

的学者指出，《中等教育的基本原则》使综合高中成为高中发展的最佳模式，通过灵活的选修课模式保证了高中的多维功能，为学生进入不同类型的高校或就业提供必要的准备。① 还有学者认为，中等教育改造委员会鉴于十人委员会的报告没有充分考虑普通中等教育的全部内涵，明确提出综合中学而不是专门中学应成为美国中等教育的标准模式，分门别类的课程不仅要满足不同学生不同能力的需要，同时还要满足工业化民主社会的需要，通过使课程与功能性目标（functional outcomes）相联系，迎来了中等教育真正民主的新时代。② 另一方面，也有学者对综合中学提出了严厉的批评。有学者认为，综合中学在当时的社会发展状况下是美国中等教育的一个创举，具有一定的先进性，但随着教育实践的进一步发展，综合中学也因其科目设置过多、教学目标不清等显示了其不利于中等教育良好发展的一面。③ 克利巴德也指出了在综合中学中进行的分化课程可能带来的弊端，就是调整课程以适应不同层次、不同特性学生的需要最终会以一种微妙的方式转变为社会阶层固化的工具。④ 斯内登也批评综合中学设计的职业计划很差，不能为追求升学的学生同时提供一系列令人满意的职业计划和普通教育课程。⑤ 此外，也有学者从民主的角度对综合中学进行批评，认为虽然综合中学的理想是把所有学生纳入同一个机构之中，成为“民主的

---

① 周世厚：《美国中等教育与高等教育衔接的多维解析》，《外国教育研究》2015 年第 7 期，第 17 页。

② 胡庆芳：《美国高中课程发展研究——从失衡发展到基础振兴》，博士学位论文，华东师范大学，2004，第 13 页。

③ 李松丽：《19 至 20 世纪美国中等教育及其启示》，《内蒙古师范大学学报（教育科学版）》2012 年第 8 期，第 19 页。

④ Herbert M. Kliebard, *Changing Course: American Curriculum Reform in the 20th Century* (New York: Teachers College Press, 2002), p. 45.

⑤ ［美］约瑟夫·沃特拉斯：《20 世纪美国教育中的哲学冲突》，王璞、於荣译，安徽教育出版社，2011，第 83 页。

雏形”，实现真正的合众为一，但综合中学早期的发展不如人意，尤其是在高中，专门化功能占据了主导地位，而统一化功能则处于边缘化的境地。①

第四节　对《中等教育的基本原则》的评价及其历史意义

早在美国教育署正式发布《中等教育的基本原则》的前一年，金斯利就在全国中学校长协会会议上对其进行了大力的推荐，他希望“中等教育的基本原则”这一名称能够被广泛认可，同时更希望这份报告能够在经过严格的研究与考查后得到教育管理者和教师的称赞与信任。② 也许是由于金斯利的大力宣传，报告发表后人们争相索取，13 万份报告很快被售完，成为“美国已出版的教育文献中受到最广泛阅读的教育文献之一”。③ 随着报告的广泛传播，也引起了广泛的争论，人们或支持或反对，或赞扬或批评。这些讨论极大地促进了报告的普及和推广，提升了报告的知名度，使报告在 19 世纪 20 年代非常流行，甚至每一位中学教师都被强制要求记住报告中提出的“中等教育的七大主要目标”。④ 根据美国全国中学校长协会 1925 年的调查，1918 年到 20 世纪 20 年代初，已经有近 75％的中学根据《中等教育的基本原则》

---

① 王喜娟：《美国综合高中发展危机研究》，博士学位论文，东北师范大学，2010，第 27 页。

② Clarence D. Kingsley, “Certain Features in the Report on Cardinal Principles of Secondary Education,” in *First Yearbook of National Association of Secondary School Principals*, 1917: 9.

③ 周世厚：《美国中等教育与高等教育衔接的多维解析》，《外国教育研究》2015 年第 7 期，第 17 页。

④ Roger V. Bennett, *Cardinal Principles Report: An Educational Classic* (Maryland: University of Maryland, 1972), p. 47.

的建议改革学校课程。①

关于对报告的评价，一方面是高度的赞扬。克雷明指出，中等教育改造委员会的贡献在于重新定义了中学的任务和角色，这一重新界定成为中学改革的一个标准。《中等教育的基本原则》的影响是广泛的，他甚至认为 1918 年之后中等教育领域的大多数重要且具影响力的运动仅仅只是这一经典报告的注脚。② 坦纳（Daniel Tanner）在《学校课程史》中也指出，“回顾过去，可以说《中等教育的基本原则》的作者们不仅精通教育学，而且对即将到来的时代有非凡的遇见，他们基本上为中等学校定了型。他们期望为所有年轻人提供中等教育，这一愿景在他们那个世纪就实现了”③。克利巴德也指出，1918 年《中等教育的基本原则》的发布是美国教育改革史上的一个里程碑。报告的出现标志着从 1983 年十人委员会开始的四分之一个世纪里美国全国教育协会成立的各种各样的委员会所发布的教育政策报告的顶峰，标志着一个全新的、功能更强大的美国教育改革的方向的出现。相比于 1893 年《十人委员会报告》更加保守的建议，《中等教育的基本原则》所提出的建议更具深远意义。十人委员会被广泛地认为忽视了急剧变化的社会环境及中学人口规模和特性对教育产生的重要影响；与此相反，仅仅 25 年之后出现的《中等教育的基本原则》被普遍认为满足了现代工业民主社会发展的需要。的确，《中等教育的基本教育》是 20 世纪早期美国教育思想的伟大结晶，它影响了几乎整个 20 世纪的教育改革，

---

① 吴婵：《专门化与统一化：美国综合中学计划形成研究》，硕士学位论文，北京师范大学，2014，第 84 页。

② Lawrence A. Cremin, “The Revolution in American Secondary Education, 1893-1918,” in *Teachers College Record*, Vol. 56, No. 6, 1955: 307.

③ [美] 丹尼尔·坦纳，劳雷尔·坦纳：《学校课程史》，崔允漷等译，教育科学出版社，2006，第 134 页。

其中的很多思想仍然被反映在我们当前的课程中。①

与此相反，也有学者对报告进行了严厉的批评。斯内登指出，审议委员会没有完成对中等教育基本原则的最终构想。报告所使用的简短且抽象的语言无法为其观点给出具体的例证，做出充分的证明。② 斯内登还指责报告关于职业教育的认识存在很多混乱之处。它没有分清为培养公民素养而进行的职业教育与培养某一具体职业的生产者的职业训练之间的区别，而只是把职业作为自由教育的一种手段。③ 斯内登还批评报告忽视了社会的职业需求，缺乏社会学的指导，提出了一些无用的目标。④ 金斯利对斯内登的批评和指责做出了回应，指出这个报告并非对实用的（职业的）教育目标和自由的（学术的）教育目标的妥协，语言的简洁也并不意味着报告的软弱。此外，教育的七大目标也来源于纯粹的社会学基础。⑤ 克利巴德也指出，批判性地对报告进行考察可以得出结论：中等教育改造委员会设置更加广泛且分化的课程以满足多样化的学生群体的需要的努力或许会导致一个基于学生未来发展的潜在目标的有害课程分化，从而导致进一步的基于社会阶级、种族及性别的社会阶层的分化。⑥ 通过回顾《中等教育的基本原则》关于“分化课程”的建议及对扩展学校课程的认可，这些建议似乎导致

---

① Herbert M. Kliebard, *Changing Course : American Curriculum Reform in the 20th Century*(New York: Teachers College Press, 2002), p. 39.

② David Snedden, "Cardinal Principles of Secondary Education," in *School and Society*, Vol. Ⅸ, 1919: 518.

③ Roger V. Bennett, *Cardinal Principles Report : An Educational Classic*(Maryland: University of Maryland, 1972), p. 45.

④ David Snedden, "Cardinal Principles of Secondary Education," in *School and Society*, Vol. Ⅸ, 1919: 519.

⑤ Clarence Kingsley, "Cardinal Principles Report of Secondary Education," in *School and Society*, Vol. Ⅹ, 1919: 18-20.

⑥ Herbert M. Kliebard, *Changing Course : American Curriculum Reform in the 20th Century*(New York: Teachers College Press, 2002), p. 39.

了不民主的后果。[①] 克利巴德还对报告提出的中等教育的七大原则进行了批评，指出七大目标最根本的缺陷在于无所不包，它导致学校教学科目毫无节制的扩张，最终引起目标、凝聚力和方向的缺失。这也是当今美国中等教育所面临的一个至关重要的问题。[②]

至于报告在美国教育领域的实际影响，虽然有高度的赞扬声，但也有观点认为没有必要过高地估计报告的价值。克雷明指出，虽然《中等教育的基本原则》是一个典型的进步主义文件，但是与其说它对未来做了多方面的预见，不如说它只是认可了许多城市教育系统正在进行的变革。[③] 报告中关于改革传统学科的实质内容以顾及学生更广泛的兴趣和需要，以及学科更大的区别等建议，只是对已经发生的一系列变化的肯定。[④] 约瑟夫·沃特拉斯（Joseph Watras）在《20 世纪美国教育中的哲学冲突》一书中指出，虽然报告在当时所有由美国教育署出版的著作中销量最大，但是它既没有使中学校长改变课程，也没有使学生学习的课程发生改变。即使是在中学入学人数不断增加的情况下，中学的开课模式还是没有从它们所讨厌的学术性观念中转变过来。尽管很多中学提供了各种职业课程，但是大部分学生还是选择了传统的学术性领域，如英语、数学及社会研究等。通过对美国教育办公室调查数据的分析，也可以看出传统的课程依然很受学生欢迎，而选择新兴的、更具实用性的课程的学生相对较少。通过霍恩（Ernest Horn）的调查研究也可以发现，虽然委员会认为新课程适合学术倾向

---

① Herbert M. Kliebard, "The Cardinal Principles Report as Archeological Deposit," in *Curriculum Studies*, Vol. 3, 1995: Abstract.

② Herbert M. Kliebard, *Changing Course: American Curriculum Reform in the 20th Century* (New York: Teachers College Press, 2002), p. 47.

③ ［美］劳伦斯·A. 克雷明：《美国教育史·3·城市化时期的历程（1876—1980）》，朱旭东等译，北京师范大学出版社，2002，第 260—261 页。

④ ［美］劳伦斯·A. 克雷明：《美国教育史·3·城市化时期的历程（1876—1980）》，朱旭东等译，北京师范大学出版社，2002，第 602 页。

较少的学生，但是拥有较少学术天赋的学生可能不会选择新的课程，他们在旧的课程中比在新的课程中更容易获得成功。①

除了赞扬声与批评声，也有学者指出对报告的评价要慎重。塞耶（V. T. Thayer）认为，对于《中等教育的基本原则》这样的文件至少存在两种阐释方式。一种是如实地阅读，仅从它对当时中等教育发展的实际价值中去评价；另一种是把报告放置在美国教育的发展整体趋势中进行较为具体的考察。② 雷格（William G. Wraga）也认为，作为美国课程史上的奠基性文件，应该在完整文本的基础上，结合报告产生的社会、政治、教育发展背景对报告进行经常性的重新审视和再评价，以厘清报告的精神与意图，确认其历史意义。③

虽然关于报告的评价褒贬不一，但是广泛的评论也正好说明了报告在美国中等教育发展史上的重要地位和影响。面对剧烈的社会变革、中学学生数目的激增和特性的变化、教育理论的更新，以及关于美国中等教育的目标和任务展开大争论的历史环境，中等教育改造委员会勇挑重担，承担了绘制美国中等教育改革发展蓝图的艰巨任务。委员会1918年出台的终期报告《中等教育的基本原则》，明确提出了民主社会中的教育目的、中等教育的主要目标及其在实现这些目标中的作用，对中学课程的设置、学校组织、教学、学制等方方面面的问题提出了建议。报告涉及的内容极为广泛，注重对中等教育的整体结构进行全面的改造，为美国中等教育的改革提供了全方位的、纲领性的指导。其中的“六三三”学制、综合中学等建议奠定了美国中学未来发展的

---

① ［美］约瑟夫·沃特拉斯：《20世纪美国教育中的哲学冲突》，王璞、於荣译，安徽教育出版社，2011，第81—83页。

② V. T. Thayer, “The Report of the Commission on the Reorganization of Secondary Education,” in *Junior-Senior High School Clearing House*, Vol. 7, No. 1, 1932: 49.

③ William G. Wraga, “The Cardinal Principles Report Revisited,” in *Education and Culture*, Vol. 11, No. 2, 1994: 13-14.

制度框架。后来的很多教育文件中关于教育目标的陈述都以《中等教育的基本原则》提出的“七大目标”为指导，1918 年以来发表的几乎所有关于中等教育的重要报告一直都在强调这一共同的主题，如 1933 年全国教育协会中学校长部发表的《中等教育的问题与作用》，美国教育政策委员会分别在 1938 年和 1944 年起草的《美国民主社会中的教育目的》和《为了所有美国青年的教育》等，每份报告都依据这些信念。① 报告同时也成为后来几大教育运动的理论基础，如 19 世纪 20 年代的品格教育运动（the character education movement）其实早在《中等教育的基本原则》的“道德品格”这一目标的预料之中；20 世纪 50 年代的生活适应教育（life adjustment education）也是对报告中健康、公民资格、家庭生活和个性发展等目标的重新强调。②

罗杰·贝内特在其博士学位论文《基本原则报告：一个教育经典》（*Cardinal Principles Report* : *An Educational Classic*）中指出，《中等教育的基本原则》拥有历史和课程双重意义。就历史意义而言，报告处于美国中等教育史上从“温和修正”（1890—1905 年）时代到进步教育协会时代（1919 年至 20 世纪 50 年代）的一个过渡时期。在过渡时期形成的这一报告有其与众不同的特点。它总结了过去的传统，分析了当时的形势，预测了未来的教育发展趋势。③ 总之，《中等教育的基本原则》堪称一个“教育经典”。它最重要的贡献或许就在于引发了思考并刺激了行动。④ 正如贝内特所言，在世纪之交，中等教育已经成

① ［美］S. 亚历山大·里帕：《自由社会中的教育：美国历程》（第 8 版），於荣译，安徽教育出版社，2010 年，第 297 页。

② Roger V. Bennett, *Cardinal Principles Report* : *An Educational Classic* (Maryland: University of Maryland, 1972), pp. 49-50.

③ Roger V. Bennett, *Cardinal Principles Report* : *An Educational Classic* (Maryland: University of Maryland, 1972), p. 1.

④ Roger V. Bennett, *Cardinal Principles Report* : *An Educational Classic* (Maryland: University of Maryland, 1972), p. 44.

为公共教育中极为重要的一部分。中等教育不再受《十人委员会报告》只为少数升学学生服务的基本假设的支配。美国人相信所有的青年人能够且应该从中学获益。中等教育改造委员会绘制了这一教育哲学蓝图，从根本上改变了中等教育的课程哲学，并且把综合中学作为实现这一新哲学的标准机构。①

站在历史的角度来看，无论报告存在多少不足之处，无论对报告有着怎样的批评和指责，有一点是不能忽视的，这一点正是报告最重要的意义所在——它适应了美国社会的发展变化，总结过去传统，分析当时形势，果断地对中等教育进行了全方位的设计和改造。报告所提出的主张在很大程度上澄清了自 19 世纪末期以来一直困扰美国中等教育发展的基本问题，奠定了美国中等教育未来发展的基本方向。作为一个全方位、纲领性的指导，它既没有因为过于空泛而流于形式，也没有因为过于具体而限制教育未来发展的可能性。如果说《十人委员会报告》是 19 世纪美国教育的宪章，《中等教育的基本原则》则称得上是 20 世纪美国中等教育的宪法。②

【参考文献】

［美］劳伦斯·A. 克雷明：《美国教育史·3·城市化时期的历程（1876—1980）》［M］. 朱旭东，等译. 北京：北京师范大学出版社，2002.

［美］丹尼尔·坦纳，劳雷尔·坦纳. 学校课程史［M］. 崔允漷，等译. 北京：教育科学出版社，2006.

［美］L. 迪安·韦布：《美国教育史——一场伟大的美国实验》［M］.

---

① Jurgen Herbst, *The Once and Future School: Three Hundred and Fifty Years of American Secondary Education*(New York: Routledge, 1996), p. 139.

② 张斌贤，杨帆：《中等教育的基本原则——美国全国教育协会中等教育改造委员会报告》，《教育学报》2015 年第 6 期，第 116 页。

陈露茜、李朝阳，译. 安徽：安徽教育出版社，2010.

［美］约瑟夫·沃特拉斯. 20世纪美国教育中的哲学冲突［M］. 王璞、於荣，译. 合肥：安徽教育出版社，2011.

Clarence Kingsley, Cardinal Principles Report of Secondary Education [J]. School and Society, 1919(Ⅹ): 18-20.

David Snedden. Cardinal Principles of Secondary Education [J]. School and Society, 1919(Ⅸ): 518-519.

Herbert M. Kliebard. Changing Course: American Curriculum Reform in the 20th Century [M]. New York: Teachers College Press, 2002.

Herbert M. Kliebard. The Cardinal Principles Report as Archeological Deposit [J]. Curriculum Studies, 1995, 3(2): 197.

Jeffrey Mirel. The Traditional High School historical debates over its nature [J]. Education Next, 2006, 6(1): 14-19.

Jurgen Herbst. The Once and Future School: Three Hundred and Fifty Years of American Secondary Education [M]. New York: Routledge, 1996.

Lawrence A. Cremin. The Revolution in American Secondary Education, 1893-1918 [J]. Teachers College Record, 1955, 56(6): 295-308.

Roger V. Bennett. Cardinal Principles Report: An Educational Classic [M]. Maryland: University of Maryland, 1972.

V. T. Thayer. The Report of the Commission on the Reorganization of Secondary Education [J]. Junior-Senior High School Clearing House, 1932, 7(1): 49.

William G. Wraga. The Cardinal Principles Report Revisited [J]. Education and Culture, 1994, 11(2): 13-14.

第五章　科学政策与现代大学：《科学：无止境的前沿》

1945 年，美国科学研究与开发办公室主任万尼瓦尔·布什（Vannevar Bush）向总统杜鲁门递交了一份名为“科学：无止境的前沿”（*Science*：*The Endless Frontier*）的报告。该报告从论述科学尤其是基础科学对国家安全和社会福利的重要性出发，强调政府应该承担促进科学发展和培养科学人才的责任，建议政府成立一个资助和协调科学研究与开发的联邦机构。该报告规划了战后美国联邦政府科学政策的蓝图。由于战后随之而来的冷战的爆发，布什提出的成立一个唯一的联邦资助与协调科学研究机构的设想落空了。冷战促使美国军方寻求与大学建立新的关系，防务机构成为大学科学研究与开发的主要资助者，美国联邦科学政策制度变成了一个多元结构。尽管如此，布什在《科学：无止境的前沿》中所倡导的政府应承担资助美国科学研究的新职责得到了加强，联邦政府与大学之间的关系更加密切；基础科学研究的地位得到了更大的提升，大学成为美国基础科学研究的基地，大学在国家创新体系中的地位得到了巩固。而随着时间的推移，布什所设想的科学研究的线性模式也引起了更多的争议。

第一节　《科学：无止境的前沿》的出台背景

第二次世界大战是美国历史发展的转折点。美国在二战中国力非但没有遭到严重破坏，反而得到空前加强。1933—1944 年，美国工业生产总值增长了近两倍。战后初期，美国工业产量占资本主义世界的二分之一以上（1948 年占 53.4%），出口贸易占三分之一（1949 年占 32.4%），黄金储备占四分之三（1949 年占 73.4%），资本输出占世界第一位，而且是最大的债权国。美国的军事力量在战争期间也迅速膨胀，到战争结束时，其军队总人数高达 1212 万人，拥有世界上最强大的海军和空军，在海外建立了 484 个军事基地，还独家垄断着原子弹。① 战争期间，由于在科学技术方面具有其他国家无可比拟的进行科学技术研究的巨大的物力和财力、相对安定的环境、巨大的军事需求和发达的军事工业，以及包括从国外涌入美国的大批科学技术人才，使美国在战后初期兴起的科学技术革命中处于世界的领先地位。实力的增强加剧了美国建立世界霸权野心的膨胀。二战结束前，美国认为在打败德国和日本之后，随之而来的与苏联发生更漫长和更不确定的地理政治冲突是理所当然的。甚至在战争期间，美国军事情报部门关心苏联的科学间谍活动远远超过德国。②

为了建立和巩固美国的霸主地位，早在二战期间，罗斯福总统就构想了包括成立联合国、国际货币基金组织和世界银行的美国称霸世界计划。1945 年 10 月 24 日，联合国正式成立。同年 12 月 27 日，29 国代表在华盛顿签署布雷顿森林协定，国际货币基金组织和国际复兴开发银行正式成立。这两个国际组织成为美国确立其在战后资本主义

---

① 方连庆，刘金质，王炳元：《战后国际关系史（1945—1995）》，北京大学出版社，1999，第 43 页。

② Paul Forman, "Into Quantum Electronics: The Maser as 'Gadget' of Cold-war America," in Paul Forman and Jose M. Sanchez-Ron(ed.), *National Military Establishments and the Advancement of Science and Technology* (Dordrecht. Kluwer Academic Publishers, 1996), p. 270.

世界政治和经济霸主地位的“基石”。[①]

由于科学技术在二战中的重要贡献和巨大成就，罗斯福总统对科学研究和开发的未来发展也给予高度重视。1944 年 11 月 17 日，罗斯福总统给战时科学研究与开发办公室主任万尼瓦尔·布什写了一封信，要求他就如何能把从战时的经验中已经取得的教训运用到即将到来的和平时期的问题提出意见。罗斯福总统在信中认为，战时的科学研究成果“在未来的和平时期应当被用来增进国民的健康，创办新企业以增加就业机会，提高国民的生活水平”[②]。为实现此目标，他在信中提出了四个问题：“第一，为了将我们在战时工作中对科学知识所做的贡献尽快地公之于世，在不影响军事安全和获得军事当局事先认可的情况下，我们能做些什么？第二，特别是关于利用科学与疾病做斗争，为了制订一个方案以便将来继续我们已经做过的医学工作，以及与此有关的科学工作，我们现在能做些什么？第三，为了帮助公立和私营机构的研究活动，政府在现在和将来能做些什么？第四，为了发现和培养美国青年科学人才，确保美国将来的科学研究能够继续保持与战时工作相比拟的水平，能提出一个有效的方案吗？”[③]

罗斯福总统在信中提出的问题的核心就是强调科学技术要为战后的美国国家安全和利益服务，确保美国科学技术在战后的世界领先地位。它实际上是美国称霸全球计划的一部分。罗斯福提出的 4 个问题在宏观上为美国战后科学研究政策指明了方向。罗斯福把制定美国战后科学政策的重任交给了布什，为布什成为美国“科学政策之父”创造

---

① 方连庆，刘金质，王炳元：《战后国际关系史（1945—1995）》，北京大学出版社，1999，第 46 页。

② *Science*: *The Endless Frontier*, 1945-07, http://www.nsf.gov/about/history/vbush1945.htm.

③ *Science*: *The Endless Frontier*, 1945-07, http://www.nsf.gov/about/history/vbush1945.htm.

了历史机遇。而历史机遇的获得与个人的能力和努力存在着必然的联系。

第二节 美国科学政策之父万尼瓦尔·布什

当历史学家把第二次世界大战比作一场科学家或物理学家的战争时，他们通常是指战争期间科学的巨大技术成就和科学研究对同盟国胜利的重要性。提起美国科学家在战争努力中的作用，人们自然想到了雷达的发展、感应引信的发明、青霉素的生产，更难忘的是原子弹的开发。

然而，使二战成为科学家的战争的并不仅仅是科学家的技术成就，还形成了科学家把知识转变为权力的一种环境。由于国家对科学家的依赖，一群由布什领导的精英科学家被引进美国拥有权力的机构——科学研究与开发办公室的岗位。科学家们利用这一职位提高了他们的社会资本，加强了他们与国家民用部门管理者和军方的社会联系。这一社会资本连同科学家已提高了的信誉或符号资本——这是科学家在战争努力中的作用的副产品，使这些科学家先锋很适合去规划美国战后研究政策的蓝图。①

布什于 1890 年 3 与出生于马萨诸塞州埃佛雷特的一个普救派教徒家庭。从马萨诸塞州切尔西一所公立中学毕业后，布什进入塔夫兹学院攻读学士学位，并且于 1913 年在塔夫兹学院获得硕士学位。他在参加哈佛大学和麻省理工学院合办的电气工程研究生培养计划时，曾是塔夫兹学院的数学讲师。他的早期职业生涯主要在麻省理工学院度过，然后很快转到精英科学家的科学研究管理工作。1916 年，布什获得由

① Daniel Lee Kleinman, *Politics on the endless frontier : postwar research policy in the United States*(Durham:Duke University Press,1995),pp. 52-53.

哈佛大学和麻省理工学院共同颁发的工程学博士学位。三年以后，他被聘为麻省理工学院电子工程系电力传输专业副教授，1923 年被聘为教授。

作为一名研究人员，布什取得的成就意义重大。他在基础研究和应用研究的广泛领域工作。他应用罗伯特·维纳（Norbert Wiener）的理论构建机器的数学分析。他负责开发了精密差异分解器——一种卓越的手工操作的电子计算机的前身。此外，他对弹道学进行研究，还承担了“一个更秘密的领域”的研究。到 1935 年，差异分析器的应用反映了科学研究的前沿，包括核物理学、天体物理学、宇宙射线学和地震学的研究。凭借差异分析器和相关工具的研究，布什于 1928 年被授予富兰克林研究所的莱瓦尔奖章（Levy Medal），1935 年被美国电气工程师协会授予拉米奖章（Lamme Medal）。1943 年，布什被美国电气工程师协会推选为爱迪生奖（Edison Medal）的获得者，以表彰他在指导战争研究方面对数学在工程和项目方面新应用的发展所做出的卓越贡献。①

尽管布什取得了重要的技术成就，但是人们在记忆里恰当地把布什看作科学管理者而不是科学家。1932 年，他被任命为麻省理工学院工程系主任和副校长。1939 年，他在出任位于华盛顿的卡内基研究所所长之前，一直在麻省理工学院工作。在麻省理工学院期间，他与校长卡尔·康普顿密切配合，组建了企业合作与研究局。到 20 世纪 30 年代中期，布什作为康普顿的得力助手，不仅成为学院的重要人物，还成为美国技术界中受尊重的发言人。在麻省理工学院，布什通过他在政府委员会中的角色与联邦科学管理机构建立了联系。布什第一个职位是担任由康普顿领导的科学顾问委员会委员，该委员会是大萧条时

---

① James E. Brittain, "Electrical Engineering Hall of Fame: Vannevar Bush," *Proceedings of the IEEE*, Vol. 96, No. 12, 2008: 2131-2133.

期成立的团体，旨在给政府机构提供科学建议和提高政府的科学研究资助。1938 年，布什被任命为国家航空顾问委员会委员。该委员会成立于 1915 年，旨在监督和协调美国航空研究工作。

当布什来到华盛顿担任卡内基研究所所长时，他还担任了美国航空顾问委员会主席。这在历史学家理查德·罗德斯（Richard Rhodes）看来，随着战争的临近，布什使自己更接近政府权力的来源。“因为卡内基研究所在当时是大学之外美国最大的私人研究组织，卡内基研究所所长职务使布什进入了制定国家科学研究和开发政策的最高层。”①

与此同时，布什与许多领域的公司和科学组织建立了联系。他是美国电报电话公司和麦克公司的董事，还是史密斯研究院的委员。他还担任了一些研究机构的董事，如伍兹霍尔海洋研究所、约翰·霍普金斯大学、麻省理工学院研究公司和布鲁克林研究所。此外，他还在国家研究委员会政策分委会任职。

当然，布什并不是唯一拥有这类社会资本的人。一些杰出的科学家兼管理者发现他们自己也处于类似的地位，其中有麻省理工学院校长、布什的良师卡尔·康普顿，哈佛大学校长詹姆斯·科南特，约翰·霍普金斯大学校长艾赛亚·鲍曼，国家科学院和贝尔电话实验室主任弗兰克·朱维特。布什这些人和他们所代表的科学领域中的精英群体真正把科学研究和技术看作“救世主”。在评价战争形势时，布什说：“这是一场高技术战争。整个未来可能取决于技术和由这个国家的民主的组织部门开发战争科技的彻底性。”② 布什和他的同事进而把科学研究看作国家经济和社会福利的关键。他们明确地坚持所谓的“专业知识意识形态”。在布什看来，科学基本上是精英的活动，他和他的

---

① Richard Rhodes, *The Making of the Atomic Bomb*(New York: Simon & Schuster, Inc., 1986), p. 336.

② Daniel Lee Kleinman, *Politics on the endless frontier: postwar research policy in the United States*(Durham: Duke University Press, 1995), p. 59.

精英团队担心研究被政治控制。

表 5-1　20 世纪 40 年代科学精英的组织交叉关系

个人	组织					
	ATT	Brookings	Hopkins	MIT	NRC	SAB
艾赛亚・鲍曼	X		X		X	X
万尼瓦尔・布什	X	X	X	X	X	X
卡尔・康普顿		X		X	X	X
詹姆斯・科南特					X	
弗兰克・朱维特	X				X	

注：ATT＝美国电报和电话公司；Brookings＝布鲁金斯研究所；Hopkins＝约翰・霍普金斯大学；MIT＝麻省理工学院；NRC＝国家研究理事会；SAB＝科学顾问委员会。X＝同时任职。

资料来源：Daniel Lee Kleinman, *Politics on the endless frontier : postwar research policy in the United States* (Durham: Duke University Press, 1995), p. 58.

当战争隐约出现的时候，罗斯福总统认识到他需要依靠科学和科学家去赢得战争。罗斯福总统曾在一次会议上说："如果自由国家的科学家无法制造武器去保护他们国家的自由，那么自由将会失去。"[①]1940 年 6 月和 1941 年 7 月，罗斯福总统先后下令成立国防研究委员会和科学研究与开发办公室，由布什担任主任。二战期间，在布什的努力下，科学研究与开发办公室成为一个权力巨大的机构。它控制自己的预算，直接向总统负责。它发展与军方的合作伙伴关系，继续使用国防研究委员会类型的合同，巩固与企业和精英大学的关系。此外，科学研究

① Richard Rhodes, *The Making of the Atomic Bomb* (New York: Simon & Schuster, Inc., 1986), p. 336.

与开发办公室增强了国会的信任，提高了与精英大学关系密切的大批科学家的地位。

第二次世界大战是美国科学、科学家和科学政策重要转折点的标志。一群精英科学家成为科学政策问题的广为人知的发言人，经费以史无前例的程度流向了科学研究，科学家获得了空前的广泛认可。国防研究委员会和科学研究与开发办公室的建立，标志着美国战后国家发展研究政策的开始。战争期间形成的一些重要先例或政策遗产将对战后研究政策的辩论发挥重要的作用。这些遗产主要包括以下内容：①

其一，政府合同成为资助研究的一种重要方式。合同作为一种资助机制，建立了政府应该资助非政府团体特别是大学执行研究这一原则。

其二，对科学研究进行资助的部门发生了根本性转变。二战前，美国三分之二的研究是由企业为了商业目的而进行的资助，六分之一是由政府资助，另外不足六分之一由大学和基金会资助。二战期间，联邦政府成为研究的主要资助者，1944 财政年度，联邦政府经费占所有研究经费的四分之三。

其三，一群与自然科学关系密切的杰出科学家成功地管理了美国大量的战时研究计划。在这一过程中，他们建立了科学家应该管理科学的原则，而这一问题成为战后政策辩论的中心。此外，一个科学家、企业和军方之间将影响战后研究政策的联盟得到巩固。

其四，一小批杰出科学家的行政地位在战争期间得到极大提升，为他们提供了在确定战后研究政策努力方向中独特的优势。

其五，第二次世界大战促进了政府的强大，从而提高了创建一个单一的战后研究决策机构的一般前景。

---

① Daniel Lee Kleinman, *Politics on the endless frontier: postwar research policy in the United States* (Durham: Duke University Press, 1995), pp. 72-73.

总之，布什对战时研究机构的领导和管理赢得了总统的尊敬和信任，使他和他领导的科学精英获得了规划战后时期联邦科学研究政策的机会。在罗斯福总统的要求下，布什设计了美国战后科学政策的蓝图，成为美国“科学政策之父”。

第三节 《科学：无止境的前沿》的主要内容

面对罗斯福总统提出的要求，布什组织了由杰出科学家和其他学者组成的四个专门委员会分别进行研究，并且写出了各自的报告。通过对这四个报告的研究，布什以清楚明确的语言提出了他认为政府与科学应该具有的关系，以及应该如何维护这些关系的意见。1945 年 4 月 12 日，罗斯福总统在佐治亚州死于广泛性脑溢血，杜鲁门继任总统。1945 年 7 月 5 日，布什以科学研究与开发办公室主任的名义向杜鲁门总统提交了这一报告——《科学：无止境的前沿》。报告的内容包括布什写给杜鲁门总统的呈文、罗斯福总统的信、报告的概要、报告的正文和包括四个专门委员会的研究报告的附录。报告的正文共有六个部分，第一部分为“绪言”，第二部分为“向疾病做斗争”，第三部分为“科学与公共福利”，第四部分为“更新我们的科学人才”，第五部分为“科学的复苏问题”，第六部分为“达到目的的方式”。[①] 现将该报告的主要内容简要介绍如下：

一、科学进步是必不可少的，对科学进行资助是政府的职责

在布什看来，二战以来科学在药物、国防、新产品和新工业，以

① *Science*：*The Endless Frontier*，1945-07，http：//www. nsf. gov/about/history/vbush1945. htm.

及农业等领域已经取得了巨大的效用，将科学成就应用于实际，意味着更多的工作机会、更高的工资、更短的工时、更好的收成及有更充裕的闲暇进行娱乐活动、从事研究工作、学习怎样生活得满意，而无须从事那些成为过去多少年普通人负担的乏味的工作。科学的竞争还将带来更高水准的生活，使疾病得到预防或治疗，有助于保护有限的国家资源，保证获得反对侵略的防务手段。但是，要实现保证就业的高水平和保持世界的领导地位这些目标，必须得有持续的、大量涌现的新的科学知识。虽然科学本身并不能为个人的、社会的和经济的弊病提供万能灵药，但是如果没有科学的进步，那么其他方面再多的成就也不能保证美国的兴旺、繁荣和安全。

布什认为，正是由于繁荣、幸福和安全是政府应当关心的事情，所以科学进步与政府之间存在着极其重要的利害关系。科学是政府应当关心的事情，政府应是科学研究的动力源。就美国而言，尽管政府很早就对科学事业产生了强烈的兴趣，政府机构参与了许多科学研究工作，政府科学机构也有成功的光辉记录，但它们的职能是有限的。尤其是美国还没有国家的科学政策，政府仅仅开始在国家的福利事业中利用科学。政府内部没有负责系统地提出或执行国家科学政策的实体，国会里也没有致力于这一重要课题的常设委员会。政府在一些与公众之间存在严重利害关系的科学领域，以及在私人机构无力负担的昂贵的重大设备的研究方面，提供的资助很少且不够连续。布什指出，科学是美国未来的许多希望所在，科学已经站在了舞台的两侧，它应该被推到舞台的中心。美国正进入一个科学需要并应该得到来自政府资金的日益增加的支持的时期。

二、政府应提供资金支持基础研究，特别是学院、大学和研究所中的基础研究

布什特别强调了基础研究的重要性，认为基础研究是不考虑实用目的的研究，它产生的是普遍的知识和对自然及其规律的理解。这种普遍的知识提供了解答大量重要实用问题的方法。从事基础研究的科学家对他的工作的实际应用可能完全没有兴趣，但是如果基础研究长期被忽视的话，工业研制的更大进展最终将停止。布什指出，基础研究导致新知识，它提供了科学资本，创造了知识储备，而知识的实际应用必须从中提取。不仅如此，基础研究还是技术进步的先行官。尽管 19 世纪美国在机械方面的独创性大大地发展了工艺技术，但是这种独创性主要是建立在欧洲科学家的基础科学发展之上。布什强调，美国不能再指望把受战争破坏的欧洲作为基础知识的来源。过去美国把大多数努力放在这类国外发现的知识的应用上，将来美国必须对自己发现这种知识给予更多的关注，尤其是因为将来的科学应用比以往任何时候更依赖于这些基础知识。

布什认为，学院、大学和研究所既提供新科学知识，又提供训练有素的研究人员。这些学术机构的传统和特殊性使它们最适合进行基础研究。这些机构承担着保存过去积累起来的知识、传授这些知识给学生、贡献各种新知识的任务。在这些机构中，主要是科学家能在一个相对摆脱了世俗偏见的或商业需要的有益压力的环境中工作。它们为科学工作者提供了强烈的团结和安全感，以及高度的个人智力自由。这些学术机构必须是强有力的、健康的，以便有效地成为基础研究的中心。它们必须吸收最优秀的科学家作为教师和研究人员。它们必须提供研究机会和足够的报酬，使它们能够与工业、政府竞争以获得科学人才中的精华。虽然美国学院和大学的研究经费在 20 世纪 30 年代以

来有了大幅度增长，但是如果学院、大学和研究所要满足工业和政府对新科学知识迅速增加的要求，就应该通过使用政府的资金来加强学院、大学和研究所的基础研究。对于政府内的研究工作而言，政府应像工业界一样，依靠学院、大学和研究所来扩大基础科学前沿和提供受过训练的科学研究人员。而政府用于加强工业研究的最简单和最有效的方式是支持基础研究工作和培育科学人才。因此，布什呼吁必须给美国的研究工作提供新的动力。这些新动力只有从政府中才能迅速产生，否则学院、大学和研究所经费将不能满足对研究的日益增加的公共需要所产生的额外要求。

三、政府在对科学进行资助时必须保障探索自由

因为政府资助和私人资助的学院、大学和研究所是基础研究的中心，是认识和理解的源泉，只要它们是健康的、有生气的，它们的科学家可以自由地追求真理而不管其实际用途，科学家们就会获得新的科学知识。布什认为，尽管许多在政府领导下战时科学所取得的经验可以被有效地应用于和平时期，但是把战时所采用的方法转用到非常不同的和平环境中去的时候必须小心谨慎，必须去掉战时不得不实行的硬性控制，恢复科学家探索的自由和为扩充科学知识前沿所必需的那种健康的科学竞争精神。由于科学在广阔前沿的进步来自于自由学者的不受约束的活动，他们用探求未知的好奇心所支配的方式不断地研究他们自己选择的课题，所以在政府的任何科学资助计划下，探索的自由必须受到保护。

四、和平时期必须有更多的、更充分的医学和军事研究

在医学研究方面，布什认为，过去的几十年美国取得的“与疾病

做斗争”的进展是通过大量医学的基础研究，通过医学、国家医药部门和公共卫生机构对新科学知识的宣传来取得的，依靠的是一个不断扩大的新科学知识团体。战争时期，新药物的发明拯救了无数的生命，免除了人们难言的痛苦。和平时期，仍然需要不断扩充关于人的机体和疾病本性的知识，需要不断扩充医学训练和医学研究计划。医学研究的主要场所是医学院和大学。医学科学的历史表明，给予有准备的有才智的人完全自由运用首创精神有着极其重要的意义。用这种方法促进医学研究是医学院和大学的特殊职责。由于医学资助的传统来源正在减少，而工业作为医学研究资金的来源是有限的，所以政府应当通过拨款，以研究费用和研究补助金的形式扩大对医学院和大学里基础医学研究的财政支持。

在军事研究方面，布什认为，科学研究对国家安全是完全必要的，这在第二次世界大战中已经十分明显、毫无异议。特别是科学家在第二次世界大战中对国家的安全做出了极其有效的贡献，为了保证沿着一条明智的技术路线继续做好准备，必须号召国家的科学家们在和平时代继续进行研究。布什认为，一方面，美国不能再依赖美国的同盟国来阻止敌人；另一方面，只有政府才能承担军事研究，因为军事研究必须秘密进行，并且它耗资巨大，许多是没有商业价值的。支持有关军事问题的研究，政府有着不可推卸的责任。因此，和平时代必须有更多的、更充分的军事研究。此外，由于现代战争需要利用最先进的科学技术，以及在将来的陆军和海军的军官训练中必须日益强调科学，在各军种的官员和文职科学家之间需要一种专业的合作关系，所以布什认为，和平时期陆军和海军除了应该继续进行现行武器的研究和发展工作之外，军事研究最好是通过与陆军、海军有密切联系的、能够从国会得到直接资助的民用部门管理的组织来做。

五、政府应该提供适当数目的大学生奖学金和研究生补助金，以便发挥美国青年的科学才能

在报告中，布什引用哈佛大学校长科南特所说的一段话，以表明科学人才对科学知识生产的重要性。科南特说："在可以合适地称为'科学'的整个领域的每一个方面，其限制因素是人。我们在某个方向进展的快慢取决于从事所说工作的真正第一流人才的数量。"布什指出，由于战争时期为了国家的总体利益，美国受过训练的青年科学家和工程师的才智一直没有得到充分的利用，由此出现了训练有素的研究人员的空缺并将持续许多年。面对科学人才的严重短缺，布什认为，美国不得不注意对基本人力资源的使用，并且制订了一项计划，确保科学人才不被浪费，而且有实际的发展。为了鼓励并使大量有才智的青年男女把从事科学工作作为一种职业，以及为了逐步填补受过训练的科学人员的空缺，建议政府提供大学生奖学金和研究生研究补助金，以及用于高级训练和基础研究的研究补助金，消除因为种种原因没有得到入学机会的大学生的入学障碍。在布什看来，政府对更新美国科学人才的投资，对国家的一般利益及在紧急时期满足国家的需要有着诸多的好处，因而这种投资是明智的。

六、为了实施上述建议，政府应成立一个新机构——国家研究基金会

布什认为，由于政府各部门的科学研究是把科学作为本部门的主要问题的侧面或外围而与科学发生关系，它们的最大贡献在于将基础知识应用到所在部门的具体问题之中，所以这些部门不能成为科学方面新的和重大职责的承担者，这些职责属于政府，而且政府应该接受

它们。此外，在从国会接受资金的政府组织中，没有适合于补充资助大学中医学和自然科学两方面的基础研究、适合于资助陆海军新武器的研究工作或适合于执行一项科学奖学金和研究补助金的计划。就罗斯福总统提出的问题而提出建议的四个小组委员会也一致认为，政府应该接受新的职责，鼓励新科学知识的创造和青年科学人才的培养。在政府内应该有一个中心来执行一项援助政府以外进行科学研究工作的协调计划。这个机构应该提供资助学院和大学里的基础研究所需的资金，应该协调有关国家福利的极重要问题的可能的研究计划，应该系统地阐述政府对科学的国家政策，应该倡导国内外科学家们与各实验室之间互相交流科学情报，并且应该保证对工业和大学中的研究继续给予鼓励。

布什认为，为了实现这个目的，国会应该建立一个新机构。这个新机构应该是专门资助科学研究工作和高级科学教育的独立机构。由于基础研究是对未知因素的探索，它会受到常规的方法、传统和标准的阻碍；在一种用业务或生产标准评价和检验工作的气氛中，不能令人满意地开展研究工作；因此，基础科学研究不应被置于一个不把研究工作看作头等要事的业务机构的管理之下。不仅如此，布什深信这些新职责应该集中于一个机构之中，因为科学基本上是一元化的东西，独立机构应该保持最小的数目。如果不止一个机构卷入，就会发生将各学科分隔在封闭的部门中，从而阻碍而不是推进整个科学知识的发展。为此，布什提出，政府如果要想对科学研究和教育的资助取得成效，那么政府资助计划应该遵循的 5 个基本原则：一是无论资助的范围可能是什么样的，在几年内必须保持资金的稳定性，以便可以承担长期的研究计划。二是管理这类资金的机构应该由经过挑选的公民组成，挑选时只以他们促进这个机构的工作的兴趣和能力为根据。他们应该是对科学研究和教育的特性具有广泛兴趣和理解的人。三是这个机构应该通过与联邦政府之外的组织签订合同或向它们提供资助的方式来促进研究工作。它自己不应该经管任何实验室。四是对公立或私立的学院、大学和研究所中基础研究的支持，必须让这些机构本身保留有关政策、人员、方法及研究范围的内部管理权且不受干预。这是极其重要的。五是在保证接受公共资金的学术机构所进行的研究工作的性质、范围和方法论的完全独立和自由的同时，以及保留在这些机构中分配资金的处理权的同时，建议设立的基金会必须对总统和国会负责。

布什判断，创建一个国家研究基金会能够最好地激励国家在科学研究和教育方面的兴趣。这个基金会的目的是发展和促进国家的科学研究和科学教育政策，资助非营利组织中的基础研究工作，通过奖学金和研究补助金来培养美国青年中的科学人才，通过合同和其他方式支持军事问题的长期研究。在布什的各项建议中，最重要的一个建议就是成立国家研究基金会。① 他提议这个机构应该由兴趣广泛、经验丰富并对科学研究和科学教育的特性有所了解的人组成；有稳定的经费以便能承担长期的计划；认识到必须维护探索的自由；让进行科学研究的机构保留在政策、人员、研究的方法和范围上进行内部管理的权利；向总统并通过总统向国会报告。他建议国家研究基金会应由九个委员掌管。委员们应由总统挑选，他们应该是与政府没有其他联系且不代表任何特殊利益的人。委员们将推选他们自己的主席，而且重要的是他们将任命基金会的执行主任。

由上可见，布什报告的主要内容是强调政府支持科学特别是基础（纯）科学研究，主张科学团体应该几乎完全控制政府用于纯科学研究经费的分配，建议成立一个新的唯一的协调科学研究的政府机构。布什之所以在报告中提出要建立一个由科学家控制联邦政府资助科学研究经费的新机构，是因为在布什看来，政府研究机构只应该从事应用研究，纯科学研究是不能被政府协调或控制的。政府特别适合执行这

---

① Jarlath Ronayne, *Science in Government* (Baltimore: Wsward Arnold, 1984), p. 22.

样一些职能，如协调和支持具有全国性重大意义的课题的全面规划。另外，布什如此重视基础研究，强调政府应授予科学家团体那些自由，是与他认为基础研究是技术发明和创新的前提密切相关。二战中，布什在科学研究与开发办公室亲自领导了原子弹的研制工作，而原子弹的研制过程典型地体现了创新的“线性模式”。这一模式认为，创新是以前所进行的不考虑任何实际应用的研究的产物。① 布什认为，政府将会接受这一被原子弹研制过程所证明的假设是合乎情理的，虽然对纯研究的投入与相关技术创新的回报之间的关系还缺少系统的研究。

布什提交的报告“是一份划时代的报告，指导了战后美国科学研究发展的方向，因此可以说是一份纲领性文件”②。布什在报告中反复呼吁联邦政府要重视科学研究，这一主张反映了布什等美国科学精英的共识，即认为科学是国家安全和利益的根本，科学研究的目的是为实现国家安全和利益的目标服务。如前所述，布什绝不是一个仅仅以追求知识本身为目的的那种“纯粹的”科学家，他更是一个与军方、国会和企业界保持密切关系的身兼要职的政治家。布什在动员和管理大学科学家参与战争事务的活动中，早已深谙科学与国家利益的关系，早已懂得在战争紧急状态下科学研究的方向和内容绝不是由科学家个人来决定的。“第二次世界大战使美国社会相信，在一个方面美国需要努力学习欧洲模式，即研究型大学与一个国家的经济实力和国家安全之间的关系对该国政府而言是生死攸关的，而不能听任不管；战后国家投资的政策是必要的。”③ 从布什提交的报告的宗旨来看，这种认识是布什制定美国战后科学政策的出发点和最终归宿。可以说，政府支

① Jarlath Ronayne, *Science in Government* (Baltimore: Wsward Arnold, 1984), p. 24.

② 王英杰：《美国高等教育的发展与改革》，人民教育出版社，2002，第51页。

③ Hugh Davis Graham, Nancy Diamond, *The Rise of American Research University: Leaders and Challengers in the Postwar Era* (Baltimore: The Johns Hopkins University Press, 1997), p. 25.

持科学研究、科学研究为国家服务是布什制定的美国战后科学政策的灵魂。

布什所构想的科学政策是基于战后进入和平时期而制定的，因而他认为必须要对战时状态下的科学研究模式进行转变。他强调，新成立的独立机构应该把资助科学研究和高级科学教育及协调其他机构的科学研究等职责集于一身。但是，二战的结束并不意味着世界和平时代的到来；相反，二战的结束给世界带来的是更大危机和战争威胁的冷战。显然，布什为联邦政府制定的科学政策在冷战时代能否变为现实必然面临着巨大的考验。

第四节　国家科学基金会的成立与美国多元化联邦科学政策制度的形成

第二次世界大战为建立美国联邦科学研究政策搭建了舞台。战争改变了人们的认识，人们广泛地认为已有的机构在战后既不能充分地促进战争努力的执行，又不能充分地提高国家福利。战争使人们形成了科学和技术在国家福利和安全中具有重要意义的共识。此外，关于制定某种形式的国家研究政策的需要也从战争中出现了。以布什为代表的科学家根据战时的经验，构建了战后美国科学政策的蓝图。然而，当建立国家科学基金会的提案被送交国会时，迎来的是五年的漫长辩论。直到 1950 年 3 月国会通过《国家科学基金会法案》时，国家科学基金会才成立。5 年后成立的国家科学基金会与布什当初的构想已是大相径庭。布什构想的一元性美国联邦科学政策制度已经变成了多元性的联邦科学政策制度。

丹尼尔·李·克雷曼（Daniel Lee Kleinman）认为，国家科学基金会被延迟建立的原因，可以从美国政府的分权制度、国会权力分散和民主党不团结等方面来解释。他认为正是由于美国政府的分权制、美国政党的无计划性和美国民间团体的分散性等特点，政府部门与精英之间的非正式关系，以及政府中拥有权力的个人精英的作用，是理解战后时期美国发展研究决策机构过程的关键。比如，由于罗斯福总统于 1945 年 4 月突然去世，杜鲁门继任总统职位。总统的替换削弱了布什的地位，主要是布什所拥有的社会资本遭受损失，而在美国政府中，社会资本与金钱或组织相比在影响政策方面往往是一种更重要的资源。布什一直得到罗斯福总统的坚定支持，杜鲁门总统却与提出另一套方案的设计者哈莱·基尔戈（Harley Kilgore）有着长期的关系。最有力的证据是，1947 年建立国家研究基金会的提案虽然由国会通过，却遭到了杜鲁门总统的否决。[①]

尽管以上对美国国家科学基金会延迟建立的解释有一定的根据和合理性，但是不管国家科学基金会延迟建立的原因是什么，延迟本身并不是改变国家科学基金会原来构想的主要原因。二战结束后迅速爆发的冷战驱动了军方迫不及待地资助科学研究，军方建立的资助研究机构取代了原先国家科学基金会应有的职能，这才是改变布什原先构想的科学政策的最主要原因。

第二次世界大战虽然打败了轴心国，却出现了美苏两大军事强国的局面。第二次世界大战结束时，美国高额的军事预算如同强大的军事力量一样似乎仍不够充足。这既反映了美国在从珍珠港大灾难开始到战争结束之时，仍有容易受到攻击的普遍认识，又反映了在美国军方和政治领导人之间广泛存在的预期——第二次世界大战远没有结束所有的战争；相反，是另一场战争的序幕。正像物理学家朱利安·斯特拉顿（Julius Stratton）——他即将成为正在建立的麻省理工学院电子研究实验室主任——1944 年 10 月写给副校长詹姆斯·科林的信中所

---

① Daniel Lee Kleinman, *Politics on the endless frontier : postwar research policy in the United States*(Durham:Duke University Press,1995),pp. 102,107.

说的："25 年以前，每个人都谈论着战争的结束。今天，我们谈论着第三次世界大战，而且至少是海军和空军正在制订重大的计划为此做准备。"[①]

由于美国在二战后期认为与苏联的对抗是在所难免的，作为国家安全和利益后盾的军方，急切地希望继续战时的研究，以保持美国军事技术的领先优势。因为从"闪电战"到"原子弹"的经验表明，二战还是一场战争中的技术革命。二战之后有关武器和武器的更新与淘汰等观念都发生了改变。美国国防研究与开发办公室助理主任克里福德·福尔纳斯（Klifford Furnas）把与苏联持续的军事对抗的特征概括为"我们正在进行一场研究与开发的竞赛——一场激烈的竞赛"[②]。正是在这种形势下，资助与军事科学和技术密切相关的研究机构产生了。

在为建立国家科学基金会进行激烈争辩的过程中，首先产生的机构是 1946 年 7 月国会通过的原子能委员会（the Atomic Energy Committee，简称 AEC)。国家科学基金会的延迟建立使原子能委员会的职权扩大到原先被考虑很有可能是新的基金会的职责领域。正如一位历史学家所说的："随着 1946 年独立的原子能委员会的建立，尚未诞生的国家科学基金会失去了在所有科学中最可获利的和最引人注目的领域。"[③] 原子能委员会成立以后，逐渐重新评价其最初不资助那些与

---

① Paul Forman, "Into Quantum Electronics: The Maser as 'Gadget' of Cold-war America," in Paul Forman and Jose M. Sanchez-Ron(ed.), *National Military Establishments and the Advancement of Science and Technology* (Dordrecht. Kluwer Academic Publishers, 1996), p. 270.

② Paul Forman, "Into Quantum Electronics: The Maser as 'Gadget' of Cold-war America," in Paul Forman and Jose M. Sanchez-Ron(ed.), *National Military Establishments and the Advancement of Science and Technology* (Dordrecht. Kluwer Academic Publishers, 1996), p. 270.

③ Carroll Pursell, "Science and Government Agencies," in David Van Tassel and Michael Hall, ed., *Science and Society in the United States* (Homewood, IL: Doesey, 1966), p. 244.

武器或核反应不相关的基础研究的决定。1949 年,原子能委员会发起了一项以合同为基础的由大学科学家执行的基础研究计划。这一年,原子能委员会在 67 所大学资助研究,与大学和学院签订了 144 个从生物学、医学到物理学的广泛领域的非秘密研究合同。总之,在国家科学基金会成立以前,原子能委员会是资助核物理学研究的重要机构和其他基础研究的一个重要的资助者。

当原子能委员会最终决定承担资助基础研究计划时,在战后最初几年里资助大学研究最重要的机构是海军研究办公室(the Office of Naval Research,简称 ONR)。该机构由 1946 年 8 月通过国会批准的一项法案建立,其目的是为海军武器开发能力的长期利益而促进基础研究。海军研究办公室主任被授权发起、规划、促进和协调海军研究计划。海军研究办公室除了资助它自己实验室中的研究外,还通过合同资助大学里的研究,以及资助与海军任务相关的应用研究。在第二次世界大战后的近 10 年时间里,海军研究办公室在资助基础研究方面扮演了主要角色。在国家科学基金会成立之前,海军研究办公室快速地填补了由于缺少国家科学基金会而留下的真空,发明了回旋加速器和电子加速器,资助航空学家、化学家、心理学家和植物学家的研究,并且扩大到诸如陨星、稀有土地和植物细胞等非军事研究领域的资助。这样,军方通过海军研究办公室成为大学基础研究的重要资助者。海军研究办公室在美国物理学研究资助上的早期主导地位的一个明证是 1948 年在美国物理学会会议上提交的论文,有近 80%的论文得到了海军研究办公室的经费资助。①

还有一个新成立的科学资助机构是国家卫生研究所(the National Institute of Health,简称 NIH)。其前身是 1930 年作为公共卫生服务

---

① Daniel J. Kevles, *The Physicists: The History of a Scientific Community in Modern America* (Cambridge: Harvard University Press, 1987), p. 363-364.

部的一个部门的国家卫生研究所，其使命是资助慢性疾病的研究。但是，布什在他的报告中仍希望成立的国家科学研究基金会包括医学研究。而且，布什的医学研究委员会和政府之外的许多医学管理者和研究者也要求成立一个新的独立的医学研究机构。战后，由于关于国家科学基金会的法案无法得到及时通过，布什领导的科学研究与开发办公室的 50 个医学研究合同被转给了国家卫生研究所，国家卫生研究所成为美国正在扩大的医学院网络中来自大学以外的医学研究的主要资助者。此外，战争刚一结束，国家卫生研究所就开始授予研究奖学金，并且于 1946 年成立了自己的研究拨款办公室，以协调它在全国大学中的研究资助不断扩大的计划。国会曾在 1946 年批准了希尔-伯顿计划去帮助医院建设，鼓励国家卫生研究所计划并在 1945—1950 年把它的预算从 300 万美元增加到 5200 万美元。1946 年，国会授权成立类似于 1937 年创办的癌症研究所的新的独立医学研究机构——国家精神卫生研究所。1948 年，又授权成立国家心脏研究所和国家牙科研究所。这一年，国家卫生研究所改名为复数形式的"国家卫生研究所"。至此，战后医学研究政策机构形成了。

由于医学研究与国民的生命健康关系密切，因而在国会中生物医学研究拨款较少受到党派争议。战后大学中的生物医学研究联邦经费不断上升，至 20 世纪 60 年代已占联邦拨给大学的基础研究经费的一半以上。医学研究不但对美国研究型大学的发展起到了重要的增值作用，[①] 而且在人们的印象中一般较少把生物医学研究当作军事研究的一部分，如 60 年代后期大学中的医学研究没有受到学生运动的冲击。不过，我们不应忘记生物医学研究在军用与民用之间的区别最为模糊。在布什报告中，对医学研究进行资助的军事动机十分明显。他多次提

① Hugh Davis Graham, Nancy Diamond, *The Rise of American Research University: Leaders and Challengers in the Postwar Era* (Baltimore: The Johns Hopkins University Press, 1997), p. 209.

到了二战中青霉素和血浆对挽救士兵生命所发挥的巨大作用，强调政府应加大对医学科学的资助，从中不难看出医学资助的军事目的。此外，就医学研究的资助而言，除了医学研究机构对其进行资助外，国家科学基金会（1950 年国家科学基金会成立时，它确定在医学研究方面的主要目标是“在生物和医学领域增加我们的知识和理解”）和国防机构也对生物医学研究进行资助。例如，1951 年，在全国医学研究基金中，由国家卫生研究所资助的经费占六分之三，私人基金会提供的占六分之二，原子能委员会和军方提供的经费占六分之一。[①] 所以，从某种意义上来说，来自联邦政府庞大的医学研究经费对大学基础研究的巨大影响，其中也包括了冷战军事因素的作用。

在国会为在国家科学基金会中设立一个军事部门而忙于争吵时，海军研究办公室和原子能委员会正愉快地花费着并控制着联邦用于研究的重要资源。与此同时，由于预料到研究与开发办公室的取消，1946 年 6 月战争部和海军部建立了研究与开发联合委员会（the Joint Committee on Research and Development，简称 JCRD），由布什担任委员会主任。该委员会遵循研究与开发办公室的模式，目的在于维持军方与民用研究及科学家的密切关系。1947 年，根据国家安全法建立的研究与开发委员会取代了研究与开发联合委员会，布什担任首任主任至 1948 年 10 月，然后由康普顿继任。新的委员会雇了 250 名专职人员，并且把顾问人员扩大到 1500 名以协调数千个军事研究和开发项目。1949 年，国防部和原子能委员会的资助一起占所有联邦资助以大学为基础的自然科学研究的 96%。[②]

---

① Alice M. Rivlin, *The Role of the Federal Government in Financing Higher Education* (Washington, D. C.: The Brookings Institution, 1961), p. 42.

② Daniel Lee Kleinman, *Politics on the endless frontier: postwar research policy in the United States* (Durham: Duke University Press, 1995), p. 149.

表 5-2　1945—1950 年建立和扩大的具有制定研究政策职责的联邦机构

机构名称	时间（年）	相关研究职责
原子能委员会	1946	通过合同资助原子能和其他领域的基础研究
海军研究办公室	1945/1946	资助与海军广泛相关的基础和应用研究任务、协调和资助海军内部的研发事务
研究与开发联合委员会/研究与开发委员会	1946/1947	协调国防研究与开发事务
国家卫生研究所	1930	协调与资助医学研究事务

注：海军研究办公室是由海军部使用战争临时权力于 1945 年建立，1946 年通过国会立法成为一个永久性机构。研究与开发联合委员会是由陆军部和海军于 1946 年建立，1947 年被国会授权成立的研究与开发委员会取代。

资料来源：Daniel Lee Kleinman, *Politics on the endless frontier: postwar research policy in the United States* (Durham: Duke University Press, 1995), p. 152.

1950 年 3 月，国会通过了《国家科学基金会法案》。5 月 10 日，杜鲁门总统签署命令，国家科学基金会最终成立。当时的国会希望国家科学基金会能监控和协调美国的科学研究和开发工作。在《国家科学基金会法案》中，国会授权国家科学基金会发展和鼓励促进基础研究和科学教育的国家科学政策和评价由联邦政府机构从事的科学研究计划。杜鲁门总统也明确表示支持新的基金会发挥制定政策和协调作用。他在 1952 年给国会的预算咨文中说："国家科学基金会将制定一项广泛的国家政策，旨在确保我国基础研究的范围和质量充分满足国家安全和技术进步的需要。"①

但是，杜鲁门总统受到了来自行政部门内外的反对。国防机构反

① Dael Wolfe, "National Science Foundation: The First Six Years," *Science*, Vol. 126, 1957: 335-343.

对国家科学基金会评价军事研究计划的任何企图。其他机构反对国家科学基金会将可能威胁已有部门的官僚机构势力范围的任何协调作用。当时国会内外的各机构联盟也反对国家科学基金会的任何协调作用。国家科学基金会首任主席阿兰·T. 沃特曼（Alan T. Waterman）根据他参与政府研究的经历，以及他与大学和政府科学家的联系，也反对国家科学基金会的协调和制定政策的作用。他相信国家科学基金会应该关注资助不适合其他机构的研究，而不应该参与评价其他机构的进展。在这种环境中，国家科学基金会很难履行《国家科学基金会法案》赋予它的职责。更为重要的是，国家科学基金会首次预算请求为1350万美元，但是国会只同意拨款350万美元。正如美国科学进步协会前主席邓·K. 普瑞斯（Don K. Price）所说："一个只有几百万美元预算的新机构，在现实中无法对具有数十亿美元预算的巨大部门发号施令，不管法律可能说了什么。"①

国家科学基金会的成立标志着多元性联邦科学政策制度的建立。显然，冷战不仅促进了美国多元性科学政策制度的形成，而且确立了军事研究资助的优先权。布什原先计划的由一个单一的科学政策机构完成的职责，被其他一些机构（主要是与军事研发相关的机构）所承担。这些机构包括海军研究办公室、支持军事研究的研究与开发委员会、支持核物理学及相关研究的原子能委员会和支持医学研究的国家卫生研究所等。20世纪50年代，大约联邦研发总经费的80%流向追求利润的组织，几乎60%由国防部提供。此外，联邦的研发经费首先被分配给开发而不是研究，而且这笔钱中的多数将被企业特别是国防承包商而不是大学花掉。多数联邦研究经费被提供给资助应用的、有计划的研究，而不是基础的、"纯理论"或"无偏见的"研究。甚至在联

① Don K. Price, *The Scientific Estate* (Cambridge, Mass: Belknap Press, 1965), pp. 239-240.

邦政府范围内资助的基础研究项目也被具有军事应用的“大科学”项目所控制。1956 年，国防部基础科学研究的预算是 7200 万美元，原子能委员会是 4500 万美元。在基础研究中，“小科学”项目的主要资助者国家卫生研究所的基础研究预算仅为 2600 万美元。到 1960 年，经过 10 年发展的国家科学基金会仍然提供仅 7％的联邦研发经费。冷战驱动的军方在确立美国科学研究议程方面发挥了极其重要的作用。

战后美国形成的科学政策制度是多元性的，没有哪个单一的部门或机构负责联邦政府的研究事务。美国国家科学政策是这一制度中那些部门科学政策的总和。多元性的科学政策制度对美国大学科学研究产生了重要的影响。

第一，多元性联邦科学政策为美国大学科学研究提供了多个资金来源渠道。20 世纪 50 年代期，联邦任务机构在醒目的“与任务相关的基础研究”（实质是为军事目的服务的研究）标题下扩大了它们研发资助的计划。在这一标题的保护下，许多联邦机构把它们传统上资助应用性的研发计划延伸到包括基础研究，所以为大学提供了多个研究经费的来源。1954 年，艾森豪威尔总统签署一项行政命令，不但认可了国家科学基金会独特的、“一般目的的基础研究”角色，而且授权“其他联邦机构管理和资助在与它们任务密切相关领域的基础研究”，从而肯定了允许多个任务机构去资助基础研究计划的这种安排。同一年，联邦机构占大学研究总预算的 69％，而大学自身的资金只占 8.5％。相比之下，私人资金会仅提供 11％的大学研究预算，企业仅提供 9％——两者都显著地从两次世界大战期间所达到的顶峰下降了。

第二，多元性联邦科学政策加剧了科学资源在美国大学之间分配的马太效应。早在二战期间，军方对大学科学的资助就采用同行评议方式把经费分配给能完成特定任务的机构。二战后，联邦各科学资助机构沿袭了二战时的做法，把研究项目资助的出发点建立在竞争的基础上，杰出者优先获得科研资助。这种政策使联邦科研经费大部分流向一小群研究能力强大的研究型大学。1962年，联邦政府将全部大学研究资助经费中的38%拨给了10所大学，59%拨给了25所大学，而当时美国的学院和大学的总数超过2000所。仅10所大学就获得了近五分之二的联邦研究经费，成为联邦科学资助的一个显著特点。那些获得联邦政府巨额资助的大学把经费用于增加和改进研究设施、开展探索性的科学研究项目、引进能力最强的教师。这样，随着那些大学实力的增加，它们处于更有利地获取更多政府拨款和合同的地位。这种累积优势持续循环下去，其结果是“富者越富，穷者越穷”的马太效应在美国大学中的表现更加明显。

第三，多元性联邦科学政策极大地促进了美国大学科学研究能力的提高。联邦政府对大学的资助成为战后美国高等教育大发展的重要原因，也构成了美国高等教育发展本身的一个重要特点。仅就科学资助来看，1940年，联邦政府以合同和拨款方式提供的研发经费仅占研发总经费的20%，到了1970年已猛增到51%。美国大学战后从政府增加的研发经费中获得了极大的利益，它们一直是联邦拨给资助基础研究经费的最大获得者。更为重要的是，联邦科学资助机构对大学研究资助所遵循的追求卓越原则，促使美国大学为获取联邦研究资金相互展开了激烈竞争，从而极大地促进了美国大学研究能力的提高。美国科学家在战后30年所获得的诺贝尔科学奖的数量确认了美国科学研究的质量和活力。在1943年诺贝尔奖恢复颁发之后的29年中，美国获得了总共178个诺贝尔科学奖中的86个。1976年，美国科学家囊括了所有诺贝尔科学奖。值得注意的是，几乎所有的诺贝尔奖得主都在美国的主要大学中从事他们的研究工作。

第五节 关于《科学：无止境的前沿》中“线性模式”的争议

布什对美国科学技术的贡献和在美国科学政策史上的地位是毋庸置疑的。芝加哥大学的核物理学家阿瑟·康普顿评价布什说：“他对人和科学的理解，他的大胆、勇气和决心，这一切把赢得战争且减少牺牲的武器交到了美国军人的手中。但是他最大的成绩则是说服一个不懂科学如何工作且不懂行动古怪的科学家的政府来有效地应用他们的知识。”① 布什的传记作家扎卡里认为，景仰布什的人认为他代表了科学和国家的联姻；他们忽视了他没有能够以自己的条件来安排这个婚姻。对布什在战后没有能够建立民间的研究机构、没有能够防止政府研究分崩离析的趋势及刹住军方主宰科学等这些方面，这些人不做强调。他们也原谅他没有能够抓住空间技术的重要性，而这种技术无论好坏都变成了在20世纪60年代衡量国家军事和工业力量的尺度。流行的观点认为他的理想被广泛接受，所以把1945年之后的25年称为“万尼瓦尔·布什的年代”，而他的理想就是一个要由政府资助但又不受约束的科学王国，让它自由地去追寻它的目标。②

扎卡里指出，尽管在精英研究的目的和价值上没有共同的意见，但是布什的不带附加条件的资助研究的理想已经成了科学领袖们神话般的重要指导。在这些人的眼里，布什的著名报告《科学：无止境的前沿》成了圣经，而他本人则成了战后历史中被过度渲染的故事里的

① ［美］G. 帕斯卡尔·扎卡里：《无尽的前沿：布什传》，周惠民等译，上海科技教育出版社，1999，第511页。

② ［美］G. 帕斯卡尔·扎卡里：《无尽的前沿：布什传》，周惠民等译，上海科技教育出版社，1999，第512页。

神明。这个故事说，如果没有布什的预见，政府就会抛弃科学。[①] 布什在卡内基和研究开发委员会中的同事伯克纳1964年写道："世界上没有任何国家在科学和技术上得到过同样的支持。我们从经济上的贫乏转成了经济上的富足，这种转变能够直接从万尼瓦尔·布什的预见中得到追溯。"[②] 但是，随着20世纪70年代初德国和日本的工业和技术进步为美国带来的挑战，在军事和民间技术分家之下，美国的工业似乎失去了活力，人们开始反思布什报告所存在的问题。扎卡里认为《科学：无止境的前沿》最大的缺陷在于它忽略了工业的革新，即"布什的报告隐含的信息似乎是技术基本上就是采用最新的科学，如果国家主要在大学里建立并维持第一流的科学单位，有关国家安全、经济增长、就业和社会福利的所有新技术就会几乎自动地产生"。换句话说，在《科学：无止境的前沿》中的这个缺陷来自一个深层概念上的混乱。布什在他的报告中毫无批判地接受了技术呈线性进展的概念。按照布什的线性模式，科学的进展导致了技术的进展，而不是相反。虽然在争取公共资助的时候，利用科学的声望是个有效的策略，但是到了20世纪70年代，它就要付出代价。因为这时不论是技术性的或是科学性的研究，它和市场的联系都已经在许多关键的方面断开了。美国制造业的衰弱拒绝了《科学：无止境的前沿》中的主要设想，即强大的研究造成强大的经济，它再反过来支持国家的安全。[③]

20世纪70年代和80年代以来，许多社会领域的科学家们都对线性模式提出了批评。例如，技术史学家埃德温·林顿（Edwin T. Layton）

① ［美］G. 帕斯卡尔·扎卡里：《无尽的前沿：布什传》，周惠民等译，上海科技教育出版社，1999，第512—513页。

② ［美］G. 帕斯卡尔·扎卡里：《无尽的前沿：布什传》，周惠民等译，上海科技教育出版社，1999，第513页。

③ ［美］G. 帕斯卡尔·扎卡里：《无尽的前沿：布什传》，周惠民等译，上海科技教育出版社，1999，第514—515页。

在70年代发表了两篇文章，从根本上对线性模式的正确性提出了怀疑。他在《镜像双生关系：19世纪美国的科学和技术的共同体》一文中认为，自19世纪末期开始，科学和技术（尤其是工程）就开始一直平行发展。在这一时期，工程师不追随科学家，他们并不采用来自科学家的知识。相反，他们有着与科学界相隔绝的自己的专业组织和机构。在《作为知识的技术》一文中，林顿认为技术就是本身自有的知识形式，可以但不是必须与科学相交叉。许多技术形式在科学对这种技术如何运转形成详尽解释之前就已经达到了相对成熟的发展阶段。①

1997年，普林斯顿大学教授唐纳德·斯托克斯（Donald Stokes）的《巴斯德象限：基础科学与技术创新》出版。斯托克斯在该书中对布什的线性模式提出了挑战，他重新划分了研究类型，提出了一个与布什观点有根本性区别的“科学研究的象限模型”。他的模型是一个二维的坐标体系，横轴是该项科学研究在多大程度上是面向应用的，纵轴为该项研究在多大程度上是面向认识世界的。这样，左上角的象限包含基础研究——只受认知需求的引导，不受实际需要的引导，也被称为波尔象限；右上角的象限代表的是既寻求扩展认知的边界又受到应用目的影响的基础研究，被称为巴斯德象限；右下角的象限包含只由应用目的引起的研究，不寻求对某一科学领域现象的全面认识，被称为爱迪生象限；左下角的象限代表的是既没有探索目标也没有应用目标的研究，但这个象限并不是空的。这一象限包含那种系统地探索特殊现象的研究，既不考虑一般的解释的目的，也不考虑其结果会有什么实际应用。② 斯托克斯的概念模型是一个非线性的模型，可以用来解释更复杂、更多元化的科学与技术创新之间的互动关系。

---

① ［美］文卡特希·那拉亚那穆提，图鲁瓦洛戈·欧度茂苏：《发明与发现：反思无止境的前沿》，黄萃、苏竣译，清华大学出版社，2018，第28页。

② ［美］D. E. 司托克斯：《基础科学与技术创新：巴斯德象限》，周春彦、谷春立译，科学出版社，1999，第62—64页。

哈佛大学肯尼迪政府学院的那拉亚那穆提（Venkatesh Narayanamurti）教授和欧度茂苏（Toluwalogo Odumosuhehe）教授认为，斯托克斯的象限可以被认为是将线性模式扩展到二维，他提出的巴斯德象限意味着同时具备高水平的基础知识和高水平的可应用性，处于巴斯德象限中的创新是同时由扩大对知识的理解和提升我们改变世界的能力这两大动机所驱动的，因此有着重要的意义。[①] 然而，他们认为，斯托克斯走得并不够远。在他们看来，他对研究者的研究动机的关注并不能清楚地判断模式中本就模糊的边界，他的命名方法反而强化了线性模型的二分特征。巴斯德象限成为"实用导向的基础研究"的象限，仍然能够和线性模式中的基础和应用研究的二分法相兼容。[②] 那拉亚那穆提和欧度茂苏两位教授为了克服线性模式中被奉为真理的对"基础研究/应用研究"二分法的局限性，他们倡导一种从单纯考虑研究动机（基础/应用）到广泛地考虑发现、发明这一"镜像双生关系"的思维转变，提出了一种综合性模式，被称为"发现—发明循环模型"。这一模型是一种基于贝尔实验室和美国20世纪其他繁荣发展的杰出工业研究实验室研究环境而提出的研究模式。他们认为，研究活动以一种良性的循环方式在运作。从发现到发明，再从发明到发现，每一个过程都相互影响，这意味着技术进步会产生研究发现；反之，亦然。[③] 那拉亚那穆提和欧度茂苏两位教授认为，斯托克斯提出的对线性模式的修正已经开始渗透进美国的科技政策中，他们也希望发明—发现循环模型能够为科学和技术政策制定者及法律制定者提供帮助。

---

① ［美］文卡特希·那拉亚那穆提，图鲁瓦洛戈·欧度茂苏：《发明与发现：反思无止境的前沿》，黄萃、苏竣译，清华大学出版社，2018，第30页。

② ［美］文卡特希·那拉亚那穆提，图鲁瓦洛戈·欧度茂苏：《发明与发现：反思无止境的前沿》，黄萃、苏竣译，清华大学出版社，2018，第31页。

③ ［美］文卡特希·那拉亚那穆提，图鲁瓦洛戈·欧度茂苏：《发明与发现：反思无止境的前沿》，黄萃、苏竣译，清华大学出版社，2018，第135—137页。

尽管如此，这两位作者也不得不承认，虽然社会科学界（尤其是科学技术学和经济学领域）已经成功地动摇了线性模式的基础，这些丰富的研究却并未让“基础研究”和“应用研究”这两个术语在使用和理解上出现任何有意义的变化。线性模式的概念依然被广泛应用。[①] 这也再次证明了，虽然布什提交的《科学：无止境的前沿》已经发表了 76 年，但是其包含的核心思想和观念仍然具有强大的生命力，在理论层面和实践层面仍产生着巨大的影响。

【参考文献】

［美］D. E. 司托克斯. 基础科学与技术创新：巴斯德象限［M］. 周春彦、谷春立，译. 北京：科学出版社，1999.

［美］G. 帕斯卡尔·扎卡里. 无尽的前沿：布什传［M］. 周惠民，等译. 上海：上海科技教育出版社，1999.

［美］文卡特希·那拉亚那穆提，图鲁瓦洛戈·欧度茂苏. 发明与发现：反思无止境的前沿［M］. 黄萃、苏竣，译. 北京：清华大学出版社，2018.

方连庆，刘金质，王炳元：《战后国际关系史（1945—1995）》［M］. 北京：北京大学出版社，1999.

王英杰. 美国高等教育的发展与改革［M］. 北京：人民教育出版社，2002.

Alice M. Rivlin. The Role of the Federal Government in Financing Higher Education[R]. Washington, D. C.: The Brookings Institution, 1961.

Carroll Pursell. Science and government agencies[M]//David Van Tassel and Michael Hall, ed. Science and Society in the United States.

① ［美］文卡特希·那拉亚那穆提，图鲁瓦洛戈·欧度茂苏：《发明与发现：反思无止境的前沿》，黄萃、苏竣译，清华大学出版社，2018，第 139 页。

Homewood, IL: Doesey, 1966.

Dael Wolfe. National Science Foundation: The First Six Years[J]. Science, 1957(126): 335-343.

Daniel J. Kevles. The physicists: the history of a scientific community in modern America[M]. Cambridge: Harvard University Press, 1987.

Daniel Lee Kleinman. Politics on the Endless Frontier: Postwar Research Policy in the United States[M]. Durham: Duke University Press, 1995.

Don K. Price. The Scientific Estate[M]. Cambridge, Mass: Belknap Press, 1965.

HughDavis Graham and Nancy Diamond. The Rise of American Research University: Leaders and Challengers in the postwar Era[M]. Baltimore: The Johns Hopkins University Press, 1997.

James E. Brittain. Electrical Engineering Hall of Fame: Vannevar Bush[J]. Proceedings of the IEEE, 2008, 96(12): 2131-2133.

Jarlath Ronayne. Science in Government[M]. Baltimore: Wsward Arnold, 1984.

Paul Forman. Into quantum electronics: the maser as 'gadget' of cold-war America[M]//Paul Forman and Jose M. Sanchez-Ron, ed. National military establishments and the advancement of science and technology. Dordrecht: Kluwer Academic Publishers, 1996.

Richard Rhodes. The Making of the Atomic Bomb[M]. New York: Simon & Schuster, Inc., 1986.

Science: The Endless Frontier[EB/OL]. http://www.nsf.gov/about/history/vbush1945.htm., 1945-07.

第六章　通识教育的“圣经”：《自由社会中的通识教育》

1943年春季，哈佛大学校长詹姆斯·科南特（James B. Conant）任命了一个大学委员会致力于研讨“自由社会中的通识教育目标”问题。该委员会由时任哈佛大学历史学教授、文理学院院长的保罗·巴克（Paul H. Buck）担任主席，包括了12位来自人文、社会科学、自然科学、教育等多个领域的知名教授。在两年的研讨过程中，委员会成员每周都会定期聚会一次，同时还向诸多美国大学与中学的教育者寻求建议。最终报告的题目被确定为“自由社会中的通识教育”，由于封面采用哈佛校色深红色，因此也以“哈佛红皮书”闻名于世。在二战行将结束之际，教育肩负着社会重建与发展民主的重任，“哈佛红皮书”对通识教育的理论探讨与实施建议顺应了时代的需求，成为20世纪中期美国诸多大学改革本科生课程的重要参考和指引。此外，更为重要的是，“哈佛红皮书”不仅是对20世纪中期美国高等教育问题的及时回应，还致力于对通识教育与专业教育的关系、教育的目的等根本性问题进行深入的探讨。正是因为这个原因，时至今日，“哈佛红皮书”仍是全世界通识教育研究与改革过程中不断援引的一部经典文本，被称为二战后通识教育的“圣经”①。

---

① 黄坤锦：《美国大学的通识教育：美国心灵的攀登》，北京大学出版社，2006，第15页。

第一节　美国大学通识教育的历史与挑战

追根溯源，不论是从观念还是从制度上来说，通识教育在西方高等教育中有着悠久的历史和传统。柏拉图、亚里士多德等希腊时代的思想家就曾谈及自由教育，并且奠定了它在西方教育传统中的地位。纽曼、洪堡等人的著述也都被引为有关大学教育目的和通识教育的经典和基础。然而，通识教育作为一个专门的概念和一套有关大学课程的理念和体系，在很长一段时间并不是被普遍采用，其内涵也跟自由教育、绅士教育等观念存在密切又复杂的关系。19 世纪末 20 世纪初，美国高等教育界开始越来越多地使用“通识教育”这个词语，并且将其用来探讨大学教育目的，指导大学的课程改革。尽管仍存在着言人人殊的情况，但是综合来看，通识教育一般指的是与具有比较狭隘目标取向的专门教育、职业教育相区别的教育，其目的在于培养具有通融见识、眼光高远、优美情感的完整的人或公民。

在美国高等教育的历史发展过程中，通识教育作为一个被广泛讨论的问题，其产生与美国现代研究型大学的崛起几乎是同时的。这在一定程度上反映了当时美国社会和高等教育所发生的新变化和面临的新挑战。19 世纪中期以后，工业化、城市化的美国社会快速发展，对于掌握某种专门知识和技术的人才愈发需要。传统的美国学院的目标在于培养为本地城镇社区服务的公职人员和牧师。显然，这个目标和相应的课程体系已经不能满足美国社会的现实需要。与此同时，欧洲的大学在 19 世纪也发生了令人瞩目的变革，尤其是德国现代大学的崛起，极大地提升了科学研究在大学中地位。大学里的各个学科也都超着科学化、专业化方向发展。一批从欧洲留学归来的学者，如乔治·蒂克纳、亨利·塔潘（Henry Tappan）等，对美国高等教育提出了尖锐的批评，并且在一些院校着手进行改革的尝试。在这种情况下，美国的传统学院面临着必须做出回应和改变的挑战。耶鲁学院在1828年通过了《耶鲁报告》，对自由教育的目标和课程予以辩护和坚持。从19世纪中期到20世纪初，哈佛大学、哥伦比亚大学等老牌知名大学，以及阿默斯特学院（Amherst College）、威廉姆斯学院（Williams College）、斯沃斯莫尔学院（Swarthmore College）等一些独具特色的文理学院（liberal arts college）也都致力于对本科生教育进行改革，并且创立了具有特定模式的通识教育方案。

1869年，查尔斯·埃利奥特出任哈佛学院校长，随即着手对本科生教育的目标和内容进行改革。他在就职典礼演讲中直截了当地回应了困扰哈佛许久的课程问题，对于是否应该改变古典课程，放弃古典语言的教学，转而增加更多现代语言和科学的课程，埃利奥特的回答是“我们将会全部占有，而且是以它们最好的形式”①。他进一步指出，当时的哈佛学院需要解决的问题不是教什么，而是如何教。埃利奥特致力于引入并建构一套选修制的课程体系。埃利奥特相信，学生们具有自由学习的权力，他们可以根据自己的兴趣和能力选择相应的课程，而不是所有的学生都只能学习同样的一套课程。埃利奥特认为，选修制的质量在很大程度上取决于教师的水平。因此，他在任期内始终致力于聘请大量卓越的学者来校任教，并且在他们自己的前沿研究基础上开设课程。此外，埃利奥特在哈佛的改革中还有一项十分重要的举措，即将学生获得本科学位作为法学、医学等专业教育的前提，“专业和实用学科应当在通识教育或博雅教育之后”②，把通识教育作为专业

---

① Charles W. Eliot, "Inaugural Address as President of Harvard," in Richard Hofstadter and Wilson Smith edit, *American Higher Education: A Documentary History*, *Vol. II* (Chicago: The University of Chicago Press, 1961), p. 602.

② Roger L. Geiger, *The History of American Higher Education: Learning and Culture from the Founding to World War II* (Princeton: Princeton University Press, 2015), p. 320.

教育的前提。这项改革在哈佛校内并非易事，却显著地提升了哈佛的人才培养质量和社会声望。选修制并非哈佛的独创，从一定程度上来讲，埃利奥特只是顺应了时代的趋势。然而，由于哈佛在美国高等教育体系中的引领地位，很多其他的学院也跟进开展本科教学改革。

埃利奥特在哈佛的改革取得了令人瞩目的成就，然而这并不意味着他的举措完美无瑕，也并不是说他在哈佛或美国高等教育界中就没有反对者。实际上，埃利奥特构建的选修制赋予学生们很大的自由，在实施过程中逐渐出现了很多现实的问题。例如，由于缺少具有针对性的指导，学生们在选课的时候流于随意和草率，难以找到真正适合自己的课程，不少学生更倾向于选择那些容易获得高分的课程。此外，学生们更多地将大学时光用于社交和体育，而不是扎实的知识学习与智慧训练。不少学生在考试前付费请辅导教师应对考试，还以低分通过考试为骄傲。上述种种问题无疑都违背了埃利奥特改革本科教育、提升教育质量的期待，造成了人才培养质量的无序与低下。德里克·博克（Derek Bok）校长在回顾埃利奥特改革时评价说：“埃利奥特的理念终究太过极端，即便在他统治的哈佛也无法维持下去。”[①] 在埃利奥特掌校的最后几年中，哈佛校内对于自由选修制的反对声越来越强烈。

1909 年，阿博特·洛威尔（Abbott Lawrence Lowell）接任哈佛大学校长。在相当一段时间里，他都是埃利奥特校长在哈佛校内的批评者。洛威尔对哈佛本科教育的改革被总结为“集中与分配制”，试图“通过在自由和秩序之间建立一种必要的平衡来修正埃利奥特的措施”[②]。洛威尔反对不加指导、散漫的自由选修制，主张本科生应当确定某个主修方向和专业，并且在这个方向上修读足够数量且知识深度

---

① ［美］德里克·博克：《回归大学之道：对美国大学本科教育的反思与展望》，侯定凯等译，华东师范大学出版社，2012，第 12 页。

② 徐志强：《哈佛大学通识教育课程改革研究》，中国社会科学出版社，2015，第 82 页。

递进的课程，然后需要通过综合考试才能最终获得学位。洛威尔的改革方案要求学生们从某个学科开设的 16 门 1 年制的课程中选择至少 6 门课作为集中学习的方向课程，此外还需要在专业方向以外的 3 个不同领域中各修读 2 门，共计 6 门通识课程。这样的课程修读照顾了通识教育的基本价值，同时更强化了学生在专业方向上的学习深度，实现了知识宽度与深度的融合。此外，洛威尔借鉴了英国牛津大学的模式，在哈佛创建了多个住宿制学院，让不同背景的学生共同居住生活在一起，同时聘请学识与德行俱佳的教师担任舍监，为学生们提供生活和学习方面的指导，以实现培养负责任的公民的目标。洛威尔还在哈佛推行导师制，通过教师对学生个别化的指导，在专业学习和个人发展方面为学生提供支持。

20 世纪初，除了哈佛大学，还有一些美国大学与学院的通识教育改革被社会和高等教育界所重视。这个时期被一些学者称为美国高等教育的"第一次通识教育'高潮'"①。哥伦比亚大学在 20 世纪初逐渐构建了一套颇负盛名的当代文明核心课程体系（core curriculum）。1916 年，哥伦比亚大学教授约翰·厄斯金（John Erskine）开设了一门西方名著研讨课，后来发展为通识荣誉课程（general honors course）。这门课的具体做法是从西方文化重要名著中，每周选取一部供学生和老师研读。厄斯金此举的目的在于通过阅读名著来提高学生的人文素养。当时正值第一次世界大战期间，这门课程也发挥了培养学生形成一种共同价值观的作用。该课程后来逐渐发展为哥伦比亚大学核心课程体系中的文学人文课程，与社会科学、自然科学并列。哥伦比亚大学所构建的以名著阅读为基础的通识教育模式颇具影响力，当时很多其他大学和学院都效仿进行课程改革。

20 世纪 30 年代的芝加哥大学在年轻有为的校长罗伯特·赫钦斯

① 李曼丽：《通识教育：一种大学教育观》，清华大学出版社，1999，第 62 页。

(Robert M. Hutchins）的带领下开展了一场轰轰烈烈的通识教育改革。赫钦斯认为，美国高等教育面临三大困境，即职业主义、孤立主义和反理智主义，它们侵蚀了大学应有的对于真理和智慧的追求。赫钦斯指出，"教育的目的之一是发掘我们人性的共同点，这些共同点在任何地方和时代都是一致的"[①]。他进而提出了一套以西方名著为基础的教育计划，并且亲自主持精选西方世界的经典文献作为通识教育的共同必修教材。赫钦斯在芝加哥大学推行其通识教育的"新计划"具体的一些举措：成立人文课程委员会，构建一套以学习西方文明的名著为基础的课程框架；废除选修制，建立四年一贯、指定必修的通识教育课程；为本科毕业生颁发统一的文学学士学位；等等。[②] 赫钦斯的改革被认为是非常激进，甚至是极端的，不论是在芝加哥大学校内还是在社会上，都引起了巨大的争论。一些反对者认为赫钦斯所提倡的西方文明经典著作不能代表人类文明的全部，背后反映了西方文化的霸权主义；也有人批评赫钦斯的思想和通识教育方案是复古主义或反民主的。尽管如此，赫钦斯在芝加哥大学推行的以西方文明名著为基础的通识教育方案在校内及其他一些院校都产生了极大的影响力。时至今日，仍有诸如圣约翰学院（St. John's College）、夏默学院（Shimer College）等一些学校坚持采用以名著为核心的通识教育模式。

哥伦比亚大学和芝加哥大学在20世纪二三十年代的美国大学通识教育运动中扮演了先锋和开拓者的角色。不论是核心课程还是名著阅读，这两所大学都试图给学生们提供一种更加完整和统一的知识作为基础，而且要求所有的学生都潜心修读。更重要的是，这个时期的美国大学通识教育已经差不多达成了一个共识，就是避免让学生过早地

---

① ［美］罗伯特·M. 赫钦斯：《美国高等教育》，汪利兵译，浙江教育出版社，2001，第39页。

② 沈文钦：《赫钦斯与芝加哥大学的通识教育改革》，《比较教育研究》2006年第4期，第42—44页。

步入专业主义领域，要在选择某种未来的社会职业之前，先完成一些共通和基础的课程，以便培养他们理智的能力和公民的责任感。然而，不论是在观念论争还是在具体的院校实践方面，通识教育所要应对的挑战依然巨大。第二次世界大战更是让美国社会中的有识之士和高等教育界意识到民主在当代社会中面临的威胁。他们认为通识教育正是弥合社会分歧、培养自由的人及公民的基本途径之一。

第二节　“哈佛红皮书”内容评述

科南特在“哈佛红皮书”的导言中指出，“这本书的内容前后关联，形成了一个完整的结构。”[①] 作为一个整体，“哈佛红皮书”主要由三个部分构成：第一个部分从宏观上考察了 20 世纪中期美国教育的现状；第二个部分则从理论上对通识教育的一些核心问题，如通识教育与专业教育的关系、通识教育的目的、多样性与统一性等问题进行了阐释；第三个部分则是分别从中学、哈佛学院及社会中的通识教育入手，提出了实施通识教育的具体途径与方案。

一、“哈佛红皮书”对美国教育的认识

哈佛通识教育委员会一开始并未将考察的视野仅仅局限在大学本科课程上，他们深知大学通识教育与美国的社会及整个的教育体系密切相关，诚如科南特校长在导言中所说的：“报告呈现了对美国教育全景的理解。”[②] 在两年多的时间里，委员会不仅通过多种途径对哈佛大

---

① ［美］哈佛委员会：《哈佛通识教育红皮书》，李曼丽译，北京大学出版社，2010，第 3 页。

② ［美］哈佛委员会：《哈佛通识教育红皮书》，李曼丽译，北京大学出版社，2010，第 1 页。

学实施的通识教育体系进行了广泛的调研，而且从报告中长长的致谢名单就可以看出，委员会还就通识教育的目的、中学教育的状况、大学与中学衔接等诸多问题咨询了哈佛以外的大学和中学的负责人、州和城市的教育专员、考试委员会等。显然，委员会并未将目光局限在哈佛一校，也并非只关注大学教育问题，而是从一开始就将通识教育的问题作为一个与现代人有关的普遍的问题来考量。

在哈佛大学通识教育委员会看来，20 世纪中期的美国社会和教育都面临着前所未有的新局面。简言之，主要有三个方面的问题：一是现代社会的一个面相在于专业化的提升，进而造成各个专业领域的知识爆炸；二是美国的教育体系从规模上来看有巨大的扩张，随着公立学校提供的义务教育年限的增加，公立中学变得普及，不论是学校还是学生的数量，都比几十年前的美国社会增加了很多；三是当时美国也已经从一个主要以农业为主的国家转变为一个以城市和工业为主的国家，然而社会发展的不均衡也在这个过程中越发凸显，城市、郊区和乡村在经济和社会发展方面产生了巨大的差距。面对社会与教育系统的多样性和复杂性，委员会成员们深刻地意识到教育的使命在于为社会上的所有成员提供文明教化，“通识教育则是一种促使现代人团结起来而非分裂的教育”①。

委员会认为，美国的教育领域与政治领域一样，存在着两种相互矛盾的倾向：一是民主制度应当发现并为那些拥有天赋和才能的学生提供机会；二是民主制度同样也要求提高全体学生的平均水平。前者被称为“杰斐逊主义”，后者则被称为“杰克逊主义”。杰斐逊主义多少带有一种精英主义的取向，而杰克逊主义则蕴含着平等主义的意义。对于美国教育来说，这两种主义的相互融合与冲突造成了一种事实上

① ［美］哈佛委员会：《哈佛通识教育红皮书》，李曼丽译，北京大学出版社，2010，第 29 页。

的折中和平庸。委员会认为，美国教育奉行的是一种强烈的中产阶级标准，看起来似乎适应了相当一部分发展水平中等的学生，却不可忽视地造成了大约一半的学生的才能不能被很好发现和认识，同时也没有真正能够促进有能力的年轻人成长。面对这种现实状况，委员会认为美国教育必须兼顾杰斐逊主义和杰克逊主义，在追求卓越和平等之路上并行不悖，即同时追求两种目标："向有能力的人提供舞台，给普通人提供机会。"①

从 19 世纪后期到 20 世纪中期，美国的高等教育同样发生了巨大的变化。就学校类型而言，学院不仅包括了 4 年制的文理学院，还包括了其他类型的一些高等教育机构，如农业、工程、商业和师范等领域的专门学校。此外，就经费来源来看，州立大学和城市学院得到了大量的公共经费，同时也有一些学院和大学主要依靠社会资源维系。在学院内部同样存在巨大的多样性和矛盾性，如随着现代生活越来越依赖于专业化的知识，学院和大学中的很多院系和学科都为生活中具体的某项职业做准备，这就导致学院变成了一种高级的职业训练场所，而这与学院本身的定位和目标有所背离。总而言之，面对美国社会与教育中存在的分裂与混乱状态，哈佛通识教育委员会认为，不论是美国的中学还是学院，都应当在一个总体逻辑性相对稳定、不易被打破的框架下，通过对统一目标和理念的追求来弥合多样性所带来的分歧和混乱，最终实现人们能够在民主社会中文明地共同生活在一起。

二、通识教育的理论与目标

在尝试对通识教育进行明确界定之前，哈佛通识教育委员会针对

---

① ［美］哈佛委员会：《哈佛通识教育红皮书》，李曼丽译，北京大学出版社，2010，第 27 页。

与通识教育有关的一些历史和概念做了梳理。就通识教育在西方教育中的传统和遗产来说，20 世纪中期的哈佛大学的通识教育并不是一个新鲜的事物，实际上，通识教育和博雅教育在西方文明传统中可以上溯至古希腊哲人的学说和实践。在西方教育发展历史上，基督教宗教教育和古典名著教育都可以说是通识教育的重要遗产，前者的目的在于培养基督教公民，后者则致力于通过让学生阅读一些充分代表人类文明的名著以达到锻炼心智和培养完人的目标。然而，就 20 世纪中期的社会现实来说，不论是宗教教育还是古典名著教育，都难以完全回应社会的外在需要和现代人发展的内在需要。具体而言，世俗化让宗教教育在现代社会中逐渐式微和边缘，而现代科学的发展则让侧重人文主义的古典名著教育显得片面和不足。不过，就其根本的目标和价值而言，“宗教教育、名著教育和现代民主教育在某种意义上是互相排斥的，但在更重要的意义上，它们都致力于同一目的，即我们都在继承、适应和传递有关人与社会观念的信仰。”[①] “哈佛红皮书”中列举的三种教育都追求同样的一个目的，即人的尊严，也就是把人看作自由人而不是奴隶，看作目的而不是手段。总之，现代教育的真正任务是把来自遗产的范式和方向与来自科学的实验和革新协调起来，使它们可以有效共存和互相促进。

在对通识教育的内涵做出定义的时候，“哈佛红皮书”采取了一种比较的方法，即将通识教育与专业教育进行对比。通识教育的目的在于将学生培养成负责任的人和公民，而专业教育则旨在培养学生具备一些特定的能力，以便在将来的生活中从事某种职业。当然，二者并不是对立或分离的，而是相互关联和融合的。哈佛委员会深知现代社会的一个重要特点就在于专业主义高度发达。在这种情况下，几乎所

① [美] 哈佛委员会:《哈佛通识教育红皮书》，李曼丽译，北京大学出版社，2010，第 35 页。

有的人都需要成为某一个领域的专业人员，并切以此作为谋生的职业。不过，哈佛委员会也直截了当地指出，一个完全由专家控制的社会不是一个明智而有序的社会。因此，教育的最终目的在于使学生成为既掌握某种特定的职业或技艺的专家，同时又是自由的个体和良好的公民。此外，哈佛委员会还特别指出，现代民主社会的特点在于对平等的追求和坚持，即每一个社会成员都是自由的，并且同时分担参与和管理社会共同体的责任。这也正是现代社会需要通识教育的一个根本原因，即要求所有人都接受更加宽广和全面的教育，以便能够真正成为民主社会的好公民。

长期以来，在社会和教育领域中都有一种争论，即教育到底是应该教会学生实用的知识，还是培养学生具备某些才能和信念。对于这个问题，哈佛委员会明确指出，教育不是用各种事实塞满人的脑袋的过程，而是要注重培养学生的心智的品质。委员会进而提出了通识教育应该培养的四种心智的品质：有效思考的能力、交流思想的能力、做出恰当判断的能力、辨别价值的能力。所谓有效思考的能力，包括三种类型，分别是逻辑思考能力、关联性思考能力和想象思考能力。这三种思考能力又分别对应着自然科学、社会科学和人文科学。交流思想的能力指的是表达自己并被他人理解的能力，包括口头和书面的形式。同时，在民主社会中，交流的能力也意味着通过平等的对话和说服来达成意见一致，而不是采取暴力和灌输宣传的方式。做出恰当判断的能力则要求人们把思想应用到实际的生活事务之中，把思想转化为行动，也就是知行合一的意思。辨别价值的能力则指的是对不同种类的价值有清楚的意识，而且对各种价值取向之间的关系有深刻的认识。从一定意义上讲，这种能力是道德和美学层面上的，而且是与每一个人的日常生活息息相关的。上述这四种心智的品质并非各自区别的，它们是统一的整体，是通识教育致力于培养的具体目标。

站在 20 世纪中期的历史节点上，哈佛委员会在重新勾画通识教育蓝图时，尤为深沉地思索着人类的共同命运问题。从一定程度来说，通识教育的根本目的就在于达成培养好人与负责任的公民之间的统一。科南特校长在任命这个委员会时，就以“自由社会中的通识教育目标”为探索的主题。委员会明确地回应说，自由社会的理想包含了双重的价值，一是自由的价值，二是社会的价值。前者指的是个人通过文化教养而成为自由的人，后者则坚信民主社会是由自由人组成的共同体。面对现代社会中依然存在的各种怀疑主义、犬儒主义等思想，以及由于过分强调集体主义、排斥自由而导致的极权主义，或者只强调个体自由而造成的混乱，哈佛委员会认为必须恪守纯粹的人文主义立场，同时张扬人类对个体自身及社会的共同义务和价值观。“民主制是自由和忠诚的混合体，它们既相互牵制，又相互加强。”①

在民主社会中，通识教育从根本上来讲是面向所有人的。然而，社会既是一个整体，同时也是由许许多多不同的个体组成的。因此，在讨论通识教育的方式与方法的时候，就不可避免地要涉及学生之间的差异性问题。哈佛委员会指出，学生的差异性包括两个方面：有关能力和思想的内在差异性和由机遇所导致的外在差异性。前者主要是指一个人先天所具备的能力，如智商、兴趣禀赋、意志力等；后者则是一个人因其家庭的社会经济地位所导致的资源不均衡，以及在机会和成就期待方面的差异。从一定程度上来说，承认和尊重这种人与人之间的差异性和多样性正是民主制度的基础。“哈佛红皮书”指出，哈佛大学的通识教育改革方案就是要同时承认两种相互矛盾的主张，即一方面认可共同文化、公民义务、普遍性的人类美德等，另一方面又认可多元化的个人天赋、兴趣和意愿。基于这种理念，民主社会中的通识教育需要适应和满足不同能力和观念的学生，既考虑到人们不同

---

① ［美］哈佛委员会：《哈佛通识教育红皮书》，李曼丽译，北京大学出版社，2010，第 59 页。

的天赋与能力，也能够在目标和基本的教学上保持一致，塑造一种共同的社会价值。

三、通识教育的实施：中学、大学与社会

在讨论了通识教育的理论之后，哈佛委员会进一步对通识教育在各个层级的学校中的实施问题展开讨论，具体来说就是中学、大学的课程及社会中成年人的通识教育问题。“哈佛红皮书”认为，在一个人的教育过程中，除了最早期的阶段以外，其他阶段的教育都既包括通识教育，又包括专业教育，二者是相互联系的一个整体，二者相互分离会对彼此造成损害和削弱。教育是社会将其精神和文化传递给下一代的过程。这个目标的实现需要在各个教育阶段向学生同时解读一般知识和特殊知识，也就是在通识教育理论部分谈到的真理中的共同价值部分及知识不断发展而产生的专门化部分。

在讨论中学里的通识教育时，“哈佛红皮书”将中学的课程分为三个部分来分别探讨，即人文学科、社会学科、科学与数学。首先，在人文学科方面，“哈佛红皮书”主要讨论了英语、外语和艺术类课程。文学的目的在于通过阅读名著达到丰富人类精神世界的目的。在外语的教学过程中，如果将其作为一种语言的工具，外语就会变成一门专业教育，而非通识教育。外语教学的目的在于让学生能够直接和自然地阅读用其他语言写就的著作，并且能够对其他文化的思想和文明产生生动真切的理解。这才是外语作为通识教育一部分的意义所在。艺术类的课程则有助于打开学生的心智和眼界，帮助学生进入普遍的价值领域。其次，在社会学科方面，包括政治、社会、经济、历史等方面的知识。学生在学习的过程中，应当注重将学校的正规课程与社会上的实际生活联系起来，还可以通过参与一些社会组织提供的活动来了解社会现实，同时学习如何成为一个合格的公民。最后，在科学和

数学方面，主要指的是对人类所生活的物质世界的认识，注重梳理和批判性地评估事实。在科学课程教学方面，要引导学生亲自探索事物，让他们通过实验的方法来找到答案，并且从这个过程中学会科学的方法和精神。

在讨论了中学的通识教育之后，哈佛委员会进一步聚焦于美国学院尤其是哈佛学院的通识教育课程问题。在美国高等教育体系中，文理学院是一种专门致力于本科生教育的教育机构，但是不同的文理学院在开展通识教育方面存在各自的传统和特点。就通识教育课程来说，“哈佛红皮书”指出存在着五种不同的方式：分布必修课、综合导论课、功能性课程、名著课程和个别指导。具体就哈佛学院来说，通识教育在哈佛已经实施了很多年，而且从历史上来说，埃利奥特、洛威尔均对通识教育进行了影响深远的改革。在科南特校长任命委员会重新审视哈佛大学的通识教育时，这套制度在很大程度上仍沿袭之前洛威尔校长时期的做法，如一年级的本科生在第一学年结束时确定专修方向、学生需要通过综合测验才能最终获得学士学位，此外还有独具特色的导师制。然而，委员会通过对比哈佛学院通识教育与专业教育的情况得出结论，认为哈佛学院的通识教育实际上是被削弱甚至被忽视了，专业教育则被赋予了更高的重要性，得到了更多的机会。

“哈佛红皮书”对哈佛学院的通识教育改革提出了一系列的具体建议。委员会提议设置一个通识教育委员会，专门负责相关规则的执行和监督。委员会再次强调了通识教育和专业教育是不可分割的整体，同时也指出有必要专门设置一些以通识教育为目的的课程。在本科学位要求的 16 门课程中，应该有 6 门属于通识教育课程，其中至少 1 门属于人文学科、1 门属于社会科学、1 门属于自然科学。学生们先修读大班教学的导论课程，再上小班制的高级课程，这样就形成了体系化的知识。委员会还分别就人文学科、社会科学、科学与数学领域课程的开设与实施提出了很多具体的建议。例如，人文科学的课程需要注重知识的贯通性，要以养成学生进行理性的自我审视为目的；在社会科学领域建议开设“西方的思想与制度”“美国民主”等一些新的课程；在科学与数学领域开设一系列有关科学原理的课程。

在本科生培养方面，哈佛学院实施了多年的导师制。“哈佛红皮书”也非常坦诚地谈到了导师制的弊端并提出了改进的建议。就其实质而言，导师制是一种个别教学和指导的制度。但是，这种制度并非对所有的学科，抑或所有的教师和学生都是适用和有助益作用的。只有在那些具有宽广视野且愿意在指导学生方面投入更多的导师加上积极主动追求卓越的学生相互配合的时候，导师制才能真正发挥最大的效用。导师制的局限性主要体现在它是一种昂贵的制度，不论是在财力还是在人力上，都是如此。一些资深的教授不愿意在指导本科生上投入太多时间，进而将这项职责转交给了年轻的讲师或研究生。此外，导师制也会造成一种相对封闭的师生关系，如果导师的学识有限、判断力不足或情绪不稳定，那么导师制将会以失败告终。对于改进采用导师制的措施，委员会建议将导师制的机会提供给学位考试优等生，让真正有能力的导师为优秀的学生提供指导，将导师制保持在高质量的水准上。此外，导师制还需要在制度上保持灵活性，学生们需要通过努力才能获得这个特权性质的机会。

最后，“哈佛红皮书”对社会中的通识教育做了探讨。教育是人类自我完善的一种努力，并非只是发生在正规学校之中，实则是一生的追求和实践。对于一个民主社会而言，社会教育的普及和提升有助于提升社会大众的文化水平，从而让民主制度具有广泛和坚实的基础。由于通识教育的目标在于培养自由的人和负责任的公民，所以对学校之后的教育及校外教育就应当与学校教育一样同等重视。尽管在谈及通识教育的时候，一般指的都是在4年制本科生学院所实施的教育，然而事实上有的美国学校亦致力于将通识教育与职业技术训练结合。此外，“哈佛红皮书”还谈及了当时以电影、电视等手段为代表的新媒介对通识教育的影响。哈佛委员会肯定了新媒介对成人教育的革命性意义，但同时也指出通识教育中最重要的激励因素源于完整的人对自我使命的体认，即一方面不断追求自我的完善，另一方面积极参与人类社会的共同事业。

第三节 “哈佛红皮书”的实施及其影响

“哈佛红皮书”被出版之后，在哈佛校内及美国高等教育界产生深广的影响。到1950年，“哈佛红皮书”被销售了超过4万份，激起了美国高等教育界和社会的热烈讨论。科南特校长颇为自满，将“哈佛红皮书”誉为美国教育史上的鸿篇巨制和核心文献。他宣称：“我敢说，没有哪部由哈佛校方或任何一位教师所撰写的著作能够与这部力作所产生的最终效果相提并论。”① 然而，事实上，“哈佛红皮书”从一开始在哈佛大学校内的推行就并非一帆风顺。新方案遭到了一些教授们的抵制和异议，学生们也遇到了一些无所适从的困难。总之，该方案在实际执行过程中也并未遵循“哈佛红皮书”所规划和预期的方式。哈佛大学文理学部教授委员会先后召开了7次会议，商讨“哈佛红皮书”提出的通识教育课程改革方案，最终在1946年秋天以135∶10的投票通过了方案。教授委员会的决议指出，新的通识教育改革方案虽然得到了，但只是实验性质的，而且需要尝试几年的时间，再视具体的效果决定是否正式实施。为了体现对新方案的支持态度，科南特校长亲自参与了通识教育课程的教学。他在1947年承担了编号为“自然科学11a”，即“实验科学的发展”这门课的教学任务。

经过了5年的尝试，哈佛大学终于在1951年正式将新的通识教育

---

① John T. Bethell, *Harvard Observed : An Illustrated History of the University in the Twentieth Century* (Cambridge: Harvard University Press, 1998), p. 182.

课程纳入课程体系中。最终实行的课程方案在“哈佛红皮书”的基础上做了一些修改，对一些细节之处也做了更具针对性的调整。这套方案要求本科生至少选择 1 门为期 2 个学期的人文学科课程，以及至少 1 门社会科学课程。这些课程被设计成了面向所有本科学生的基础课程，即哈佛大学的核心课程。另外，学生们还必须从物理科学或生物科学中任选 1 门课程进行 1 学年的学习。除了这些基础的通识教育课程以外，学生们还需要选择 3 门高级课程来学习。在导师制方面，新方案在一定程度上也解除了教授们对学生进行个别化指导的职责。这一点是对洛威尔校长时期政策的较大改变。

“哈佛红皮书”所规划的通识教育新方案在实施过程中遇到的最大挑战来自教师群体。教授们对新方案进行了长时间和大量的争论与研讨，从“哈佛红皮书”的一些基本理念到课程的实施方案、管理办法，几乎所有内容都有教授提出异议。例如，就通识教育的内容来说，“哈佛红皮书”宣称要让学生们共同修读能够代表“西方遗产”（Western heritage）的基础课程。这个理念引发了哈佛校内外长久的争论。有的论者批评说，西方遗产的说法过于以西方文明为中心，将世界上其他一些文明排除在外的做法是狭隘和不可取的。有一些教授提出，应当将文明传承的课程拓展到包括中国、印度等一些文明。另外，还有批评者指出，西方遗产这个概念体现的是反对革新的保守主义和复古主义精神，不利于培养面向未来世界的学生。一些新兴学科的教授们也担心西方遗产课程采取的是一种历史主义的路径，可能会对他们的学科地位造成轻视和削弱。

针对新方案的具体落实问题，“哈佛红皮书”虽然明确提出通识教育是与专业教育相对的概念，但是哈佛学院并没有像其他一些大学那样明确将本科生学院教育划分为实施通识教育与专业教育的两个阶段。这两条教育的路径在哈佛更像平行实施的，这就让一些教授们感到困惑。此外，“哈佛红皮书”试图建构一个从初级到高级分层递进的通识教育课程体系。但是，在实际执行过程中，试图把想要实现的课程目标集中在数量有限的几门课程之中，这显然是非常有难度的。[①] 除了教师，学生们也对新的通识教育方案提出了不满。他们认为，大多数的通识教育课程都是采取大班讲授的方式，没有关注到学生们的主动性，也未激发学生们的积极参与或达成真正思想交流的目的。

此外，在通识教育课程管理方面，尽管哈佛大学文理学部建立了一个由 12 位教授组成的委员会，但是该委员会更像从各个院系挑选代表参与的一个松散集合体。通识教育课程的落实仍需要依赖分散在各个院系的教师们，这无异于给原本就承担了许多教学和科研任务的教师们增加了负担。事实上，在新方案实施的过程中，哈佛校方与教师群体之间存在紧张的博弈关系。校方的一些高远理念和计划更像对教师和学生们的一种期待和劝导，教师和学生们仍享有在课程设置和选课方面很大的自由权利。譬如，通识教育委员会对于哪些课程有资格成为通识教育课程并没有明确和具有约束力的举措，长此以往就导致通识教育课程体系中充斥着一些与“哈佛红皮书”设定的目标相去甚远的课程。学生们可以从各个院系开设的专业课中选择 3 门课程满足通识教育方案对高级课程的要求。此举实际上破除了通识教育与专业教育之间的区别，造成通识教育名存实亡的状况。总之，“哈佛红皮书”原本希望在人文科学、社会科学和自然科学三大领域建立核心课程体系，但是由于缺乏责任制和行之有效的举措，分层递进的通识教育课程体系从未真正建立起来。[②]

哈佛学院认识到通识教育实施过程中出现的一些问题，不定期地建立一些专门委员会对此项改革的实施情况进行考察和审视。1961 年，

---

① David Owen, “Harvard General Education in Social Science,” *The Journal of General Education*, Vol. 5, No. 1, Oct., 1950, p. 18.

② Frederick Rudolph, *Curriculum: A History of American Undergraduate Course of Study since 1636* (San Francisco: Jossey-Bass Publishers, 1981), p. 250.

由哈佛大学监事会委派的一个委员会指出，“哈佛红皮书”所规划的通识教育已经不像10年前那样被热心拥护和支持。哈佛学院也尝试着不断对通识教育进行调整和修补，然而几乎每一次改革的动议和尝试最终都会陷入争议之中，加上当时外部的社会环境也处于动荡不安的状态，改革的动议和计划最终都以流产或被削弱告终。菲莉丝·凯勒（Phyllis Keller）在1982年出版的有关哈佛学院通识教育课程的报告中直言不讳地批评说：“在1945年之后的25年里，哈佛的红皮书通识教育项目所设定的目标遭遇了一种几乎具有讽刺意味的偏离。”①

1971年，德里克·博克出任哈佛大学校长。两年后，亨利·罗索夫斯基（Henry Rosovsky）被任命为文理学部院长。他们二人对业已支离破碎的通识教育课程多有批评，携手开始对通识教育进行根本的改革。罗索夫斯基提出要以培养有教养的人为目标，以此指导对哈佛通识教育体系的革新工作。他任命了由教授和学生组成的7个专门小组，分别负责核心课程、主修、教学改进、学生辅导、大学生活、入学政策、教育资源分配的改革方案。1978年，罗索夫斯基推出了一套完整的改革计划，致力于建立一套以核心课程为基础的通识教育课程方案。这个方案将通识教育课程分为5个不同的模块：文学和艺术、历史、社会与哲学分析、科学和数学、外国语与文化。为了加强对通识教育课程的管理和实施，通识教育课程被独立设置，与各个院系开设的专业课程区分开来。概言之，这套以核心课程为基础的通识教育课程改革是自科南特校长时代以来最彻底和完善的改革。

“哈佛红皮书”的影响远不止于哈佛大学的校园。从一定程度来说，这份报告在哈佛以外产生的影响可能要更为深远。科南特校长从一开始就雄心勃勃、眼光远大，并非只考虑哈佛一所学校的本科课程

① Phyllis Keller, *Getting at the Core: Curricular Reform at Harvard* (Cambridge: Harvard University Press, 1982), p. 17.

改革问题。他在“哈佛红皮书”导言中写道：“今天，我们关注通识教育——自由教育，并非为了少数人，而是为了多数民众。”[①] 科南特的目的在于对民主社会中的通识教育进行总体规划。尽管“哈佛红皮书”的改革方案在哈佛校内实施的过程中遇到种种障碍，不断进行调试，一些举措最终也未能得到充分的落实，但我们不能因此就断定“哈佛红皮书”是一个失败的教育方案。事实上，“哈佛红皮书”在很大程度上回应了20世纪中期美国社会和高等教育界对教育前景的关切，吹响了新一轮美国大学教育改革的号角。在此之前，美国学院与大学中的通识教育改革在很大程度上仍只是部分院校的探索和尝试。“哈佛红皮书”在美国社会起了有关大学教育目标与课程设置的广泛讨论，很多高校也效仿哈佛开展本科教育改革，进而形成了一场全国性的运动。此外，美国在二战之后成为世界上最强大的国家，美国大学在20世纪中期也迎来了黄金时代，获得了巨大的发展，其他一些国家以美国大学模式重构高等教育体系，哈佛大学的通识教育理念和方案也在世界范围内产生了深远的影响。

【参考文献】

[美] 德里克·博克. 回归大学之道：对美国大学本科教育的反思与展望 [M]. 侯定凯，等译. 上海：华东师范大学出版社，2012.

[美] 罗伯特·赫钦斯. 美国高等教育 [M]. 汪利兵译. 杭州：浙江教育出版社，2001.

[美] 哈佛委员会. 哈佛通识教育红皮书 [M]. 李曼丽，译. 北京：北京大学出版社，2010.

黄坤锦. 美国大学的通识教育：美国心灵的攀登 [M]. 北京：北

① [美] 哈佛委员会：《哈佛通识教育红皮书》，李曼丽译，北京大学出版社，2010，第4页。

京大学出版社，2006.

李曼丽．通识教育：一种大学教育观［M］．北京：清华大学出版社，1999.

沈文钦．赫钦斯与芝加哥大学的通识教育改革［J］．比较教育研究，2006（4）：41-45.

徐志强．哈佛大学通识教育课程改革研究［M］．北京：中国社会科学出版社，2015.

Charles W. Eliot. Inaugural Address as President of Harvard[M]// Richard Hofstadter and Wilson Smith edit. American Higher Education: A Documentary History, Volume Ⅱ. Chicago: The University of Chicago Press, 1961.

David Owen. Harvard General Education in Social Science[J]. The Journal of General Education, 1950, 5(1): 18.

Frederick Rudolph. Curriculum: A History of American Undergraduate Course of Study since 1636[M]. San Francisco: Jossey-Bass Publishers, 1981.

John T. Bethell. Harvard Observed: An Illustrated History of the University in the Twentieth Century[M]. Cambridge: Harvard University Press, 1998.

Phyllis Keller. Getting at the Core: Curricular Reform at Harvard [M]. Cambridge: Harvard University Press, 1982.

Roger L. Geiger. The History of American Higher Education: Learning and Culture from the Founding to World War Ⅱ[M]. Princeton: Princeton University Press, 2015.

第七章　大众高等教育的预言：《为美国民主的高等教育》

1946年7月，美国总统哈里·杜鲁门（Harry S. Truman）任命了一个由乔治·祖克（George F. Zook）担任主席的总统高等教育委员会（President's Commission on Higher Education），负责对二战之后美国高等教育在民主社会中应当发挥的功能及相应的改革措施进行调查并提出建议。杜鲁门在给委员会的任命信中写道："现在应当重新检视我们的高等教育系统，从它应当扮演的社会角色出发来考察其目标、方法和设施。"[①] 总统高等教育委员会在1947年12月提交了报告，以"为美国民主的高等教育"（*Higher Education for American Democracy*，亦被称作《杜鲁门总统高等教育委员会报告》）为题发布。报告详细地涉及诸多关键问题，并且提出了一系列的政策建议，如大规模扩大高校招生人数、破除种族和社会经济地位上的不平等、为公立高校提供大量联邦资助等，为战后美国高等教育的重新规划和调整提供了重要的指引和参考。此外，根据美国宪法第十条修正案的规定，管理教育事务的权利由各州及其人民保留。《为美国民主的高等教育》是有史以来美国联邦政府第一次正式地讨论教育问题。尽管这份报告在出台

---

① Harry S. Truman, "Letter of Appointment of Commission Members, President's Commission on Higher Education," *Higher Education for American Democracy: A Report of the President's Commission on Higher Education*, Vol. 1, *Establishing the Goals* (Washington: U. S. Government Printing Office, 1947), p. Ⅴ.

之后引发了一些教育者的批评，但是学界一般认为它预言了美国高等教育大众化时代的到来，是“美国高等教育史上最具影响力的文献之一”。①

第一节 《为美国民主的高等教育》的出台背景

随着二战的结束，世界格局发生了重大变化，美国成为国际政治舞台上最强大的国家。美国国内经济也从20世纪30年代的大萧条中走出来，进入繁荣的大发展的时代。对于美国的高等教育而言，也同时需要面对来自国际和国内环境的影响，需要做出相应的调整以回应社会提出的新挑战和任务。

一、退伍军人安置与劳动力提升

鉴于美国历史上曾多次发生因退伍军人安置不当造成的社会动荡，战后美国所面临的一个重大和棘手的问题是退伍军人的安置问题。1945年二战结束时，美国军队共有超过1200多万名军人，经过战后两年的复员，到1947年6月，美国军队仅剩158万人左右，可见退伍复员军人数量之庞大。实际上，在二战尚未结束之时，美国政府已经开始考虑退伍军人的安置问题。联邦政府和议会在制定退伍军人安置政策和法律的过程中，最关心的一方面是防止发生社会混乱，另一方面则是让美国社会从战时状态向和平发展阶段过渡，而恢复经济生产与社会建设都需要大量的有能力的劳动力。因此，让退伍军人进入学校就读就成为一项两全其美的政策，既可以让他们安顿下来，不至于突

① Julie A. Reuben, Linda Perkins, “Introduction: Commemorating the Sixtieth Anniversary of the President's Commission Report,” *Higher Education for Democracy*, *The History of Education Quarterly*, Vol. 47, No. 3, Aug., 2007: 265.

然冲击脆弱的劳动力市场，也可以对其进行再教育，提升他们的职业能力。

二战之前，尽管美国高校的招生规模保持长期稳定的增长态势，但是适龄青年的高等教育入学率仍低于 20%。战争爆发之后，大量青年应征入伍，导致很多美国大学的生源锐减。一些大学出现了招不到学生的情况，另有一些大学不得不降低入学标准，招收 18 岁以下的学生，有的大学尝试开办短期速成班维持运作。有的大学则与政府开展合作，为政府的军事项目培养技术人员或专业人才。在战争还未结束的时候，已经有一些美国大学敏锐地意识到退伍军人是潜在的生源。这些大学主动地在美国军队和退伍军人中宣传其招生政策，吸引他们携带联邦发放的资助入读。这样做无疑有助于拓宽大学的招生途径，还会显著地改善大学的经济状况。

教育一开始并不是联邦政府优先考虑和讨论的退伍军人安置措施，甚至在教育条款被写入《退伍军人安置法案》（*The Servicemen's Readjustment Act of 1944*，*The G. I. Bill*）之后，仍有不少人对这一条心存疑虑。一些质疑者认为，退伍军人最希望做的是找一份工作，进入劳动力市场，而不是去读大学。然而，实际的情况则是相当一部分退伍军人在教育资助条款的支持下，选择领取联邦政府提供的优厚资助进入学院和大学学习。1945 年，8.8 万名退伍军人选择领取教育资助；1946 年，人数增加到 101.3 万人；1947 年，一共有 115 万名退伍军人进入美国高校，占当年所有新生人数的 47.8%，也达到了退伍军人进入高校学习的最高比例；随后几年，此数据仍维持高位。[①] 正是因为《退伍军人安置法案》在教育方面取得了出人意料的成功，这项

① Keith W. Olson, *The G. I. Bill, the Veterans, and the Colleges* (Lexington: University Press of Kentucky, 1974), p. 44.

法律“成为一些类似的美国高等教育政策讨论的模型和先驱”①。联邦政府有意进一步扩大美国高等教育的规模，一方面继续让高等教育容纳和培养退伍军人，另一方面也致力于推动高等教育向更多的普通青年开放。

二、社会平等的问题

20 世纪中期以前，美国社会长期以来存在着严重的社会不平等问题，主要体现在种族、性别、社会经济地位和宗教信仰等方面。以最严重的种族不平等问题为例，尽管美国在内战之后废除了奴隶制，但是在南部很多州仍奉行“隔离但平等”的政策，白人与黑人在社会生活中采取实质上的种族隔离政策。在教育领域，非裔美国人也因其种族而遭到了长期不公平的对待，造成了学业的失败与向上层社会流动机会的丧失。据 1940 年的统计数据显示，25 岁的成年黑人平均仅接受过 5.7 年的学校教育，而成年白人的这项数据为 8.8 年；92.5%的白人完成了至少 5 年的小学教育，而在黑人中仅有 58%的人做到了这一点；在中学和大学阶段的教育中，黑人的受教育机会更是存在严重的不平等情况，仅有 1.3%的黑人完成 4 年制的学院教育，而白人则有 5.4%。

美国的一些民权组织始终致力于为非裔美国人争取公平就业和受教育的机会。例如，全国有色人种促进委员会（the National Association for the Advancement of Colored People，简称 NAACP）采取了一系列措施以实现其追求种族平等的目标，其中包括组织民权律师帮助一些遭到不公平对待的黑人进行法律诉讼，以及对美国联邦政府和议会进行游说。从美国政府的角度来说，罗斯福和杜鲁门在执政

---

① ［美］约翰·塞林：《美国高等教育史》，孙益等译，北京大学出版社，2014，第 251 页。

时期致力于推进“新政”，在进行大规模联邦政府投资的过程中，均重视保障所有人都有平等机会获得联邦政府分配的公共资源。在罗斯福逝世之后，杜鲁门接任总统，随后推出了“公平施政”纲领，致力于在就业、社会保障、医疗、民权、教育等方面维护公平的原则。杜鲁门宣称，美国政府有权利和义务让每一位公民都能从社会日益繁荣的发展中获得公平的待遇。作为一项重要的基本人权，教育也逐渐在杜鲁门总统的施政举措中被重视，成为破除社会不公平、提升平等权利的一项重要议程。

三、国际政治与外交的挑战

美国在二战之后成为政治、经济和军事上的超级大国。美国的外交政策彻底放弃了孤立主义，转而必须承担维持世界秩序的任务。随着冷战的开启，美国在国际政治格局中也需要面对来自以苏联为首的社会主义阵营的挑战。美国政府将民主、自由与和平树立为核心的价值观，以此与社会主义阵营国家对抗。此外，随着民族主义浪潮的高涨，世界上很多国家从帝国主义体系中摆脱出来，开始追求建立独立的民主国家。地缘政治冲突和局部战争时有发生，美国需要承担在外交上维护世界秩序的任务。再者，二战的结束是以在日本投下的两颗原子弹实现的，全世界的民众都认识到核武器巨大的杀伤力。如何能够将大规模杀伤性武器的技术用于和平的目的，而不至于造成对人类毁灭性的伤害，这也是战后美国及全世界面临的巨大挑战之一。总而言之，在二战行将结束之际接任美国总统的杜鲁门在外交方面的任务十分沉重，甚至远大于其在内政方面的压力。

对于二战之后的美国教育来说，培养具有宽广视野、维护和平的世界公民（world citizenship）成为一项重要的目标。美国传统的教育过于强调西方中心的知识，包括西方历史、哲学、政治、艺术等。这在一定程度上造成了美国社会中存在一种偏安一隅的狭隘心态。在新的国际环境下，美国的教育需要调整课程内容，将更多非西方文化的因素纳入进来，让学生们了解其他文明的思想、风俗与社会制度等。这样才能打开青年一代的视野和心智，促进国际理解与合作，以及对于和平的热爱。此外，美国的教育也需要朝着文化多元主义方向转变，教会学生们尊重其他的非西方文化的价值观和生活方式。

四、美国高等教育的内在转变

美国的学院与大学有其自身的历史和发展逻辑。在20世纪中期，美国高等教育的面貌与结构与半个世纪以前相比确实发生了巨大的变化，然而背后的原因很难说都是因为外部环境的改变所引发的。事实上，美国高等教育在二战之后发生的一些变化早已在之前存在，一定程度上可以被视为历史的延续。例如，美国高等教育的规模扩大实际上从19世纪中后期就开始了，到二战之前美国适龄青年入读大学的比例已经达到了16%左右。美国参加二战在一定程度上只是暂时性地打乱和延缓了这个进程。美国联邦政府也充分地认识到高等教育规模扩大的趋势，因而在制定战后高等教育政策的时候选择顺应这个趋势。此外，破除高等教育中的种族隔离、实现男女合校教育等趋势也都可以在二战之前的美国高等教育历史中找到根源。

毋庸置疑的是，二战对美国高等教育产生了深远的影响。其中最重要的影响之一便是重新强化并塑造了新型的国家—大学关系。正如加州大学校长克拉克·克尔（Clark Kerr）所指出的，二战期间美国大学大量接受联邦政府的资助，建立科学实验室，参与到为战时目的服务的项目中去，“联邦拨款大学”应运而生。① 美国联邦政府长期以来

① ［美］Clark Kerr：《大学的功用》，陈学飞等译，江西教育出版社，1993，第34页。

并不直接参与对高等教育机构的创办和管理。不论是建国初期的《西北土地法》，还是19世纪中期的《莫里尔法》，虽然都对教育产生了重要的影响，但是联邦政府所扮演的角色仍主要是间接调剂者。但是，在二战中，由于对雷达、飞机、导弹、核武器等武器研究的需要，联邦政府以合同的方式拨付大量的经费给一些美国大学，其中既有公立大学，也有私立大学。这种政府与大学合作的模式并没有因为战争的结束而终止。事实上，联邦政府通过美国卫生研究所和美国科学基金会（the National Science Foundation）等组织，继续以研究资助的方式向大学投资。政府成了美国大学最主要的资金捐助者，这在结构上形成了一种政府与大学密切合作的关系，对大学的使命和运作模式产生了深刻的影响。

第二节　《为美国民主的高等教育》的主要内容

《为美国民主的高等教育》对美国高等教育进行了深入的调查和研究。整个报告一共有6卷之巨，前5卷分别论及高等教育的目标，学生入学机会的增加，高等教育的组织、人员和经费，最后一卷是附录的数据和参考资料。值得注意的是，报告谈到了美国高等教育中的几乎所有类型的教育机构，既包括4年制的文理学院和研究型大学的研究生院，也包括了主要提供职业教育和培训的社区学院和职业院校，可以说涵盖的内容非常丰富和全面。而且，作为一份政府报告，《为美国民主的高等教育》在每一卷都明确地提出了政策建议，为美国联邦政府、州政府及各种类型的高等学校提供了清晰的参考。

一、高等教育改革的总体目标

高等教育委员会认为，美国的高等教育面临着新的国内和国际环境，这要求美国的学院和大学在办学目标和方式上做出相应的调整。委员会列举了高等教育需要及时回应和满足的 4 个主要方面的需求：

第一，科学技术的大发展要求高等教育能够培养新一代的劳动力，让他们具备新的技术和能力，以便能够在社会上有效地谋生且创造社会价值。

第二，美国民众变得更加多元，他们从事不同的职业，具有不同的文化背景、信仰和兴趣。因此，美国社会在经济、文化和宗教上的张力也越来越大，高等教育需要承担责任为强化社会团结做出贡献。

第三，随着二战的结束，美国所面临的国际环境也发生了巨大的变化。美国需要放弃之前的孤立主义政策，转而承担在国际社会上的领导者责任。高等教育需要教育青年人了解别国的政治、经济、社会和文化，将促进国际理解与和平作为新的使命。

第四，原子时代的来临要求高等教育参与将能量巨大的原子能和平地用于工业生产的过程。

《为美国民主的高等教育》将民主设定为战后美国高等教育的根本目标。“教育在民主的信念中是不可或缺的，它能够产生并促进思想、信仰、组织与联合的自由。因此，民主社会中教育的社会角色在于确保不同的个人和团体享有平等的自由和平等的机会。”① 报告号召每一所院校、本地社区、社会组织及州政府、联邦政府都能朝着同样的目标努力，通过教育让每一位民众知晓他所肩负的民主的责任。“我们文

① Harry S. Truman, “Letter of Appointment of Commission Members, President's Commission on Higher Education,” *Higher Education for American Democracy: A Report of the President's Commission on Higher Education*, *Vol. 1, Establishing the Goals* (Washington: U. S. Government Printing Office, 1947), p. 5.

明的未来取决于教育所走的方向。”[①] 委员会进而提出了三项高等教育的总体目标：一是教育要为实现生活中每一个阶段的民主更加完满的目标服务；二是教育要直接和明确地为国际理解与合作服务；三是需要将充满创造性的想象力与训练有素的智慧应用于解决社会问题和管理公共事务，教育也需要为达成这个目的服务。

为了实现民主的目标，《为美国民主的高等教育》提出了“全民教育”（education for all）的目标。达成这个目标需要实现两个关键的进程，一是大幅度扩大美国高等教育的学生规模，二是推进高等教育的平等化发展。报告指出，从 20 世纪初以来，美国高等教育的规模已经有显著的扩大，18—21 岁的适龄青年在高校就读的比例从 1900 年的 4%提高到 1940 年的 16%。由于很多青年在二战期间应征入伍，导致大学入学率下降。随着成千上万的退伍军人进入大学，美国高等教育在战后迎来了一个前所未有的入学高峰。“增长的数据令人鼓舞，然而不论对有效的个人生活还是社会福祉来说，我们都必须承认美国民众的教育成就仍然相当的低。”[②] 报告认为，要想实现为有才能的青年人提供平等机会、达成扩大高等教育招生规模的目的，就必须要破除美国高等教育系统在经济、地域、课程、种族与宗教方面的障碍。

针对每一个层级的教育，报告提出了一系列具体的扩大教育机会、促进教育平等的目标。在高中阶段，要实现所有的青年人都能入读的目标，这是最低限度的必要目标。报告认为，当时美国的社会条件已

---

① Harry S. Truman, “Letter of Appointment of Commission Members, President’s Commission on Higher Education,” *Higher Education for American Democracy: A Report of the President’s Commission on Higher Education*, *Vol. 1, Establishing the Goals* (Washington: U. S. Government Printing Office, 1947), p. 7.

② Harry S. Truman, “Letter of Appointment of Commission Members, President’s Commission on Higher Education,” *Higher Education for American Democracy: A Report of the President’s Commission on Higher Education*, *Vol. 1, Establishing the Goals* (Washington: U. S. Government Printing Office, 1947), p. 25.

经成熟，是时候让所有人都能入读 12—14 年级，即实现普及高中后两年教育的目标。这部分的教育服务将主要由本地的初级学院（junior college）、社区学校（community institute）、社区学院（community college）、文理学校（institute of arts and sciences）等教育机构来提供。此外，报告还建议为 10—14 年级有才能的学生提供经济资助，降低整个大学阶段的学费，为更多的学生提供奖学金，扩大成人教育项目。最后，报告还建议公立教育机构面向所有人提供平等的入学机会，不论学生的种族、信仰、性别和祖籍。

就中长期的定量目标而言，报告提出，到 1960 年，至少应有 460 万青年人就读于高等教育机构，其中 250 万人就读于 13—14 年级两年制的社区学院，150 万人就读于 15—16 年级的高级学院，另有 60 万人就读于研究生或专业学院。① 此外，报告还根据智力测量的研究结果提出，至少有 49％的美国人有足够的能力完成 14 年的学校教育，有 32％的人可以完成高级的本科文理或更高水平的专业教育。鉴于 1947 年美国高等教育的入学人数大约为 230 万人，高等教育委员会提出的计划也就意味着到 1960 年，美国高等教育的招生规模要翻一番，这在当时是一个非常雄心勃勃的计划。在报告出台之后，这个目标成为社会热议的话题，引起了不少人的质疑和反对。

二战之后，通识教育成为美国高等教育界热心讨论的一个话题。高等教育委员会亦对通识教育的话题提出了一系列建议。报告指出，高等教育要以培养自由的人为目标，要实现这一点就需要改良并加强通识教育。委员会批评美国当时的高等教育不能完成培养适当的劳动者和公民的目标，因为高等教育的课程过于专门化。大学毕业生们可

① Harry S. Truman, "Letter of Appointment of Commission Members, President's Commission on Higher Education," *Higher Education for American Democracy : A Report of the President's Commission on Higher Education*, Vol. 1, *Establishing the Goals* (Washington: U. S. Government Printing Office, 1947), p. 39.

能在某个领域获得了一些技术或职业的训练，但是不足以承担他们作为一个人、父母和公民的职责。基于此，报告认为当时美国高等教育的关键任务在于为青年人提供统一的通识教育，实现从共同的文化遗产向共同的公民责任的转变。委员会提出了通识教育改革的多项目标，其中包括从与民主制相一致的伦理原则出发来养成个人及公民生活的行为标准，在解决社会、经济与政治问题的过程中培养负责任的公民，在承认全世界所有人独立地位和个人职责的基础上培育国际理解与和平，以及具备在科学、交流、情绪与社会适应、健康、人文与艺术、家庭生活、职业、批判性与建设性思维等方面的知识和能力。

总之，高等教育委员会认为，在二战之后复杂和严峻的国际国内环境中，美国高等教育需要加速调整其目标、规模、内容和组织，以便适应时代的重大需求。高等教育需要迅速和勇敢地行动起来，这样才可能让学生们满足美国世界领导者角色所需要承担的职责。报告从社会功用的角度审视高等教育，认为美国的学院与大学必须在社会生活中发挥更大的作用才有价值，而不能再以培养少数精英为目的。高等教育需要为民主社会中每一个有才能的人提供普及化的教育，将民主的信念倾注于每个人的心里，将他们培养成自由的人和承担充分职责的公民。

二、个人受教育机会的平等与扩大

《为美国民主的高等教育》的第二卷集中讨论了美国高等教育入学机会扩大与平等的问题。在高等教育从精英化向大众化阶段发展的过程中，学生规模的扩大并不意味着入学机会的公平分配。事实上，在20世纪中期，美国高等教育中仍存在着诸多机会不平等和歧视问题。在经济方面，主要体现为社会贫富分化及大学学费连年上涨，导致很多来自低收入家庭的青年难以获得优质的教育并进入大学学习；在种族方面，以非裔美国人群体为主的少数族裔仍面临着“隔离但平等”的现实政策，一些学院和大学仍实施种族隔离政策，拒绝招收黑人学生；在性别方面，仍有相当数量的高等教育机构拒绝招收女性学生，未实行男女合校教育，在学校入学和运作过程中实行反女性主义的政策；此外，在宗教和地域方面也存在不均衡的状况。鉴于上述问题，委员会明确地指出，在新的历史时期，美国高等教育要以为有才干的青年提供平等机会为目标。

为了实现高等教育入学机会的扩大与平等，委员会提出了10项建议：

第一，实现高等教育入学机会平等的第一步是不论种族、信仰、肤色、性别和家庭经济状况，让每一个有能力的青年人都有机会接受高质量的高中教育。具体而言，委员会建议大学在招生时采用更加灵活和宽泛的考察标准，而不只是学术科目的成绩，此外还建议为有经济困难的学生在高中的最后两年提供联邦资助。

第二，在《退伍军人安置法案》以外设立联邦助学金项目，所有在本科层次学校就读的非退役军人学生都可以根据自己的需要提出申请。每一位本科学生每年的资助标准为800美元。委员会估算，1948—1949年，联邦政府需要拨付总计不低于1.2亿美元的助学金，下一年还将递增20％。

第三，设置资助研究生的联邦奖学金项目。建议1948—1949年的标准为每位学生每年1500美元，共资助1万名学生，此后几年每年增加1万名的资助名额。申请者需要参加全国性的竞争性考试，获得此奖学金的学生可以自由选择入读院校。

第四，建议取消在公立学院和大学就读的学生前两年的学费及其他费用，对于大学后两年的学习则按照1938—1939年的标准适当降低收费标准。

第五，反对大学入学政策中有关种族、宗教、肤色、性别或生源地的歧视性政策，敦促高校立即主动地移除歧视性措施。

第六，建议以最快的速度废除仍要求白人与黑人实行种族隔离的州法律，以此保障黑人真正平等的入学机会。

第七，所有申请联邦经费资助的州法律都不得有歧视性条款，同时在那些州法律仍支持黑人与白人种族隔离政策的州，凡是使用联邦经费的项目均不论申请者的种族，平等地提供给合格的个人。

第八，改革大学课程，降低大学前两年学生的死亡率，为学生们提供有关教育、职业发展和个人适应方面的咨询课程。

第九，建议设立免费、公共的社区学院，为学生全面提供具有终结性意义和转学价值的通识课程，以及满足本地需求的职业课程，还有各具特色的成人教育课程。

第十，建议高校建立更加灵活综合的成人教育项目，革除当时有关成人教育领域不恰当的举措。

三、高等教育的组织与管理

《为美国民主的高等教育》在第三卷中讨论了高等教育系统的组织问题。总体而言，美国高等教育系统是松散的和多元化的，而非集中和统一的。这是民主社会高等教育发展的自然结果。由于美国宪法第十条修正案的规定，美国联邦政府长期以来并不直接涉足高等教育，所以美国并没有一个联邦高等教育体系。很多公立大学的管理权在州的层面，但是这并不意味着州议会和州政府就能自上而下地管理公立大学。事实上，州一般都是将管理大学的权利交给了公立大学的董事会，因此美国公立大学实际上是拥有很大自主权的。总之，委员会非常清楚地认识到“这个国家并没有紧密组织、由中央监管的高等教育系统”[①]。然而，为了实现更加完满的民主目标，委员会认为不论是联邦政府还是州政府，抑或地方政府，都有必要行动起来，共同致力于建构一个更加有效的高等教育制度。

在地区与院校层面，高等教育委员会建议应当通过州层面的整体规划，大量增设社区学院来招收更多的高中毕业生，并且满足地区对职业性人才的需要。在州的层面，委员会建议应当加强州对高等教育管理的力度，每一个州都应建立州教育委员来落实相关的措施。此外，委员会还建议在每一个州都建立专门的资源性组织，州教育委员会和包括公立和私立在内的所有高等教育机构都加入其中，以便起到相互协调与合作的作用。在联邦的层面，委员会建议提高美国联邦教育办公室（Office of Education）的地位，同时在联邦政府内建立一个跨部门合作的教育委员会。

四、高等教育的人员

高等教育委员会预计到 1960 年将会有 460 万美国青年入读高等学校，如此大规模的学生需要有 35 万名教师才能提供适当的教学。高校教师群体不仅会产生数量上的增长，同时还需要在教学目标、内容和方法，以及科学研究、社会服务等诸多方面发生改变。委员会就高校教师的职前教育、招募与任用、在职教育、工作条件的提高做了全面的规划和建议。

高校教师的职前培养主要由大学研究生院完成。委员会建议，研究生院应当为未来的教师提供更加广泛的课程，培养其交流能力，以及在教学以外的管理、研究和咨询的能力，还应当为研究生提供有关

① President's Commission on Higher Education, *Higher Education for American Democracy: A Report of the President's Commission on Higher Education*, *Vol. 3*, *Organizing Higher Education*(Washington: U. S. Government Printing Office, 1947), p. 69.

国际关系和成人教育等一些新领域的知识。高校教师的在职培训也应当加强和提高，不断为教师成长提供支持，不断提高教师在教学、研究、管理和咨询方面的能力。就教师的工作条件和环境来说，委员会也建议要提高高校教师的工资水平，在教师的薪水和晋升制度方面应当有明确的支持性政策，在诸如年金、保险等社会福利方面也应有所提高。最后，委员会还建议应当进一步保障高校教师在学术自由方面的权利。

五、高等教育的经费

高等教育规模扩大必然会造成大量的经费开支。不论是学生培养、教师招募，还是新建校园设施，每一项都需要联邦、州政府和高校合作共同筹款。委员会认为，高等教育经费投入不足的问题必须得到解决，需要大幅度提高对高等教育的拨款和资助。如果要想实现报告中提出的一系列宏伟目标，委员会预计到 1960 年，需要向高等教育投入 26 亿美元。这些经费将被用于提高教师的工资、科学研究、学生助学金与奖学金、建设图书馆、维护各项硬件设施、管理费用等。

在联邦政府大规模投资高等教育的议题上，一个关键的问题在于如何重构联邦政府与高校之间的关系。报告回顾了自美国建国以来的联邦政府与高等教育之间的关系。报告认为，联邦政府长期以来通过赠地、减税等方式一直在间接地资助高等教育。在大萧条和二战的背景下，联邦政府通过基础设施建设、研究合同等方式建立了与高校更加密切的合作关系。在 1947 财年，联邦政府投资于中学后教育的经费达到了 17.7 亿美元。报告宣称："是时候在美国建立一套联邦政府持续资助高等教育的坚实模式。联邦政府必须在高等教育投资方面扮演更重要的角色。”[①] 基于此，报告提出了若干条政策建议，其中包括要在经费投入过程中保障和促进公平；平等地在各州进行分配；强化州对经费管理的责任；一般性的投资应当用于公共部门掌控的高校(institutions under public control)；给予学生的资助应直接付给个人；通过合同的方式与高校开展合作；等等。

然而，对于报告中提出要将联邦经费主要投给公立高校这一点，委员会中有两位成员提出了疑虑。来自天主教大学的委员弗里德里克·霍奇瓦尔特（Frederick G. Hochwalt）与马丁·麦克古尔（Martin R. P. McGuire）向委员会提交了一份异议声明。他们认为，联邦经费是否要投给一所高校的标准应当依据这所高校是否服务于公共福祉(public welfare)，而不是看这所高校性质是公立还是私立。从这个角度来说，两位委员认为私立高校长期以来为美国社会培养了大量杰出的人才，是美国文化和民主的坚定捍卫者，因此私立高校理所当然地服务于美国的公共利益，也应当公平地得到联邦经费的赞助和支持。此外，两位委员还指出，政府在高等教育问题上应当保持中立，不论对私立高校还是公立高校，都存在着政治权力过度把控与滥用的危险，因此大学之于政治的独立性是需要坚持的必要原则。

第三节 《为美国民主的高等教育》的争议与影响

作为美国历史上第一份由总统任命的委员会所完成的教育报告，《为美国民主的高等教育》具有多方面的开创性意义。这份报告回应了二战结束之时美国高等教育所面临的诸多挑战，而且用一种非常积极的态度谈到了扩大高等教育招生规模、促进教育公平，以及联邦政府

---

① President's Commission on Higher Education, *Higher Education for American Democracy: A Report of the President's Commission on Higher Education*, *Vol. 5, Financing Higher Education* (Washington: U. S. Government Printing Office, 1947), p. 54.

推行大规模的高等教育投资等问题。报告问世之后很快激起了一场全国层面有关高等教育问题的大讨论。争论所涉及的议题几乎遍及报告的每一卷，批评者与支持者的数量都非常庞大。从国会议员到联邦政府官员，从哈佛校长科南特到芝加哥大学校长赫钦斯，从经济学教授、公共政策研究者到教育学者，参与讨论的人广泛分布在美国社会的多个领域。

《为美国民主的高等教育》所引起的争论主要集中在这样几个方面：第一个方面，大规模的扩大高校招生人数是否可能？具体而言，美国是否有足够的经费支持这个庞大的开销？是否有足够多有能力的青年人可以上大学？大多数青年人真的如委员会所预期的那样有主动意愿上大学？第二个方面，让如此多的青年人上大学是否可取？核心的争论问题是美国经济和社会是否能够创造足够的工作机会，满足数量庞大的劳动力在未来几年的就业？哈佛大学经济学家西摩·哈里斯（Seymour E. Harris）就提出了一个响亮的问题："上百万的学士，却没有工作。（millions of B. A. 's，but no jobs）"第三个方面，联邦的巨额投资到底应该资助哪些类型的高校？尽管报告中谈到了要为通识教育提供资助，但是通识教育与职业教育之间的平衡如何把握？这二者是可以合并的吗？如何合并呢？这些资助只能以世俗性的原则资助公立高校，还是也可以实现道德和宗教的意义为教会背景的高校和私立高校提供资助？第四个方面，联邦政府与项目管理的关系问题。在这个问题上，大多数人都认可的是联邦政府应当资助高等教育，他们的分歧在于如何资助才能避免权力的滥用等。一些批评者担心的是，联邦政府有可能通过大规模经济资助迫使一些南部的州修改有关种族隔离的法律。另外一些人担心联邦资助会大幅度提升联邦政府在高等教育中的权力，进而威胁甚至摧毁私立高校所珍视的一些特定的价值。[①]

在有关《为美国民主的高等教育》的争论中，芝加哥大学校长赫钦斯的批评格外犀利和令人瞩目。他毫不客气地说："《为美国民主的高等教育》反映了它所讨论的教育系统。它很庞大，也很繁荣。它是混乱的、复杂的，也是矛盾的。它有一些提供给所有的东西。它是慷慨的，也是卑微的；是勇敢的，也是怯懦的；是幼稚的，也是乐观的。它充满了普遍兄弟情谊的精神和美国优越性的论调。它强烈地相信金钱的力量，相信课程的力量。它是反人文主义、反理智主义的。它相信只要高声宣示便可让语言变成美德。它的心在正确的地方，但是它的脑子出错了。"[②] 赫钦斯认为，该报告正确地指出了美国教育中存在的很多问题，如经济不平等所造成的机会不平等、专业主义造成的狭隘、学术自由问题等。然而，在赫钦斯看来，报告所提供的解决办法就是扩大高等教育的规模——更多的资金、更多的设施、更多的教授及更多的学生。这种办法不仅不能从根本上解决美国高等教育问题，还有可能造成适得其反的结果，也就是给美国高等教育带来更沉重的负担，让其更加远离其目的。赫钦斯认为，高等教育改革是必要和必需的，但是如果改革是没有明确目的的，或者说改革的方向弄错了，就只会造成资源的浪费。总而言之，美国高等教育的问题并不在于规模，而在于是否充分地认识到教育的根本目的，并且在此基础上提升教育的质量。美国所需要的，也是世界所需要的，是一场道德、理智

① Gail Kennedy, *Education for Democracy: The Debate over the Report of the President's Commission on Higher Education*(Boston: D. C. Heath and Company, 1952), pp. vii-viii.

② Robert M. Hutchins, "Double Trouble: Are More Studies, More Facilities, More Money the Key for Better Education?" in Gail Kennedy edits, *Education for Democracy: The Debate over the Report of the President's Commission on Higher Education*(Boston: D. C. Heath and Company, 1952), p. 81.

和精神的革命。

《为美国民主的高等教育》可能是美国历史上引起争议最多最广泛的报告之一。这份报告准确地抓住了二战之后美国社会和高等教育中的一些根本的问题，同时也反映了当时美国社会和民众对高等教育在社会公共生活中的作用有着强烈的期待。然而，就这份报告的落实情况来看，并不如一些人所想象的那样，对美国高等教育起到了立竿见影的效果。究其根本原因，《为美国民主的高等教育》从性质上来讲是一份政策咨询性质的报告。虽然报告提出了很多实际的目标和策略，但是从咨询报告到联邦政府签署的行政命令和国会通过的法案，这之间其实还需要大量的政治博弈才有可能实现。此外，由于在杜鲁门总统执政时期，冷战的形势日益严峻，随着 1950 年美国正式参与朝鲜战争，内政事务的优先性远不及外交与军事的急迫需要。总之，该报告固然有其高瞻远瞩的特色，但是在当时的历史环境中仍受到了多种因素的制约。

实际上，如果以一种更加长远的眼光来审视，该报告所及的一些教育问题及解决的策略，在二战之后几十年的时间里仍不断地得到多方面的延续与回应。报告引起的“争论话题成为战后高等教育话语的核心，在政策和实践方面产生的影响持续了数十年之久”①。例如，报告中明确提出，联邦政府会积极地致力于消除高等教育中的种族不平等状况。这项历史进程的推进与 20 世纪中期席卷美国社会的民权运动相呼应，也与 1954 年美国联邦最高法院做出的历史性判决——“布朗诉教育委员会案”存在联系，它们共同象征着美国政府和社会在实现种族平等方面所做出的努力。此外，在苏联卫星上天之后，美国社会的危机意识骤然提升。1958 年，美国国会通过了《国防教育法》，加大

① Philo Hutcheson,"The 1947 President's Commission on Higher Education and the National Rhetoric on Higher Education Policy,"*History of Higher Education Annual*,Vol. 22,2002:102.

对科学研究的资助，对数学、现代外语的教学，以及用联邦经费设置大量的奖学金项目。从一定程度来讲，《为美国民主的高等教育》和《国防教育法》都是冷战背景下，美国联邦政府和国会应对教育问题的必然产物，都在事实上进一步提升了联邦政府在教育中的权力和地位。

在美国社区学院的发展历史上，《为美国民主的高等教育》一般被认为起到了里程碑式的推动作用。在二战之前，美国高等教育系统中的两年制学院发展得相当混乱和无序，连院校名称也是五花八门。大多数的学院被称为初级学院，其办学目的在于为大学后两年的学院提供转学教育，所提供的课程则呈现拼盘式的混搭。一方面，《为美国民主的高等教育》明确地建议这些学院更名为“社区学院”，意在凸显为本地社区服务的目的，进而从转学教育的模式朝着终结性教育的方向改革；另一方面，报告提出了大规模扩展高等教育规模的目标，而且将社区学院置于这场扩招运动的突出位置上，公立的社区学院也会得到大量联邦经费支持来实现此目标。“该报告对两年制学院运动最大的影响并不在于象征意义上的称谓改换，其更重大的意义在于使社区学院在整个高等教育体系中的重要性得到了巨大的提升。”① 在联邦政策与经费的大力支持下，二战之后美国的社区学院迎来了大发展。公立社区学院在各州纷纷设立，尤其是在之前社区学院较少的中西部和东部地区。1947 年，美国一共有 242 所公立两年制学院，到 1977 年发展到了 921 所。到 1958 年，大约有四分之一的高校新生入读社区学院。在加利福尼亚、佛罗里达等州，在社区学院就读的学生甚至达到了高校学生总数的一半以上。

该报告的一个核心要义在于将民主的价值与平等的原则等同起来，并且积极倡导消除高等教育领域中的种种不平等障碍。然而，社会不

---

① Steven G. Brint and Jerome Karabel, *The Diverted Dream: Community Colleges and the Promise of Educational Opportunity in America, 1900-1985* (New York: Oxford University Press, 1989), p. 71.

平等的问题在美国社会可谓根深蒂固，不可能在短时间内被彻底解决。以种族平等为例，报告直截了当地批评了南方一些州保留的种族隔离法律和政策，主张实施种族融合教育，为非裔美国人提供平等的教育机会。然而，在二战之后的相当一段时间里，南方州的黑人教育问题并没有得到显著的改善。例如，在佛罗里达州，州政府和议会对联邦大量投资高等教育的政策表示欢迎，但是在消除高校种族隔离方面则采取了消极的举措。州政府继续维持在佛罗里达大学的种族隔离政策，并且建立了一套隔离的公立社区大学系统。“尽管在大学系统的种族融合方面取得了一些成绩，然而佛罗里达州从未达到它向联邦政府所承诺的在白人大学中消除种族隔离的要求。”① 直到 20 世纪五六十年代，在民权运动、“布朗诉教育委员会案”及肯尼迪、约翰逊总统时期一系列进步政策的支持下，美国高等教育中的种族隔离问题才逐步取得重大突破。

总而言之，《为美国民主的高等教育》是“乐观主义、理想主义和对未来充满雄心壮志的战后短暂氛围的产物”②。报告将美国高等教育的发展置于国家安全、经济发展、社会福利的议程中，将民主、平等、和平设定为美国高等教育的目标。事实上，美国高等教育在 20 世纪中期所经历的黄金时代似乎也在很多方面验证了《为美国民主的高等教育》的预言，如高等教育规模的大扩张、种族融合及联邦政府成为大学的主要赞助者等。然而，随着美国参加越南战争，以及随之而来的发展运动，加之大学校园里的反叛运动，大众化时代的美国高等教育也面临着巨大的困扰与挑战。规模扩大并没有必然地带来充分的平等，

---

① Larry Johnson, "Deirdre Cobb-Roberts and Barbara Shircliffe, African Americans and the Struggle for Opportunity in Florida Public Higher Education, 1947-1977", *History of Education Quarterly*, Vol. 47, No. 3, Aug., 2007: 358.

② Roger L. Geiger, *American Higher Education since World War Ⅱ: A History* (Princeton: Princeton University Press, 2019), p. 16.

不论是美国社会还是高等教育系统，都存在不平衡的现实结构。作为美国历史上第一份专门讨论联邦政府高等教育政策的报告，《为美国民主的高等教育》所留下的不仅仅是一系列宏大的目标，还有诸多迄今仍需继续解决的问题。

【参考文献】

[美] Clark Kerr. 大学的功用 [M]. 陈学飞，等译. 南昌：江西教育出版社，1993.

[美] 约翰·塞林. 美国高等教育史 [M]. 孙益，等译. 北京：北京大学出版社，2014.

Gail Kennedy. Education for Democracy: The Debate over the Report of the President's Commission on Higher Education[M]. Boston: D. C. Heath and Company, 1952.

Harry S. Truman. Letter of Appointment of Commission Members, President's Commission on Higher Education[M]. Higher Education for American Democracy: A Report of the President's Commission on Higher Education, Vol. 1, Establishing the Goals. Washington: U. S. Government Printing Office, 1947.

Julie A. Reuben, Linda Perkins. Introduction: Commemorating the Sixtieth Anniversary of the President's Commission Report, Higher Education for Democracy[J]. The History of Education Quarterly, 2007, 47(3): 265.

Keith W. Olson. The G. I. Bill, the Veterans, and the Colleges[M]. Lexington: University Press of Kentucky, 1974.

Larry Johnson, Deirdre Cobb-Roberts and Barbara Shircliffe. African Americans and the Struggle for Opportunity in Florida Public Higher Education, 1947-1977 [J]. History of Education Quarterly, 2007, 47

(3):358.

Philo Hutcheson. The 1947 President's Commission on Higher Education and the National Rhetoric on Higher Education Policy[J]. History of Higher Education Annual,2002(22):102.

President's Commission on Higher Education. Higher Education for American Democracy: A Report of the President's Commission on Higher Education, Vol. 3, Organizing Higher Education[M]. Washington: U. S. Government Printing Office, 1947.

Robert M. Hutchins. Double Trouble: Are More Studies, More Facilities, More Money the Key for Better Education? [M]// Gail Kennedy edits. Education for Democracy: The Debate over the Report of the President's Commission on Higher Education. Boston: D. C. Heath and Company, 1952.

Roger L. Geiger. American Higher Education since World War Ⅱ: A History[M]. Princeton: Princeton University Press, 2019.

Steven G. Brint and Jerome Karabel. The Diverted Dream: Community Colleges and the Promise of Educational Opportunity in America, 1900-1985[M]. New York: Oxford University Press, 1989.

第八章　学术卓越与社会民主：《今日美国高中》

1957年，苏联成功发射世界上第一颗人造地球卫星，美国朝野震惊，教育成为众矢之的，美国社会对公共教育的不满情绪高涨，呼吁改革教育以应对国际局势。时值上述国内外背景，科南特针对美国高中教育的调查报告《今日美国高中：向感兴趣的公民提交的第一份报告》（*The American High School Today：a First Report to Interested Citizens*，简称《今日美国高中》）于1959年2月正式出版，18个月间售出17万册，大约有2000万美国人阅读了这份报告，这份报告在美国公共教育领域获得了极高的声誉和知名度，《今日美国高中》也成为第二次世界大战后影响美国教育改革的重要报告之一。1963年，《今日美国高中》入选由耶鲁大学图书馆为白宫推荐的阅读书目①。2003年，一项对美国教育史学会（History of Education Society）的问卷调查结果显示，1950—2002年，科南特的《今日美国高中》被列为20世纪后半期最具影响力的著作之一。②

---

① 1963年，在由耶鲁大学图书馆为白宫选取的1780本书的书单中，有28本教育类著作入选白宫图书馆，其中就有科南特的两本著作入选，即《今日美国高中》和《贫民窟与乡村：论都市地区学校》（Slums and Suburbs，A Commentary on Schools in Metropolitan Areas，1961年）。

② Gary L. Peltier，David W. Noonan，"Influential Publications in Education：1950-2002，"*The Clearing House*，Vol. 76，No. 4，March-April，2003：215-216.

第一节　《今日美国高中》的基本内容

1957年夏天，在卡内基教学促进基金会35万美元的资助下，科南特开始正式着手调查美国中学[①]。1957年，科南特与他的4位助手走访了26个州103所学校[②]，他本人亲自走访了其中的18个州55所[③]学校。在调查样本选择上，科南特采用自20世纪30年代以来在哈佛推行的学术能力测试来筛选优质学术型高中。除了筛选学术型中学，他还希望通过社会学家和教育学家的协助，以社会经济标准调查、筛选全美各类中学。

从地域分布看，在科南特调查的26个州中，东部地区9个，中西部地区9个，西部地区5个，南部地区3个，详见图8-1[④]。

---

① 除了卡内基基金会，福特基金会（Ford Foundation）和全美教育协会都邀请并资助科南特调查美国高中。科南特经过深思熟虑，最终选择接受卡内基基金会的资助和支持。科南特出访其他国家时，一直苦于缺乏对美国中学的一手资料，他很想亲自进行调查研究，挖掘中学中具有有天分的学生，提高美国人才选拔和培养质量。而科南特的这一举动比1957年苏联卫星成功发射要早8个月，足见科南特对美国教育与国家安全的远见卓识。可参见 Charles D. Biebel, *Politics, Pedagogue and Statesmanship: James B. Conant and the Public Schools, 1933-1948* (Madison: University of Wisconsin-Madison, 1971), p. Ⅲ.

② 另外，科南特也调查了4个学校系统：巴尔的摩学校系统（Baltimore School System，Baltimore，Maryland）、布法罗学校系统（Buffalo School System，Buffalo，New York）、芝加哥学校系统（Chicago School System，Chicago，Illinois）和克里夫兰学校系统（Cleveland School System，Cleveland，Ohio）。科南特本人亲自走访了巴尔的摩学校系统、芝加哥学校系统和克里夫兰学校系统。

③ 科南特走访的55所学校主要选自人口为10000—100000人的城镇地区，大城市和乡村地区学校并不在列。

④ James B. Conant, *The American High School Today: A First Report to Interested Citizens* (New York: McGraw-Hill, Inc., 1959), p. 97.

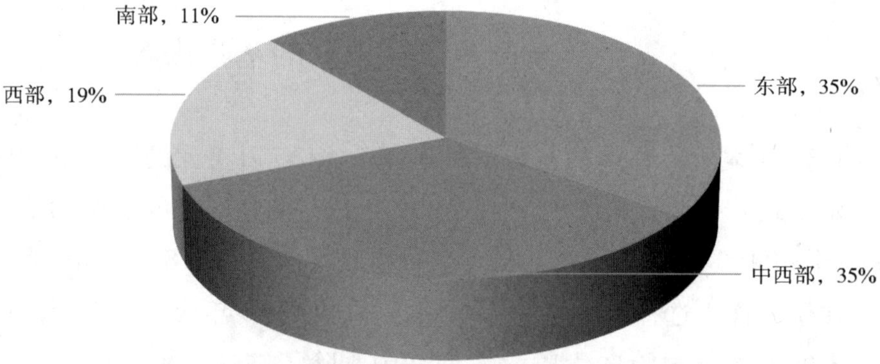

图 8-1　科南特调查的 26 个州的地区分布情况

另外，从学校分布情况看，科南特调查的 103 所高中主要集中在中西部地区，近 50%的受访学校来自中西部地区，详见图 8-2①。

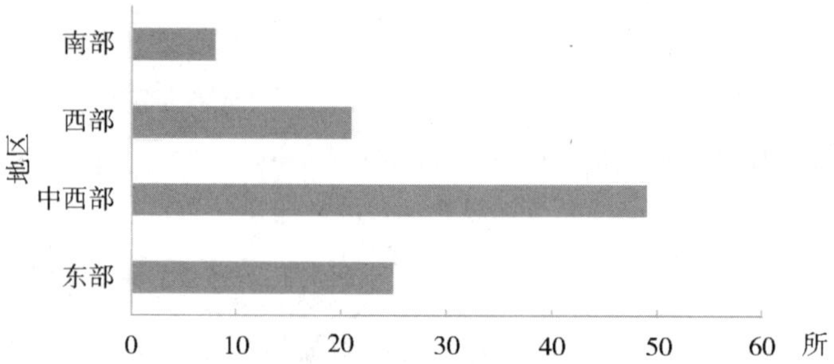

图 8-2　科南特在调查中所选高中在各地区的分布情况

与此同时，在走访的 18 个州中，科南特走访学校居多的州主要是伊利诺伊州、印第安纳州、密歇根州、威斯康星州等，详见表 8-1②。

① James B. Conant, *The American High School Today: A First Report to Interested Citizens* (New York: McGraw-Hill, Inc., 1959), pp. 98-101.

② James B. Conant, *The American High School Today: A First Report to Interested Citizens* (New York: McGraw-Hill, Inc., 1959), pp. 98-101.

表 8-1　科南特走访学校各州分布情况

走访学校所在州	走访学校数量（所）
加利福尼亚州	4
伊利诺伊州	5
印第安纳州	6
肯塔基州	1
马里兰州	2
马萨诸塞州	2
密歇根州	5
明尼苏达州	4
新泽西州	3
纽约州	3
俄亥俄州	3
俄勒冈州	1
宾夕法尼亚州	2
德克萨斯州	6
佛蒙特州	1
弗吉尼亚州	1
华盛顿州	1
威斯康星州	5

《今日美国高中》以分析美国教育的特征开篇，科南特首先阐述了对教育机会均等的理解，试图将平等的概念从杰斐逊时代的政治平等延伸为更加宽泛的概念，认为平等不仅意味着政治平等，还包含机会平等。[①] 在此基础上，科南特尝试实现两个教育目标：一是推广综合高中为所有社区适龄学生提供多元的教育机会；二是为全美 15%—20%

① James B. Conant, *The American High School Today: A First Report to Interested Citizens* (New York: McGraw-Hill, Inc., 1959), p. 5.

的学术优异学生提供优质的教育机会。基于此，在《今日美国高中》中，科南特提出了21条改进公立中等教育的建议，其中的11条是针对天才教育、9条聚焦于综合中学、1条针对有阅读障碍的学生。①（见表8-2）

表8-2 《今日美国高中》21条建议主题的分布情况

序列	建议	涉及主题②
1	设立咨询指导系统	综合高中
2	提供个性化课程	综合高中
3	规定必修课程	综合高中
4	能力分组	天才教育
5	设计学生档案卡片	天才教育
6	写作能力训练	综合高中
7	多元的职业技能课程	综合高中
8	为阅读困难学生提供专项建议	服务有阅读困难学生
9	面向有学术天赋的学生开设选修课程	天才教育
10	天才学生指导建议	天才教育
11	建立学业档案清单	天才教育
12	在校时间安排	天才教育
13	选修高级学术课程的先决条件	天才教育
14	所有年级课程不建议做成绩排名	天才教育
15	设计学术课程荣誉清单	天才教育
16	发展性阅读课程项目	综合中学
17	暑期学校	综合中学
18	外语	天才教育

① James B. Conant, *The American High School Today: A First Report to Interested Citizens* (New York: McGraw-Hill, Inc., 1959), pp. 44-76.

② 本表所涉主题是指科南特提出的21条建议所侧重的主题，事实上很多建议都提及了综合高中和天才教育。

续表

序列	建议	涉及主题
19	科学课程	天才教育
20	校舍	综合中学
21	12年级社会科课程	综合中学

一、综合高中及其社会职能

综合高中模式缘于20世纪初，历经进步主义教育运动，在20世纪30—40年代进入黄金时期，其间，《中等教育的基本原则》对综合高中模式的推广产生了重要作用。自20世纪中期以来，综合高中模式逐渐衰落。正是在这种情况下，科南特在《今日美国高中》中极力推崇综合高中模式。

综合高中的特点虽然很难被界定概括，但与欧洲双轨制相比，科南特认为它典型地反映了美国社会的特点。① 美国高中类型多元，学制系统主要以“六三三”学制为主，其中也有一些地区采用“八四”学制。总的来说，美国高中可以被归纳为两类，一类是专门类型的高中。这类高中既包含学术型或大学预备型高中，也包含职业高中；另一类是综合高中。基于其民主理想，科南特将综合高中定义为满足所有社区青年教育需求的机构。同时，他也坦承综合高中在社区发挥功能的可能性和限度。一方面，鉴于专门类高中的存在，一定程度上会限制综合高中的影响力；另一方面，综合高中发挥作用的程度也取决于所

① James B. Conant, *The American High School Today: A First Report to Interested Citizens* (New York: McGraw-Hill, Inc., 1959), p. 8.

在社区的性质及收入情况。①

科南特在报告中集中关注综合高中，认为在这类高中超过一半以上的学生在毕业前就已确定学习取向，综合高中应同时设置学术类和职业类课程以满足学生的需求。综合高中核心的管理目标是增进民主精神，理解并接纳不同智识能力和职业取向的学生。基于此，科南特尝试通过调查研究解释回答这样一个问题：一所学校是否既能为所有学生提供作为未来民主社会合格公民的通识教育，同时又能为大多数学生提供选修课程以训练其工作技能，为那些对高级学术科目（尤其是外语和高级数学）具备天分的学生提供充分的教育环境？基于此，科南特将综合中学的目的界定为三种：一是向所有学生提供通识教育，培养未来民主社会的合格公民；二是为那些毕业后进入工作领域的学生提供选修课程，给予技能培训；三是为那些打算升入大学的学生提供充分的学术课程。②

在科南特看来，能够清楚明确地回答这些问题，关乎美国教育的未来。如果答案是否定的，就意味着美国公立中等教育必须进行激进的结构变革。如果答案是肯定的，美国教育也需要在基本类型上进行一番彻底改革。③

科南特在报告中提出，理想综合高中的职能有 3 个方面：一是为民主社会未来公民提供优质的普通教育；二是提供优质的职业技能训练；三是为准备升入大学的学生提供充分的教育条件。④ 科南特明确指出这

---

① James B. Conant, *The American High School Today: A First Report to Interested Citizens* (New York: McGraw-Hill, Inc., 1959), pp. 12-13.

② James B. Conant, *The American High School Today: A First Report to Interested Citizens* (New York: McGraw-Hill, Inc., 1959), p. 17.

③ James B. Conant, *The American High School Today: A First Report to Interested Citizens* (New York: McGraw-Hill, Inc., 1959), pp. 14-15.

④ James B. Conant, *The American High School Today: A First Report to Interested Citizens* (New York: McGraw-Hill, Inc., 1959), p. 17.

份报告无意于对全美综合高中展开调查，报告也无意于回答典型的美国高中是否令人满意？为了了解美国高中的具体特点，科南特在报告中设计了评估综合高中职能的 15 项指标[①]，具体如下：

A 评估普通教育的指标

1. 开设英语及美国文学和写作课程
2. 开设社会研究课程，其中包含美国史
3. 在必修课程中采用能力分组

B 评估职业教育的指标

1. 开设职业课程
2. 提供实习机会
3. 为阅读迟缓的学生设置专门课程

C 评估学术教育指标

1. 为学术优异的学生设置专门课程
2. 为开发学生阅读技能开设专门课程
3. 为天才儿童开设暑期课程
4. 开设个性化课程
5. 每日教学课时量延长至 7 节以上

D 其他指标

1. 指导服务工作的设置情况
2. 学生道德水平
3. 干净整洁的校舍
4. 学生良好的社交能力

---

① James B. Conant, *The American High School Today: A First Report to Interested Citizens* (New York: McGraw-Hill, Inc., 1959), p. 19.

基于调查结果，科南特提出了多项针对综合高中的改进建议，如设立咨询指导系统、提供个性化课程、规定必修课程、加强写作能力训练、改进社会科课程、设计发展性阅读课程项目、开设暑期学校、改进校舍管理、提供多元的职业技能课程等。在设立咨询指导系统方面，科南特建议在“六三三”学制系统中，在初中与高中之间提供咨询服务；在“八四”学制系统中，在初等学校与中等学校之间提供咨询服务。另外，一所高中应为每 250—300 名学生配备一名全职咨询师。咨询师必须具备从教经历，熟知学生测试测量工具。咨询师每年根据学生兴趣、能力潜质、课业成绩、教师评估等信息为学生提供合理的学习建议。① 与此同时，科南特建议应该为所有不同兴趣倾向和能力水平的学生设计个性化课程项目，并且在学术课程和职业课程之间设计灵活弹性的转换方案。②

为了满足学生不同兴趣和能力潜质的需要，一方面，科南特在报告中建议开设必修课程和选修课程，要求所有学生必修的课程主要包括英语③、社会科、数学和科学，并且确保一定的修读年限。（见表 8-3）除此而外，要求学生毕业前完成至少 7 门课程④，鼓励所有学生选修艺术和音乐课程。⑤ 开设免费暑期课程，为学生提供拓展课程。针对选修课程，应设置不同于普通必修课程的考核标准，为了选拔学术能

① James B. Conant, *The American High School Today: A First Report to Interested Citizens* (New York: McGraw-Hill, Inc., 1959), p. 44-45.

② James B. Conant, *The American High School Today: A First Report to Interested Citizens* (New York: McGraw-Hill, Inc., 1959), p. 46.

③ 科南特在第 6 条建议特别强调英语课程 4 年的学习年限中，应分配 50%的时间专门训练学生的写作能力。同时，科南特在第 16 条建议中提出开设发展学生阅读能力的课程项目，每一所学校都应配备开发阅读能力的设施，由英语教师和咨询人员志愿辅助学生发展阅读能力。

④ 体育课不被计入这 7 门课程之中。

⑤ James B. Conant, *The American High School Today: A First Report to Interested Citizens* (New York: McGraw-Hill, Inc., 1959), p. 47.

力优秀的学生，应严格外语、数学、科学课程的考核标准，淘汰不合格学生。另一方面，科南特建议开设多元的职业技能课程，职业课程应考虑学生性别差异，如为女学生开设打字、速写、文书、家政等方面的课程。根据社区特点，开设相应的商贸或农业技术课程，并且提供实践学习机会。同时，应为职业技能课程设立联邦资助基金。①

表 8-3 要求所有学生必修的课程

课程名称	修读时间（年）
英语	4
社会科②	3—4
数学	1
科学	≥1

科南特认为经营一所成功的高中需要具备 3 个前提条件：一是学校董事会由拥有智慧、诚实、乐于奉献的成员构成，并且将自身角色定位为政策制定者，而不是管理者。二是配备一流的督学。三是优秀的校长。与此同时，社区的态度也是影响高中质量的重要因素。有些社区侧重学生在体育、乐团等方面的活动，会占用大量学术课程学习时间。③

基于调查结果，科南特敦促将小型高中合并成综合中学，以规模化效应提高教学质量。科南特认为毕业生少于 100 人的高中是发展全美

① James B. Conant, *The American High School Today: A First Report to Interested Citizens* (New York: McGraw-Hill, Inc., 1959), pp. 51-52.

② 社会科课程必须包含两年的历史课，其中必须开设美国史课程。另外，需开设一门关于美国问题或美国政府方面的高级课程。12 年级阶段应开设美国问题或美国政府方面的必修课，提供充分的阅读材料，鼓励学生自由讨论。

③ James B. Conant, *The American High School Today: A First Report to Interested Citizens* (New York: McGraw-Hill, Inc., 1959), pp. 38-39.

优质中等教育的障碍之一，一所小型高中难以提供综合课程，小型高中所开设的学术课程也非常有限，所以应废除小型高中以集中财政、管理和教师资源。科南特的调查结果显示，1957 年前后，在美国 18527 所高中中，多达 14184 所规模过小，大约有 4000 所的毕业生数量多于 100 人。1959 年联邦教育局（U. S. Office of Education）最新统计显示，全美高中数量达到 21000 所。科南特认为，如果全美高中从 21000 所减少到 9000 所，中等学校的教学质量会普遍提高。①

与此同时，科南特也坦承高中类型的复杂与多元，导致学校管理者面对的许多问题取决于所在社区家长的态度。科南特明确指出并不存在典型的美国高中，勾画理想高中的蓝图几乎很难实现。科南特坚信美国中等教育在基本类型上无须进行激进的改革亦能达到预期目标，但前提条件是地方社区能对中等教育给予充分支持。因此，科南特告诫读者要避免一般化，应认清高中的多样性，根据每所学校的具体特点辅助董事会改善学校质量。②

二、天才学生及其教育质量

科南特在报告中尤为关注“有学术天分”（academically talented student）和“天才学生”（gifted student）的教育质量，但他反对为天才学生单独开设学校，主张通过综合高中培养知识精英以确保社会融合。他认为，为天才学生提供传统的学术训练，其他学生也会从中获得智力启发。科南特在调查中极为关注学生在数学、科学和外语这三门课程的学业情况，通过调查访谈得出的结论认为只有极少数学生在

① James B. Conant, *The American High School Today : A First Report to Interested Citizens* (New York: McGraw-Hill, Inc. , 1959), pp. 80-81.

② James B. Conant, *The American High School Today : A First Report to Interested Citizens* (New York: McGraw-Hill, Inc. , 1959), p. 96.

这三门课程方面的学习能力非常优异。科南特将这部分学生视为“有学术天分的学生”，这部分学生约占所有学生人数的15%—20%。[①]

科南特为了考查综合高中数学和科学课程的教学质量，分别选取13所综合高中和4所知名的公立高中[②]测试学生三角学和物理成绩。另外，科南特采纳教育测试服务中心（Educational Testing Service）开发的“学校和学院能力测试”（School and College Ability Test，简称SCAT）[③]，预测学生未来的学术潜力。从比较分析结果看，两类学校的学生成绩没有显著差异。[④] 尤其是学术能力水平在中等以上的学生的平均成绩重合度较高，详见表8-4和表8-5[⑤]。

表8-4 综合高中与公立高中的学生物理测试平均成绩（男生）

能力水平	学校类型	数学平均分	物理平均分
高	公立高中	331—333	564—609
	综合高中	329—334	502—692
中	公立高中	319—320	506—598
	综合高中	318—320	459—568
低	公立高中	303—309	474—535
	综合高中	294—307	417—513

① James B. Conant, *The American High School Today: A First Report to Interested Citizens* (New York: McGraw-Hill, Inc., 1959), p. 20.

② 在样本选取过程中，科南特分别在东部、中西部和西部地区筛选样本。在学校抽样方面，他重点选取位于大型城市的综合高中和公立高中，其中公立高中样本学校的声望高，大部分毕业生都能升入4年制大学。

③ “学校和学院能力测试”包括两项内容：语文（Verbal）、数学（Quantitative）。

④ 鉴于综合高中修习物理和三角学课程的女生数量较少，而且并不影响最终的分析结果，科南特只对男生成绩进行了测试比较。

⑤ James B. Conant, *The American High School Today: A First Report to Interested Citizens* (New York: McGraw-Hill, Inc., 1959), pp. 34-35.

表 8-5　综合高中与公立高中学生三角学测试平均成绩（男生）

能力水平	学校类型	数学平均分	三角学均分
高	公立高中	329—334	55.2—66.9
	综合高中	326—334	54.1—66.7
中	公立高中	319—321	52.7—60.0
	综合高中	319—321	47.5—61.2
低	公立高中	304—309	46.8—57.9
	综合高中	299—313	44.9—58.7

在调查过程中，几乎没有学校能够回答科南特提出的问题：是否所有天才儿童都选修了数学、科学、外语这三门课程？鉴于此，科南特通过访谈 22 所学校的校长进行了专门的调查①，调查结论认为大多数天才儿童学习不够勤奋，学术类课程的涵盖面也比较狭窄。② 科南特基于调查结果，有针对性地提出了改进建议，如进行能力分组、设计学生档案卡片、面向有学术天赋的学生开设选修课程、天才学生个别指导、建立学业档案清单、延长课时、严格考试标准等。

科南特认为，在必修课程中，应根据学生每一门课的成绩进行能力分组。依据能力，学生主要被分为高、中、低 3 个级别，并且向学生提供档案卡片，记录学生学习期间所有课程的成绩和档案，以便选拔学术优异学生。③ 在报告中，科南特强烈建议综合高中为有学术天赋的学生和天才学生开设 3—4 年的外语、数学和科学等选修课程，认为全美范围内有学术天赋的学生大约占所有高中生人数的 15%，天才学生

① 在对 15%天才学生的筛选测定方面，科南特主要参考 SAT 考试成绩，基于男生与女生智识能力的差异，进行了专门的性别区分。

② James B. Conant, *The American High School Today: A First Report to Interested Citizens* (New York: McGraw-Hill, Inc., 1959), pp. 21-23.

③ James B. Conant, *The American High School Today: A First Report to Interested Citizens* (New York: McGraw-Hill, Inc., 1959), pp. 49-50.

约占全美适龄学生人数的3%，① 这批学生的发展对美国社会尤为重要。科南特建议每一所高中学校的校长向督学提供学业档案清单，以匿名方式记录有学术天分学生学习期间的学业表现，以及有潜力进入2年制学院、4年制学院和大学的学生比例情况。② 根据调查结论，科南特建议严格学术课程考核标准，加大学术课程在课程结构中的比例，每日课时增加到7课时左右，同时拓展学生在课外时间学习交流的机会，确保为那些有学术天分的学生提供优质的教育。

对于《今日美国高中》的题目，科南特认为有些不妥，这份报告并无意于评估美国高中，而是寻找可以推广的学校典范。不过，科南特依然保留他的基本观点：一是为天才学生设置严格的学术课程和专门课程，二是为综合中学所有的学生设置一般的课程计划。科南特在报告中尝试通过综合高中将学术卓越与民主精神结合在一起。《今日美国高中》虽是一份私人报告，但科南特希望这份报告能影响政策制定者，他坦诚这份报告并不是一份单纯的社会科学研究，他希望通过这份调查报告表达他的政治社会理想。③ 一方面，科南特希望通过个人声望影响教育改革；另一方面，科南特利用电台、电视、演讲、报纸等媒介积极宣传他的研究报告和教育改革理想。1958年秋，科南特到各地巡游演讲，为即将出版的《今日美国高中》做全国范围内的推介宣传。短短两个月，他一共面向35000名听众进行了多达35次的演讲，

---

① James B. Conant, *The American High School Today: A First Report to Interested Citizens* (New York: McGraw-Hill, Inc., 1959), pp. 58-62.

② James B. Conant, *The American High School Today: A First Report to Interested Citizens* (New York: McGraw-Hill, Inc., 1959), pp. 63-64.

③ Robert L. Hampel, "The American High School Today: James Bryant Conant's Reservations and Reconsiderations," *The Phi Delta Kappan*, Vol. 64, No. 9, May, 1983: 607-612.

并且频繁出席出版社、电台和电视媒体的访谈节目。[①] 科南特自己也承认，如果不是因为苏联卫星事件急于出版这份调查报告，他本打算将调查工作再延长6个月，但他也认识到为了将报告的效应最大化而选择出版时机的重要性。[②] 报告被出版后，卡内基基金会出资免费向公众分发88000份文本，报告发行分布非常广泛，教育杂志编辑、高中校长和督学、学校董事会成员、科南特的私人朋友乃至参议员等都收到了出版社寄送的报告文本。全美教育协会向其附属机构分发近6000本以供学习阅读。[③] 另外，科南特团队还向几乎所有高中、学校董事会、学院、地方报界、政府官员及其他在教育界具有影响力的组织发放了近9万份报告复印件，积极宣传他的调研结果和教育思想。[④]

当时，美国社会对教育的不满情绪高涨，如何提高中学教育质量成为美国社会极度关注的热门话题，从而使《今日美国中学》一时间成为畅销书，很快成为人们讨论的焦点。科南特频繁地出现在公众面前，他所建议的方法被做成电影胶片，被加州的奥克兰（Oakland）和堪萨斯州（Kansas）的拉贝特县（Labette）的两所中学所采用。电影内容主要展现了科南特在《今日美国高中》中提出的改革建议，很快得到广泛流通，大量的杂志文章、演讲、会议都把科南特的报告作为

---

① Barry J. Teicher, *James Bryant Conant and "The American High School Today"* (Madison: University of Wisconsin-Madison, 1977), p. 227.

② Barry J. Teicher, *James Bryant Conant and "The American High School Today"* (Madison: University of Wisconsin-Madison, 1977), p. 228.

③ Barry J. Teicher, *James Bryant Conant and "The American High School Today"* (Madison: University of Wisconsin-Madison, 1977), p. 229.

④ Jeanne E. Amster, *Meritocracy Ascendant: James Bryant Conant and the Cultivation of Talent* (Cambridge: Harvard University, 1990), pp. 228-229.

讨论的主题。科南特通过个人魅力影响大众媒体[①]，作为知名公众人物，他的声名盛极一时，甚至在一定程度上引导着大众对教育的认知[②]。阿特巴赫写道："与其他教育家相比，詹姆斯·科南特对美国教育产生的影响更加深刻。科南特的每份报告在大众媒体和教育期刊上发行量巨大，大众杂志对科南特的批评甚少，许多教育杂志虽然对科南特的观点稍有微词，但基本认可他的观点。据统计，在将近50篇评论科南特的文章中，只有10篇文章对其抱有敌意。"[③]

评论界对科南特报告的评价褒贬不一，黛安娜·拉维奇认为，科南特的报告将学术卓越与民主价值巧妙地结合在一起。[④]《北部中心季刊》(*North Central Quarterly*)将科南特评价为"无党派倾向的冷静而富有资格的美国教育观察家"[⑤]。在《今日美国高中》的序言中，约

---

① 科南特因其科学家和政治家的身份，与美国及其他国家上流社会的诸多名人均有私交，如约瑟夫·麦卡锡(Joseph R. McCarthy)、约翰·肯尼迪(John F. Kennedy)、富兰克林·罗斯福(Franklin D. Roosevelt)、德怀特·艾森豪威尔(Dwight D. Eisenhower)、乔治·马歇尔(George C. Marshall)、伯纳德·巴鲁克(Bernard M. Baruch)、罗伯特·奥本海默(Robert Oppenheimer)、万尼瓦尔·布什(Vannevar Bush)、温斯顿·丘吉尔(Winston Churchill)等。这些科学界、政治界和商界圈子无疑为科南特20世纪50—60年代中等教育调查和改革的推广起到了重要作用。详见John Leonard,"Books of The Times," *The New York Times*, 1970-3-4.

② 上述对科南特的评价无疑是极端夸张的，尤其是拉芙迪。另外，蒙特霍利约克学院(Mount Holyoke College)招生部将科南特在《今日美国高中》中的观点迅速推向实践，1963年该学院入学新生学习4年及以上数学课程的达到62%，1959年这一比例仅为38%；同样，1959—1963年，学习科学的学生比例从12%提高到28%。可详见Fred M. Hechinger, "The Post-Conant Freshmen," *The New York Times*, 1963-11-10.

③ Philip G. Altbach, "James B. Conant, Educator," *The Phi Delta Kappan*, Vol. 45, No. 1, Oct, 1963: 11-12.

④ Diane Ravitch, *The Troubled Crusade: American Education*, 1945-1980 (New York: Basic Books, 1983), p. 230.

⑤ Harlan Koch, "A Calm Man in a Neutral Corner," *North Central Quarterly*, April, 1959: 269.

翰·加德纳谈道："本书是一份切合实际的报告，……目前对这样一个报告的重要性无论做怎样高的估计都不过分……"正因如此，有些人认为他为美国做出了卓越贡献，现在从事的这项研究则是他的所有贡献中最大的贡献。① 虽然有一些评论者认为科南特开出的药方是肤浅而保守的，约翰·加德纳（John W. Gardner）却给予科南特的报告高度评价，认为科南特作为美国教育的独立观察者，他所做的工作在美国公共事业领域具有里程碑意义。② 从教育政策实践角度看，全美教育协会教育政策委员会（the Educational Policies Commission of National Education Association）及大部分公立高中督学和校长均赞同、认可他的研究结果。③

但是，也有人对科南特的报告提出了尖锐的批评，詹姆斯·柯纳（James D. Koerner）认为虽然科南特的报告是20世纪美国教育历史上最受期待、传播最广、知名度最高的报告，但它依然是一份悲剧性的报告，它的悲剧在于全美学校董事会、教师、管理者乃至家长对这份报告不加批判的信任。鉴于科南特巨大的个人声望及其报告的广泛影响，报告所产生的悲剧也是全国性的。科南特报告过分关注天才学生，事实上"牺牲"了大部分美国高中生的教育需求。④ 约瑟夫·杜尔汉姆（Joseph T. Durham）认为《今日美国高中》使科南特陷入了两难困境。一方面，他认为综合高中是服务于所有美国青年的民主机构；另一方

---

① James B. Conant, *The American High School Today: A First Report to Interested Citizens* (New York: McGraw-Hill, Inc., 1959), p. Ⅺ, Ⅻ.

② M. A. Farber, "James B. Conant Dies at 84," *The New York Times*, 1978-2-13.

③ George B. Kistiakowsky, Frank H. Westheimer, "James Bryant Conant," in *Biographical Memoirs of Fellows of the Royal Society*, Vol. 25 (London: The Royal Society, 1979), pp. 209-232.

④ James D. Koerner, "The Tragedy of the Conant Report: A 'Personal Testament'," *The Phi Delta Kappan*, Vol. 42, No. 3, Dec., 1960: 121-124.

面,他也意识到一些课程只有具备学术天分的学生才能胜任。① 贝利·梯切(Barry J. Teicher)认为《今日美国高中》在根本上是一份政治报告,其核心改革目标已经超越了中等教育本身,实际上旨在维护、保持和巩固美国自建国以来所推崇和信奉的民主制度和价值观念。② 该报告不是一份孤立的政策宣言,想要深入理解这份报告,必须要将其置于美国的教育和历史语境中。基于此,贝利·梯切断言:《今日美国高中》事实上对美国高中的结构、课程等产生的影响甚微。③ 科南特报告之所以在 20 世纪 50 年代畅销,贝利·梯切认为,首先,科南特现实主义和实用主义的教育改革思路一定程度上平息了 20 世纪 50 年代以来对中等教育的尖锐抨击;其次,该报告对美国当时的教育制度持支持态度;再次,该报告间接回应了苏联卫星事件带来的挑战;最后,科南特对天才学生的观点也是对一战以来美国中学生活适应教育的补充。④

尤金妮·扬格特(Eugene Youngert)作为科南特出版《今日美国高中》的助手,对詹姆斯·柯纳提出的批评做出了回应,她认为科南特的报告在根本上是一份基础性报告,是一份针对所有美国高中生的普通教育方案。在学生观方面,报告尊重每一位不同能力水平的学生,并且为他们提供均等的机会。⑤ 因此,有评论认为应该将科南特的报告视为评估高中的第一步。天才学生的教育只是高中教育的一部分,少

① Joseph T. Durham, "The Conant Report: A Critique," *The Clearing House*, Vol. 34, No. 3, Nov., 1959: 177-181.

② Barry J. Teicher, *James Bryant Conant and "The American High School Today"* (Madison: University of Wisconsin-Madison, 1977), p. Ⅷ.

③ Barry J. Teicher, *James Bryant Conant and "The American High School Today"* (Madison: University of Wisconsin-Madison, 1977), p. Ⅹ.

④ Barry J. Teicher, *James Bryant Conant and "The American High School Today"* (Madison: University of Wisconsin-Madison, 1977), pp. 247-248.

⑤ Eugene Youngert, "Setting the Record Straight: A Reply to 'Tragedy of the Conant Report'," *The Phi Delta Kappan*, Vol. 42, No. 3, Dec., 1960: 125-128.

数族裔学生的教育依然是高中教育面临的巨大问题。① 有评论指出，科南特对美国高中的调查的本意在于发现一些他理想中的案例学校，如果研究结果显示他理想的高中并不存在，或许这一事实并不重要，但这一令人沮丧的结果对历史学家具有重要意义，他们认为这一问题需要得到必要的反思和修正。事实上，这些问题已经为20世纪60年代美国教育陷入动荡埋下了伏笔。②

总的来说，科南特的报告中针对美国高中改革提出的具体建议虽然引来很多批评和指责，但不得不承认科南特务实的改革态度一定程度上促使美国公众对高中的指责和抨击向解决现实问题转向。科南特的报告并无意于调查研究美国所有的高中，报告中提出的具体建议虽有瑕疵，但基于此进行深入讨论是大有裨益的。③ 科南特报告的发表虽引起诸多争议和讨论，但毫无疑问，它必将成为一份富有影响力的教育报告并被广泛引用。④

第二节 科南特的教育观与《今日美国高中》的政治社会诉求

事实上，《今日美国高中》所表达的教育观点直接折射出科南特的社会和政治偏好。科南特声明对美国高中的调查只是一项私人评估，

---

① Jack Abramowitz, "Implications of the Conant Report for the Social Studies," *The High School Journal*, Vol. 46, No. 8, May, 1963: 259-267.

② Robert L. Hampel, "The American High School Today: James Bryant Conant's Reservations and Reconsiderations," *The Phi Delta Kappan*, Vol. 64, No. 9, May, 1983: 607-612.

③ William M. Alexander, "The Conant Report: A Preliminary Appraisal," *The Phi Delta Kappan*, Vol. 40, No. 6, Mar., 1959: 247-249.

④ Richard S. Alm, "A Postscript to the Conant Report," *The School Review*, Vol. 68, No. 4, Winter, 1960: 481-484.

他希望通过调查美国高中表达其教育偏好和倾向。[①] 《今日美国高中》集中反映了科南特根本的教育观，即鉴别、培养天才以服务于国家，通过综合高中培养人才来解决国家面临的问题。科南特将社会的繁荣归因于那些富有智慧并接受良好教育的领导者，而这些天才正是通过教育得到鉴别和培养。学术能力成为获得社会流动和升迁机会的标尺，而这种能人统治的社会制度又反过来为民主社会注入了活力。科南特并没有谈及种族、阶级及因此造成的高中隔离问题，他仅仅对经过筛选后的学生感兴趣。在他看来，个人的力量和创造力推动了社会的进步。

一、科南特中等教育思想的早期渊源

虽然科南特关于综合中学的观念集中体现在《今日美国高中》这份报告中，但科南特在中等教育方面的思想早在第二次世界大战前就已成型。事实上，贯穿于《今日美国高中》中的教育理念已在他担任哈佛大学校长期间渐趋成型，基于科学主义和保守主义的知识精英理念（meritocratic elitism）是贯穿其教育思想的基本信念。科南特在教育界的声名源于晚年针对美国高中的调查研究，在此之前，他是著名的化学家、大学校长、外交官，多方面的职业生涯为他晚期开展公共教育领域的调查研究做了深厚的铺垫。在职业生涯的早期，他是一位笃定而纯粹的科学家，醉心于化学研究。在担任哈佛校长之前，他从未发表过与化学无关的文章或演说。1933 年，科南特就任哈佛大学校长，因其职务变动，开始关注教育问题。目前，学界将他面向哈佛大

---

① Barry J. Teicher, *James Bryant Conant and "The American High School Today"* (Madison: University of Wisconsin-Madison, 1977), pp. 193-194.

学新生的演讲[①]作为其发表教育观点的第一份公开文献。

1933—1952 年，科南特担任哈佛校长，试图将哈佛大学转型为名副其实的知识精英大学。他在 1952 年校长年度报告中也曾总结 20 年的治校理念，他始终信守一条治校哲学：哈佛的未来依靠优秀的学生和杰出的学者。[②] 1933 年，当他出任校长时，哈佛还只是一所美国东海岸的大学。他上任之后，努力吸引全美最有前途的年轻人来哈佛就读，希望能将哈佛缔造成一所全国性大学。经过科南特在任期间的奋力开拓，二战之后，哈佛成为名副其实的世界一流大学。科南特 20 年治理哈佛的历史为他后来参与美国公共教育改革打下了深厚的理论和实践基础。事实上，在美国高中改革中推崇天才教育，其理论基础早在他担任哈佛大学校长期间就已成型。

在担任哈佛大学校长后期，科南特已将选拔人才的目光投向了中等教育领域。在 1937—1938 年校长年度报告中，科南特提到公立中等教育的功能于国家而言至关重要，公立和私立教育是维系美国民主社会的根基，尤其是中等教育对国家经济、政治和社会的发展意义重大，是国民生活的根本。[③] 1945 年 11 月，科南特在朱利叶斯-罗萨·撒切丝捐赠基金讲座（Julius and Rosa Sachs Endowment Fund Lectures）中第一次系统发表对中等教育的观点，尝试解答困扰教育家已久的问题：中等教育的重点应面向全美学生还是有学术天分的学生？为此，他通过在两大委员会的工作尝试解决这一问题。1945 年，科南特担任全美教育协会教育政策理事会主席，通过调查研究出版了《面向所有美国

---

① James B. Conant, "Address to the Freshmen of Harvard University," *School and Society*, Vol. XXXVIII, Oct. 7, 1933: 449-452.

② James B. Conant, *Report of the President of Harvard University to the Board of Overseers, 1951-1952* (Cambridge: Harvard University Press, 1952), p. 9.

③ James B. Conant, *Report of the President of Harvard University to the Board of Overseers, 1937-1938* (Cambridge: Harvard University Press, 1938), p. 5.

青年的教育》（*Education for All American Youth*）。另外，科南特在哈佛大学通过委任专门委员会公布针对哈佛学院的课程改革报告——《自由社会的普通教育》（*General Education in a Free Society*）。前者旨在为所有美国青年提供个性化教育，后者为学术天才设计相应的教育目标和内容。[①] 二战前后，美国高中办学职能逐渐多元化，科南特认为上述两份报告可以作为改革美国综合高中的基础，也可以回应有关美国学校未来发展方向的诸多争议。1948 年，科南特在《分裂世界中的教育：公立学校在我们独特社会中的作用》（*Education in a Divided World : The Function of the Public Schools in Our Unique Society*）中将公共教育视为维护巩固美国民主精神的关键。[②] 民主精神成为他阐述综合高中思想的核心线索和主题，认为综合高中是美国维护"社会民主的发动机"。[③] 20 世纪 50 年代，科南特担任教育政策理事会主席，陆续又发布了两份报告：《天才的教育》（*Education of the Gifted*）和《教育与国家安全》（*Education and National Security*），集中关注了美国的天才儿童，认为国家的天才儿童一直被忽视，如果国家没有为那些有潜力的天才儿童提供充分的教育机会，所谓的美国民主理想只是空谈。

与此同时，20 世纪 50 年代美国高中也在经历巨大的转变。第二次世界大战后，美国高中入学人数和在学人数出现了惊人的增长趋势。1945 年，高中入学人数达到 695.6 万人，1959 年增加到 983.8 万人，1963 年达到 1251.7 万人。与此同时，高中毕业率也逐年增长。1944

---

① Barry J. Teicher, *James Bryant Conant and "The American High School Today"* (Madison: University of Wisconsin-Madison, 1977), pp. 177-179.

② James B. Conant, *Education in a Divided World : The Function of the Public Schools in Our Unique Society* (Cambridge: Harvard University Press, 1948), p. 1.

③ James B. Conant, *Education and Liberty : The Role of Schools in a Modern Democracy* (Cambridge: Harvard University Press, 1958), p. xi .

年，每1000人中只有393人毕业，1958年这一数据增加到582人。[①]随着高中入学人数的激增，20世纪50年代围绕学校教育产生了一系列辩论。20世纪50年代的高中课程主要以生活适应为目的，这一课程主旨自1918年中等教育重组委员会确立以来延续到20世纪50年代。但到了50年代，这一课程目标备受科学界和技术界的批评。[②] 二战后，美国一跃成为世界头号大国，国际局势的压力促使美国围绕教育目的展开了激烈辩论。其中，辩论最激烈的两位是阿瑟·贝斯特（Arthur Bestor）和海军上将里克欧沃（Hyman G. Rickover）。贝斯特在其著作中批判生活适应课程，对这一原则的前提表示怀疑，要求加强智力训练。[③] 里克欧沃紧随贝斯特，在其《教育与自由》（*Education and Freedom*）一书中抨击生活适应课程，要求提高教育标准以迎接新技术革命的挑战。因此，他崇尚天才教育，指出天才是决定国家命运的关键因素。[④] 贝斯特和里克欧沃对教育的根本、基础提出了挑战。贝斯特声称教育的主要目的是基于学术训练的智力过程。里克欧沃坚持认为

---

① United States, Bureau of the Census, *U. S. Department of Commerce Historical Statistics of the United States*, *Colonial Times to 1970*, Part 1 (Washington D. C.: Census Bureau, 1975), pp. 370-371.

② 关于美国中等教育目标变迁的历史，可以追溯到1892年哈佛大学校长艾略特主持发布的《十人委员会报告》。该报告声明美国高中应让一部分美国青年通过提高学术能力来对自己的生活负责。25年后，1917年中等教育重组委员会提出民主的教育主旨在于开发每一个美国人在知识、兴趣、理想、习惯和力量方面的潜能，以此塑造、完善自我并服务于社会。两份报告中的中等教育的目标发生了显著变化，从服务少数人向全体美国人转向。20世纪50年代，苏联卫星事件迫使美国教育再次面临新的挑战，科南特的报告就是对美国中等教育做出的一次伟大评估。可参见 Joseph T. Durham, "The Conant Report: A Critique," *The Clearing House*, Vol. 34, No. 3, Nov., 1959: 177-181.

③ Arthur E. Bestor, *Educational Wasteland*: *The Retreat from Learning in Our Public Schools* (Urbana: The University of Illinois Press, 1953), p. 81.

④ Hyman G. Rickover, *Education and Freedom* (New York: E. P. Dutton and Co., 1959), p. 16.

教育与国家命运之间的密切关系，应该注重发现天才儿童，进行单独教育，使其成为科学、技术领域的领袖。这些舆论为科南特利用个人在教育界、政界的声望进行中等教育改革提供了平台和杠杆。

除此而外，教育家弗兰西斯·斯波尔丁（Francis Spaulding）对科南特中等教育思想产生了很大影响。斯波尔丁认为哈佛大学教出来的领导者和教育者应该对公共教育发挥作用，以推进和加强社会的民主。科南特对欧洲民主力量的坍塌深表忧虑，并且劝说斯波尔丁放弃去芝加哥大学的打算，担任哈佛教育研究生院院长，并且通过董事会给予其财政资助。担任哈佛教育研究生院院长后，斯波尔丁提出了极具挑战性的建议，即推广面向大众的综合学校。1940 年 3 月 28 日，在加州大学校庆日（Charter Day）发表的一篇题为“无阶级社会的教育：杰斐逊传统”的报告中，科南特第一次扩大了他最初有关天才的概念，指出天才不仅包括学术天才，还包括工匠等技术人才。科南特强调在教育系统的每一个环节都应该提供真正的民主，将职业机会向所有具备才能的人开放。①

斯波尔丁建议科南特放宽对教育的看法，将其作为民主的工具。而科南特的英才主义理念不同于斯波尔丁的大众主义教育理念，他在组建哈佛教师队伍过程中，依然坚持将一流的学者引入哈佛学术界。但是，科南特也认同斯波尔丁的建议，认为教育的首要责任应该是提供社会流动的机会。科南特将自身的教育经历就视为反贵族偏见（anti-aristocratic bias）的典型案例，认为中等教育应该为学业优异的学生提供更多机会。② 可见，科南特中等教育思想和改革实践是在高等教育改革基础上着手进行的，他主要立足于为大学储备优质生源，增进教育

---

① James B. Conant, “Education for a Classless Society: The Jeffersonian Tradition,” *Atlantic Monthly*, Vol. CLXV, May, 1940: 594-600.

② Wayne J. Urban, “James Bryant Conant and Equality of Educational Opportunity,” *Paedagogica Historica*, Vol. 46, No. 1-2, 2010: 193-205.

机会均等，推动美国教育民主化进程。

在从事高等教育研究与实践的过程中，科南特开始不断开拓教育研究的新领地，与哈佛教育学教授的接触及对教育学院的改革使科南特的教育视野日益开阔。1941 年以后，科南特入选全美教育协会的教育政策委员会。同时，他积极参与美国教育理事会（American Council on Education）和美国大学协会（Association of American Colleges）的教育决策。在与公立教育改革家们共同工作的过程中，科南特了解到更多中等教育的现实问题，也激发了研究中等教育的强烈愿望。随着对中等教育研究的深入，结合天才教育与综合中学理念，科南特逐步形成了自己的中等教育思想，并且通过翔实的调查研究为当时的教育改革提供了行动指南，成为影响战后美国中等教育改革的核心人物。

二、科南特的社会政治观与《今日美国高中》的教育诉求

科南特的政治哲学观与教育观是相辅相成的，只有充分了解他的政治哲学思想，才能深入地把握其教育观。可以说，他的教育观本身就是一种政治哲学，支撑科南特一切教育思想的根本核心在于他捍卫美国民主与自由的理想。科南特将学校教育与美国民主制度的命运紧密地联系在一起，他的教育观不仅仅是美国教育本身，还根植于美国社会理想。科南特自认为他的思想来源于美国理想主义的本流，一方面推崇自然科学，另一方面笃信人文主义，推崇宽容和个人主义。他肯定理想主义在美国传统中的价值，但是他也批评伪装的保守派和教育学者不切实际的乌托邦式空想。科南特所指伪装的保守派实际上是芝加哥大学校长赫钦斯，乌托邦式空想则是指杜威等人的进步主义教育理想。

一方面，科南特认为美国高中应向学生传递民主政治价值观，公立中学不仅提供大众化、普及化的教育机会，还是捍卫美国民主的黏

合剂。[1] 科南特在托马斯·杰斐逊（Thomas Jefferson）那里找到了其民主教育的依据。克拉伦斯·卡利尔（Clarence J. Karier）指出《今日美国高中》出版后，科南特被社会改造主义者批评为太保守，又被保守主义者批评为过于自由主义，同时被儿童中心论者批评为过于强调学术标准。卡利尔认为，如果科南特是保守主义者，那也只能将其视为杰斐逊-贺拉斯·曼意义上的保守主义者。[2] 史密斯在《华盛顿邮报》一篇悼念科南特的文中援引哈佛大学教育研究生院前院长弗朗西斯·凯佩尔（Francis Keppel）的观点时谈道："科南特深受美国国父杰斐逊的影响，我将他视为一位过时的激进派（old-fashion radical）。"[3]

科南特极为推崇杰斐逊的政治哲学观和教育观，致力于建立一个无阶级的美国教育制度。中等教育是美国民主的工具和载体，科南特一方面希求通过学校教育建立统一的国家生活，另一方面寻求多样化的学校教育模式，尊重少数族裔群体的声音，践行民主。科南特继承杰斐逊的机会均等原则，并不赞成双轨制，主张综合高中，建立单一教育体制，即单轨制，希望以此增进大众民主。他将公立中学视为最大限度地增进不同阶层之间沟通、增进社会民主和社会流动的理想机构。

此外，作为一位科学家、大学校长和教育政治家，科南特始终信奉知识精英主义的管理和教育理念。无论成功与失败，事实上，他都在执着甚至略显固执地将个人经历推演为社会建制。他笃定的信念源于他勤奋而努力的一生，他坚信优异的成就并不取决于出身和地位，而是取决于个人才能和勤奋。很显然，科南特的价值立场流露了明显

---

① James B. Conant,"Education for a Classless Society: The Jeffersonian Tradition," *Atlantic Monthly*, Vol. CLXV, May, 1940: 594-600.

② Clarence J. Karier, *Man, Society and Education: A History of American Educational Ideas* (Glenview: Scott, Foresman & Company, 1967), p. 255.

③ J. Y. Smith,"James B. Conant Dies," *The Washington Post*, C4, 1978-2-13.

的个人能力主义倾向。科南特相信有才能的人分布于社会各个阶层，他要努力打破教育体制中的贵族、地域和经济障碍。但他忽略了他职业生涯中后天积累的社会文化资本，他的成功既有执着笃定的勤奋与努力，又有后天的社会文化资本做支撑。事实上，这样矛盾的社会处境始终贯穿于科南特的职业生涯。

在科南特的职业生涯中，教育成为他获得成功的主要途径，也为他改革哈佛大学及研究公共教育铺平了道路。他的个人成长经历使他确信能人统治社会制度的潜力。他坚信教育对甄别天才的潜力，相信能人统治社会制度的优越性和可行性。科南特始终认为个人的力量可以将问题转变为答案，可以将一种观念普遍推广。合适的人在合适的位置可以改变世界，解决未来社会问题的最好办法是教育，教育的责任是甄别未来的领导人才并予以合理的培养。科南特认为教育不可能在真空中实施，必然与社会发生密切联系。可以说，他既是美国实用主义传统的继承者，也是杰斐逊民主理想的践行者。① 科南特的教育观点深受这一理念的影响，他所推崇的英才教育正是对杰弗逊教育理念的体现。他相信普及教育之于民主的意义，因此他积极推崇民主与个人自由，相信个人才智可以克服任何障碍。科南特坚信进步和社会流动的主要动力来自个人的能力、志向与成就，教育的责任就是挖掘那些有能力和潜质的人来解决未来难题。他对待解决问题的态度是始终坚信个人的努力和天分，科南特一生都在寻求那些有天分、能力出众的人才。

显然，科南特为美国高中改革开出的处方是保守的。科南特主要关注天才儿童的教育问题，对减少教育中的隔离与分化关注甚少。学界批评科南特在教育哲学观上缺少一致性。但不得不承认，科南特首

① William M. Tuttle, *James B. Conant, Pressure Groups, and the National Defense, 1933-1945*(Madison: University of Wisconsin, 1972), p. 24.

先是一位科学家，其次是大学管理者，然后才是教育家。他的学术训练和管理经历都不同于教育学科领域，他对教育问题的看法更加务实。他热心从事严格的智力训练，致力于维护美国的民主社会和政治制度，这些工作对他从事教育研究是十分重要的条件。[①] 北卡罗来纳州州长特里·桑福德（Terry Sanford）在北卡罗来纳州教育改革中采纳了很多科南特的建议，他将科南特视为一个十足的教育实践者，认为他的所有著作和报告都极具实践导向，其学校改革建议都非常实用。科南特也自称教育界的异端。[②]

科南特坚信美国的民主理念根植于建国初期的共和制度，这一时期的民主理念是最富有活力的。建国初期，美国民众坚信美国式的民主是独一无二的，真正的民主是确保民众机会均等，唯有机会均等，个人才有机会基于个人能力和努力突破阶层障碍，实现社会流动。[③] 他推崇无阶级的综合中学，但讽刺的是他本人及他的两个儿子都就读于优质的私立中学。本杰明·伊诺姆（Benjamin Enoma）在对约翰·古德莱德（John I. Goodlad，1929—2014 年）的一次私人采访中，古德莱德谈道："科南特所有的教育经历都是在精英学院，我不认为他充分了解和把握美国公共教育，他的所有子女都是在私立学校接受教育。"[④] 在此，我们再次回到科南特多方面的身份和生活空间去理解他，他虽不是正统的波士顿人，却是一位地道的新英格兰人，清教徒的克制勤勉和科学家的严谨务实熔铸在他的精神气质中，他崇尚知识精英，通

---

① James B. Conant, *The American High School Today: A First Report to Interested Citizens* (New York: McGraw-Hill, Inc., 1959), p. Ⅸ.

② Terry Sanford, "Remembering James B. Conant," *Change*, Vol. 14, No. 1, Jan.-Feb., 1982: 26, 52-53.

③ James B. Conant, "Education for a Classless Society: The Jeffersonian Tradition," *Atlantic Monthly*, Vol. CLXV, May, 1940: 594.

④ Benjamin Enoma, *Meritocracy: A Socio-Educational Policy Conundrum Transversing Selected Works of James Bryant Conant* (New York: The City University, 2008), p. 96.

过个人勤奋执着的努力，他成为知识新贵。但不得不承认那些他反感愤恨的波士顿上层贵族在他职业生涯中所起的作用，事实上，个人天分和后天社会文化资本早已融合在一起维系着他的职业生涯和社会哲学观。科南特虽不是正统意义上的波士顿上层贵族，但在后天社会文化资本的累积中，他早已跻身上层社会，在相加和相乘原理的规则下成为波士顿上层社会的一员。[①] 从其教育家的身份而言，他在《今日美国高中》中虽有激进的观点，但从其政治哲学观的角度看，《今日美国高中》事实上继承了杰斐逊以来的民主理想和教育追求。

第三节 《今日美国高中》与美国综合高中改革的走向

1959 年公布中等教育调查报告后，科南特并没有结束对美国教育的调查工作，他与卡内基公司继续合作开展了一系列调查研究，而最初主要以美国中等教育的调查逐渐演变为对美国教育的调查。1957—1964 年，他一共发表了 7 份报告[②]。这一系列报告引起了美国公众和教育界的广泛讨论。经过一系列调查研究，科南特不仅确立了他一贯的问题解决模式的教育研究方法，更为重要的是他在教育界声名鹊起，迅速成为美国公共教育的发言人。作为一位社会发明家[③]，他对 20 世

---

① 事实上，科南特本人具有很深厚的地域情结，除了在军队服役和学术交流之外，他的职业生涯都是在波士顿度过的。

② 7 份报告分别是《美国高中天才学生的甄别与教育》(*The Identification and education of the academically talented student in the American high school*，1958 年)、《今日美国高中》、《儿童、家长与国家》(*The child, the parent and the state*，1959 年)、《初中教育》(*Education in the junior high school*，1960 年)、《贫民窟与乡村：论都市地区学校》、《美国教师教育》(*The education of American teachers*，1963 年)、《形成教育政策》(*Shaping Education policy*，1964 年)。

③ 1970 年，科南特在自传回忆录中将自己称为社会发明家，详见 James B. Conant, *My Several Lives: Memoirs of a Social Inventor* (New York: Harper & Row Publishers, 1970).

纪五六十年代美国公共教育毋庸置疑地产生了比其他任何人都要大的影响，并且成为20世纪中期美国教育历史上最具影响力的教育家之一，甚至有评论认为科南特是20世纪60年代美国最杰出的教育政治家。[①]

《今日美国高中》公布不久，综合高中模式得到联邦及专业组织的支持和资助，注册综合高中的学生不断增加。从美国高中学生入学的角度看，综合高中的目标在全美大部分地区基本实现，只有南方地区发展相对滞后。[②]（见表8-6）另外，《今日美国高中》发表后，选拔天才儿童备受关注，参加大学先修课程（Advanced Placement Program）考试的学生急剧增加。1957年，参加大学先修课程考试的学生有2068人，1962年增加到16256人，增长近8倍。受科南特报告的影响，很多学校将每个授课日改为7课时。[③]

表8-6　1950、1970年美国高中注册学生人数占比变化情况

时间（年）	全国（%）	东北部（%）	西部（%）	南部（%）
1950	57.7	65.4	67.7	42.2
1970	90.3	92.9	94.2	86.1

《今日美国高中》尤为关注外语、数学和科学三门课程的教育质量。《今日美国高中》发表后，注册外语、数学和科学三门学术课程的

---

① James E. McClellan, *Toward an Effective Critique of American Education* (New York: J. B. Lippincott Company, 1968), p. 60.

② John L. Rury, "The Comprehensive High School, Enrollment Expansion, and Inequality: The United States in the Postwar Era," in Barry M. Franklin, Gary McCulloch ed., *The Death of the Comprehensive High School? Historical, Contemporary, and Comparative Perspectives* (New York: Palgrave Macmillan, 2007), p. 56.

③ Richard S. Peterson, "The Science Program Five Years after the Conant Report," *The High School Journal*, Vol. 46, No. 8, May, 1963: 279-284.

学生人数比例有明显增长[1]（见图 8-3），但获得学分的学生比例有下降趋势[2]（见图 8-4）。因此，有评论认为为所有适龄高中生提供严格、高质量且富有挑战性的教育项目，这一目标的实现就当时来看，前景依然不明朗。[3] 有调查数据显示，自 1958 年以来，注册学术课程的高中生在总体上呈下降趋势，直到 20 世纪 80 年代才有所转变。[4]（见图 8-5）

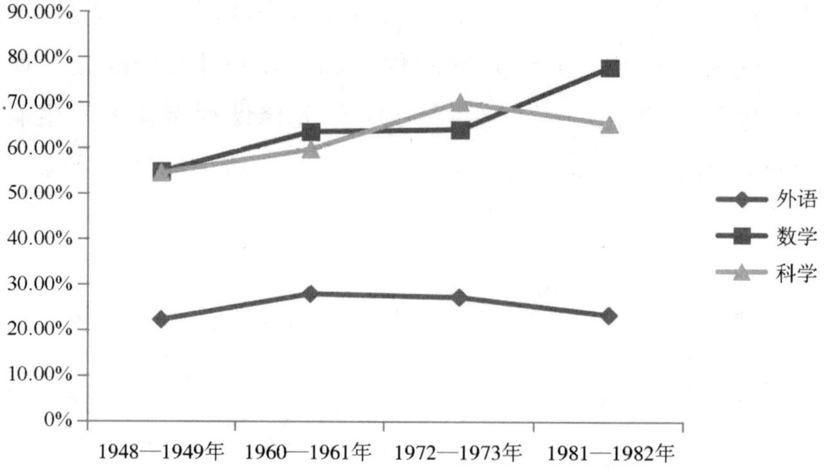

图 8-3　1948—1982 年美国高中各科课程注册学生（9—12 年级）比例变化情况

① David L. Angus, Jeffrey E. Mirel, *The Failed Promise of the American High School ,1890-1995*(New York: Teachers College, Columbia University, 1999), p. 206.

② David L. Angus, Jeffrey E. Mirel, *The Failed Promise of the American High School ,1890-1995*(New York: Teachers College, Columbia University, 1999), p. 207.

③ David L. Angus, Jeffrey E. Mirel, *The Failed Promise of the American High School ,1890-1995*(New York: Teachers College, Columbia University, 1999), p. 199.

④ David L. Angus, Jeffrey E. Mirel, *The Failed Promise of the American High School ,1890-1995*(New York: Teachers College, Columbia University, 1999), p. 207.

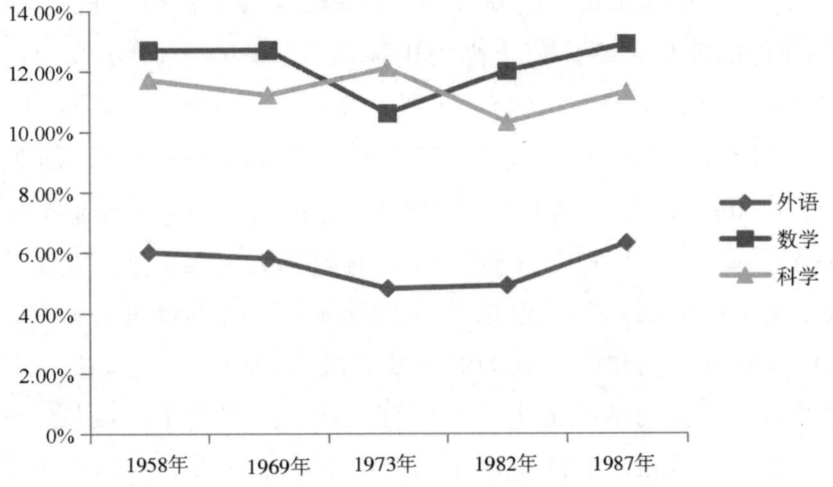

图 8-4 1958—1987 年美国高中毕业生各科所获学分比例变化情况

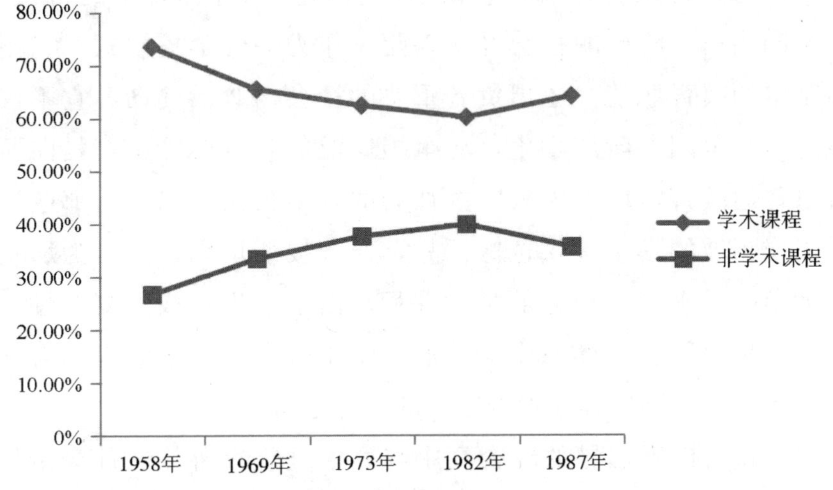

图 8-5 1958—1987 年美国高中毕业生修读学术课程与非学术课程比例变化情况

2000 年以来，联邦政府把严格学业标准与测试评估作为衡量学校教育质量的基本手段。2001 年 10 月，全美高中高年级委员会

(National Commission On The High School Senior Year) 正式发表名为“放远我们的视野：不让每个高中生掉队”(*Raising Our Sights*: *No High School Senior Left Behind*) 的重要报告。该报告以不让每个学生落后为目标，提出了以提高成绩 (raise achievement)、加强合作 (improve alignment)、提供更多的选择 (provide more alternatives) 为主要措施的“三a计划”。2002年，《有教无类法案》进一步要求全面提高学生学业成绩，并且根据学生的测试分数对学校进行排名，以此作为学校质量评估和财政资助的主要手段。2010年3月，奥巴马政府在强调学业成就的基础上进一步修订该法案，将学生的成长、学业成绩的进步、大学和职业准备水平、高中毕业率和大学入学率等多方面因素作为评估学校质量的指标。

提高综合高中教育质量一直是美国基础教育改革的重要议题，综合高中作为一种教育理念，它秉承教育机会均等和公平的价值取向，缩小不同族裔、阶层的社会经济差距。作为一种学校模式，它不仅承担着基本的教育职能，还担负着重要的社会与政治使命，它不仅最大限度地招收美国各阶层学生，还承担广泛的教育职能：一是向所有学生提供普通教育，培养未来民主社会的合格公民；二是为那些毕业后进入工作领域的学生提供选修课程，给予技能培训；三是为那些打算升入大学的学生提供充分的学术课程。由于学生构成的复杂性，综合高中一直是美国教育体系中的软肋，学生辍学率、毕业率、大学与职业准备水平等问题使其面临着巨大的生存危机。

科南特所推崇倡导的综合高中与民主理想在种族、社会阶层、文化多元的美国社会是否可行？美国当代教育家约翰·鲁利 (John L. Rury) 的研究结论认为，在当今美国种族、阶层、文化多元的社会中，科南特综合高中的理想遭到了很大的挑战。[①] 鲁利认为，自《今日美国高中》发表以来，美国高中虽然在入学学生数量上有显著增加，但在种族、阶层等领域的教育不公平现象依然存在。[②] 大卫·马什（David D. Marsh）等在《新美国高中》（*The New American High School*）一书中甚至激进地提出取消综合高中。[③]

《今日美国高中》提出的综合高中模式虽备受质疑，但从美国高中发展的实践看，20 世纪 70 年代以后，综合高中在办学定位上已经出现了新的变化，开始趋于侧重综合高中的具体职能，不再关注综合高中的历史渊源，这一时期综合高中这一概念几乎等同于美国高中。目前，美国高中一般都会开设多元课程，所以普遍被视为综合高中。事实上，科南特在 20 世纪 50—60 年代有关综合高中的报告代表了当时美国教育根深蒂固的传统。威廉·瓦格（William Wraga）认为 20 世纪 30—40 年代，公立学校的社会功能被广泛推崇，所以综合高中获得了前所未为的支持，这是综合高中发展的黄金时期。[④] 科南特在 20 世纪 50—70 年代继承了这一理想。但遗憾的是，科南特发表一系列有关美国高中的报告后，学界关于美国高中民主教育的实际发展情况目前仍所知甚少。大卫·昂格斯（David Angus）和杰弗里·米雷尔认为科南特因其科学家、大学校长、政治家的身份，在中等教育领域发表的看法被公

---

① John L. Rury, "Democracy's High School? Social Change and American Secondary Education in the Post-Conant Era," *American Educational Research Journal*, Vol. 39, No. 2, 2002: 307-336.

② John L. Rury, "The Comprehensive High School, Enrollment Expansion, and Inequality: The United States in the Postwar Era," in Barry M. Franklin, Gary McCulloch ed., *The Death of the Comprehensive High School? Historical, Contemporary, and Comparative Perspectives* (New York: Palgrave Macmillan, 2007), p. 65.

③ David D. Marsh, Judy B. Codding, ed., *The New American High School* (Thousand Oaks: Corwin Press, 1999), p. xiii.

④ William G. Wraga, Democracy's High School: The Comprehensive High School and Educational Reform in the United States. Lanham.: University Press of America, 1994, p. 59.

众格外关注和重视。他们始终认为《今日美国高中》引发了人们对综合高中的推崇和认可，并且成为战后主导公立中等教育的主要模式。①

【参考文献】

Arthur E. Bestor. Educational Wasteland: The Retreat from Learning in Our Public Schools[M]. Urbana: The University of Illinois Press, 1953.

Barry J. Teicher. James Bryant Conant and "The American High School Today"[D]. Madison: University of Wisconsin, 1977.

Benjamin Enoma. Meritocracy: A Socio-Educational Policy Conundrum Transversing Selected Works of James Bryant Conant[D]. New York: The City University ,2008.

Charles D. Biebel. Politics, Pedagogue and Statesmanship: James B. Conant and the Public Schools, 1933-1948[D]. Madison: University of Wisconsin, 1971.

Clarence J. Man Karier, Society and Education: A History of American Educational Ideas[M]. Glenview, IL: Scott, Foresman & Company, 1967.

David D. Marsh, Judy B. Codding, eds. The New American High School[M]. Thousand Oaks, CA: Corwin Press, 1999.

David L. Angus, Jeffrey E. Mirel. The Failed Promise of the American High School, 1890-1995[M]. New York: Teachers College Press, 1999.

Diane Ravitch. The Troubled Crusade: American Education, 1945-1980[M]. New York: Basic Books, 1983.

Eugene Youngert. Setting the Record Straight: A Reply to "Tragedy

① David L. Angus, Jeffrey E. Mirel, *The Failed Promise of the American High School ,1890-1995*(New York: Teachers College, Columbia University, 1999), p. 112-115.

of the Conant Report"[J]. The Phi Delta Kappan,1960,42(3):125-128.

Fred M. Hechinger. The Post-Conant Freshmen[N]. The New York Times,1963-11-10.

Gary L. Peltier, David W. Noonan. Influential Publications in Education:1950-2002[J]. The Clearing House,2003,76(4):215-216.

George B. Kistiakowsky, Frank H. Westheimer. James Bryant Conant [Z]//Biographical Memoirs of Fellows of the Royal Society,25. London: The Royal Society,1979.

Harlan Koch. A Calm Man in a Neutral Corner[J]. North Central Quarterly, April,1959:269.

Hyman G. Rickover. Education and Freedom[M]. New York: E. P. Dutton and Co. ,1959.

J. Y. Smith. James B. Conant Dies[N]. The Washington Post, C4, 1978-2-13.

Jack Abramowitz. Implications of the Conant Report for the Social Studies[J]. The High School Journal,1963,46(8):259-267.

James B. Conant. Address to the Freshmen of Harvard University [J]. School and Society,1933(XXXVIII):449-452.

James B. Conant. Education and Liberty: The Role of Schools in a Modern Democracy[M]. Cambridge, MA: Harvard University Press,1958.

James B. Conant. Education for a Classless Society: The Jeffersonian Tradition[J]. Atlantic Monthly,1940(CLXV):594-600.

James B. Conant. Education in a Divided World: The Function of the Public Schools in Our Unique Society[M]. Cambridge, MA: Harvard University Press,1948.

James B. Conant. My Several Lives: Memoirs of a Social Inventor [M]. New York: Harper & Row Publishers,1970.

James B. Conant. Report of the President of Harvard University to the Board of Overseers, 1951-1952[M]. Cambridge: Harvard University Press, 1952.

James B. Conant. Report of the President of Harvard University to the Board of Overseers, 1937-1938[M]. Cambridge: Harvard University Press, 1938.

James B. Conant, The American High School Today: A First Report to Interested Citizens[M]. New York: McGraw-Hill, Inc., 1959.

James D. Koerner. The Tragedy of the Conant Report: A "Personal Testament"[J]. The Phi Delta Kappan, 1960, 42(3): 121-124.

James E. McClellan. Toward an Effective Critique of American Education [M]. New York: J. B. Lippincott Company, 1968.

Jeanne E. Amster. Meritocracy Ascendant: James Bryant Conant and the Cultivation of Talent[D]. Cambridge: Harvard University, 1990.

John L. Rury. Democracy's High School? Social Change and American Secondary Education in the Post-Conant Era[J]. American Educational Research Journal, 2002, 39(2): 307-336.

John L. Rury. The Comprehensive High School, Enrollment Expansion, and Inequality: The United States in the Postwar Era[M]//Barry M. Franklin, Gary McCulloch, ed. The Death of the Comprehensive High School? Historical, Contemporary, and Comparative Perspectives. New York: Palgrave Macmillan, 2007.

John Leonard. Books of The Times[N]. The New York Times, 1970-3-4.

Joseph T. Durham. The Conant Report: A Critique[J]. The Clearing House, 1959, 34(3): 177-181.

M. A. Farber. James B. Conant Dies at 84[N]. The New York Times,

1978-2-13.

Philip G. Altbach, James B. Conant. Educator[J]. The Phi Delta Kappan, 1963, 45(1): 11-12.

Richard S. Alm. A Postscript to the Conant Report[J]. The School Review, 1960, 68(4): 481-484.

Richard S. Peterson. The Science Program Five Years after the Conant Report[J]. The High School Journal, 1963, 46(8): 279-284.

Robert L. Hampel. The American High School Today: James Bryant Conant's Reservations and Reconsiderations[J]. The Phi Delta Kappan, 1983, 64(9): 607-612.

Terry Sanford. Remembering James B. Conant[J]. Change, 1982, 14(1): 26, 52-53.

Wayne J. Urban. James Bryant Conant and Equality of Educational Opportunity[J]. Paedagogica Historica, 2010, 46(1-2): 193-205.

WilliamG. Wraga. Democracy's High School: The Comprehensive High School and Educational Reform in the United States[M]. Lanham, Md.: University Press of America, 1994.

William M. Alexander. The Conant Report: A Preliminary Appraisal[J]. The Phi Delta Kappan, 1959, 40(6): 247-249.

William M. Tuttle, James B. Conant. Pressure Groups, and the National Defense, 1933-1945[D]. Madison: University of Wisconsin, 1972.

第九章　教育机会与学校效能：《科尔曼报告》

第一节　公立学校是拯救社会危机的“挪亚方舟”吗？

学校教育在美国社会生活中起着至关重要的作用。美国建国之初，共和国的缔造者们就已经意识到教育在培养全国国民素质方面的重要性，将教育作为立国之本。华盛顿曾在国会的文件中道：“没有任何比发展科学和文学更值得我们重视的事情了。在任何国家，知识是增进人民福祉的最可靠的基础。”[①] 贺拉斯·曼和巴纳德等教育管理者倡导将公立学校作为挽救社会危机、维持社会稳定的工具。公立学校应免费向所有儿童开放，通过税收获得资助，并且主张世俗化的教学内容，即将所有儿童置于同一屋檐下对其进行美国化教育，使其融入美国社会中，通过将传统道德和社会责任感灌输给儿童，从而保障社会的稳定和凝聚力。这种免费的公立学校体制加强了社会控制，使学校教育培养的人才能够满足工业化社会的要求，维护了社会稳定，是缓和各阶层间关系的“大平衡器”和社会机器上不可或缺的“平衡轮”。

---

① 滕大春：《美国教育史》，人民教育出版社，1994，第141—142页。

一、摇摆中的公立学校:“替罪羊”与“救生艇”

面向所有人开放的公立学校教育是美国社会生活的基础，也是美国人非常自豪的教育体系，因为他们认为公立学校理念是民主社会的体现。因此，自公立学校建立以来，美国民众就对其寄予了很高的期望，人们希望通过公立学校来实现“高质量的教育机会均等”分配，使人人都能享受优质教育，从而实现美国人民对自由、民主和平等的追求。“‘保障教育机会均等（即教育平等），提高教育质量’成为所有（美国教育）改革措施的出发点和目标，甚至作为美国教育部工作的座右铭被镶嵌在教育部总部的大理石墙壁上。”① 但是，“本大陆开始向人民许的愿望一部分正在经受危机……”，尽管美国人民对公立学校的信念从没有脱离质量和平等的轨道，但社会生活的不断变化使民众对公立学校的信念处在不停摇摆中，公立学校在美国社会中交替扮演着“替罪羊”和“救生艇”的角色②。

第二次世界大战结束以后，美国的公立教育受到了严厉的批判。由于战前进步主义思想的影响，公立学校实行以“儿童为中心”的教育理念，强调从儿童兴趣出发通过实践活动使学生获得知识，反对学生固守书本，这就使学生所学知识松散缺乏系统，对知识体系的把握不够深刻。在战争的影响下，很多公立学校的学生离开学校参战，如高中胜利团（High School Victory Corps）的成立，使中学生有关战争的活动成为焦点。同时，大量教师也离开教室奔赴战场，许多公立学校的课程开始中断，学校教育受到了极大的影响。而二战后学生的回潮，使许多问题开始逐渐凸显，很多学生已经遗忘所学知识，学校的

① 张敏:《保证教育机会均等 提高教育质量——美国普通教育改革的两大主题》,《外国中小学教育》1996 年第 4 期，第 1—4 页。

② 史静寰:《当代美国教育》，社会科学文献出版社，2001，第 7 页。

教育标准也迅速下滑。同时，二战带给美国联邦政府和公众的是对科学和技术知识的更高要求，对基础教育的重视使以进步主义思想为指导的公立学校推行的“生活适应教育”成为批判的对象，而苏联卫星的升天更使公立学校成为举国上下指责和批评的“替罪羊”，人们不禁发问：为什么“伊万”能够做到的事，“汤姆”却做不到？究其根源是公立学校教育的失败，铺天盖地的报道抨击学校的课程、校舍、师资等，同时对学校过于注重进步主义的生活教育、忽视对基础知识的重视和缺乏明确的教育目标等进行指责。

20世纪五六十年代，美国的公立学校（尤其是城市学校）经历着一种前所未有的危机，这种公众和政府眼中最佳的体制正遭受来自各方的攻击。随着黑人大量地集中于城市中心，白人陆续“逃离”到城市郊区，城市中心的公立学校逐渐成为少数族裔儿童活动的场所，学校中的隔离状况愈来愈严重。主要城市中的中等教育呈现种族隔离状态，使城市公立学校逐渐成为学业成就低和犯罪、暴力行为滋生的场所。[①] 这与美国当初建立公立学校的理念完全不符，公立学校已成为滋生各种社会问题的温床。当初公立学校建立的目的在于通过向公民传授道德教育来降低犯罪率和减少暴力行为，通过向所有儿童提供平等的教育机会来缓和社会各阶层的矛盾，通过向未来的公民传授具有普遍意义的政治价值和爱国精神来减少政治和社会的动荡。尽管“布朗案”之后法院判决宣布种族隔离不符合宪法规定，强制要求学校消除种族隔离，但是法院只是提出学校应以“审慎的速度”取消种族隔离，再加上许多州的强烈抵制，取消公立学校种族隔离的进程相当缓慢。另外，由于部分城市中心白人人数的不足，使一些公立学校系统没有足够的白人学生来实现种族的融合。公立学校再次遭受诟病，成为公

---

① John L. Rury, *Education and Social Change : Contours in the History of American Schooling* (New York: Routledge, 2015), pp. 194-195.

众遣责的对象，民众对公立学校社会作用的高期待又一次被对公立学校的担忧所取代。

如何实现教育机会均等？消除种族隔离，维护少数族裔的平等权益不仅成为民权运动者追求的目标，它所带来的社会动荡也使联邦政府不得不正视这一问题，将实现各族裔的机会平等提升到国家的议事日程上，实现社会目标的学校教育再次成为改革的焦点。联邦政府在 20 世纪六七十年代以实现平等为目标制定了一系列的政策措施，希望通过学校这一“平衡器”来缓和社会矛盾，平息民权运动带来的动乱，如《民权法案》《初等与中等教育法》，以及之后的补偿教育、开端计划等。《民权法案》十四条对公共学校中存在的种族隔离进行了相应的规定，主要是联邦政府通过教育经费加强了对学校教育的资助，这在很大程度上反映了联邦政府对教育的控制力逐渐加大。根据公共学校政治性的特征，联邦政府试图利用教育拨款等措施改善学校教育逐渐减弱的作用力。而《初等与中等教育法》作为美国的基础法案，为补偿教育的实施提供了法律依据。它主要是针对处境不利儿童的补偿教育政策和项目，是推动公立学校教育平等的重要举措之一。联邦政府希望通过这一系列举措使学校充分发挥其职能，解决学校内的种族问题，从而进一步发挥“社会平衡器”的作用。

总之，二战后到 20 世纪 70 年代末，美国民众对公立学校的信念长期处于不断的摇摆中，他们对公立学校的关注主要集中在教育质量和实现教育机会均等上：当出现社会危机时，公立学校实现社会目标的角色就要被提上日程，如何通过教育平等实现社会平等，成为人们主要思考的问题之一；而随着经济的发展，社会对人才的需求不断提高，低效的学校教育不能为社会提供高质量的人才时，公立学校的教育质量问题又成为批判的对象。这反映了在社会稳定中发挥重大作用的学校教育已经成为社会变革的缩影，不同时期的社会需求对学校教育来说都是一种挑战和考验。

二、公立学校能否解决社会危机？

公立学校“替罪羊”与“救生艇”的身份交替变化，在一定程度上反映了民众对“公立学校是维持社会稳定的‘平衡器’”这个笃定的论断产生了怀疑。

公立学校作为一个社会机构，是社会系统中不可或缺的组成部分。在一定程度上，公立学校担当着美国社会变革的代理者角色，学校根据社会变革的目的，领导社会去实现它所倡导的价值标准。二战后到20世纪60年代，由于美国社会危机四伏，国家安全成为社会主要问题，对于教育质量的要求也在不断增强，而当时的公立学校为解决青年适应战后生活而倡导“生活适应教育”，多设置以职业教育为主的生活课程，而对自然科学和数学的重视不够，学校未能发挥其增加学生知识和技能的作用，被批评家指责“为下一个时代造就了大批的文盲”。因此，美国公立学校的教育改革迎来了第三次高峰。[①] 教育改革者试图通过改革内部课程设置凸显当时社会对科学技术价值的重视，倡导“新三艺”（即数学、科学和英语）的学习。但是，由于新的课程设置并没有从学生的角度出发，忽略了教学实践者的能力，所以改革并没有达到预期的效果；相反，出现了学生食而不化和负担过重的问

---

① 自19世纪初到20世纪80年代，美国已经经历了三次改革浪潮，每次的改革浪潮都与孕育教育制度的社会体系的变化存在不可分割的联系。第一次改革浪潮产生于工业革命之后，大机器生产催生了对人才的更高要求，殖民地时期带有浓重宗教色彩的教育已经不能满足社会的需要。所以，在贺拉斯·曼的倡导下，掀起了建立世俗公立学校制度的改革。第二次改革发生于19世纪末20世纪初，资本主义向垄断主义过渡，城市化快速发展，昔日公立学校中正规的古典教育已经难以为社会提供所需的人才，于是一股更为实用的改革之风——进步主义思想浪潮席卷学校教育。第三次改革就是二战之后到20世纪80年代初，此次教育改革主要源于对国家国防力量的考虑，为培养高科技人才而对学校课程体系进行改革。

题，学生学业成绩出现大面积的下滑，公立学校的教育职能没有得到充分的发挥。

20 世纪 60—70 年代，由于政治原因，种族和机会平等问题开始取代教育中的学业成就优异问题。尽管美国社会长期奉行自由和平等的民主理念，但矛盾的是，对少数族裔的歧视和隔离相伴相随。即使在 19 世纪二三十年代公立学校建立之初，尽管公共教育思想所倡导的目标是成为“解决城市化、工业化、移民化和等级化所导致的教育机会不均等问题的良方”①，但是这种需要解决的教育不均等问题只存在于白人儿童之间，公立学校是向白人儿童传授普遍道德与政治价值、增加经济机会的地方，而印第安人和黑人已经被这一的学校系统排除在外。所以，教育系统中的种族隔离情况长期存在。尽管“布朗案”的判决使美国从法律上取消了种族隔离，但仍有部分州，尤其是南方各州仍然强烈抵制取消学校中的种族隔离、实现种族合校，甚至出现了暴力行为。为了进一步加快取消种族隔离的进程，联邦政府对少数族裔及处境不利群体的儿童提供了补偿教育措施。补偿教育的理论前提是假定社会的各个群体（人种的及经济的）之间的能力是平均分散的，为了消除差异，对各个群体及群体中的个人分别给予与之所处的恶劣程度成正比的教育分配倾斜政策。基于此，联邦政府对不同学区进行了财政拨款，希望通过财政的力量使少数族裔或处境不利群体的儿童获得同等的进入公立学校接受教育的机会。

第二节　《科尔曼报告》的出台

面对严峻的国内问题，联邦政府将种族问题提上了国家议事日程，

① David K. Cohen, “Immigrants and the Schools,” in Charles Y. Willie, Inabeth Miller, *Social Goals and Educational Reform: American Schools in the Twentieth Century* (New York: Greenwood Press, 1988), p. 81.

采取一系列举措试图通过解决学校中的种族隔离问题来缓解种族矛盾。然而，这些举措使公立学校解决种族问题的效果如何却无从知晓，因为当时根本没有描述种族状况的准确资料，许多学校包括大城市的学区，或没有收集种族资料，或拒绝公开种族资料。州也很少收集或公开该方面的资料。总之，20世纪60年代末以前不可能准确描述学校种族隔离的情况，这样就无法对措施实施的结果进行核查。因此，1964年颁布的《民权法案》规定了教育有关部门须收集相关资料以便于调查研究。一方面，联邦政府希望通过这个研究直观地检测公立学校能否有效地发挥作用，解决当时的教育问题，甚至社会问题；另一方面，他们希望通过这次调查能证明家庭经济地位低下的儿童成绩差的原因在于经费不足，从而为增加学校资助提供依据。

自同意加入这项研究之后，科尔曼便开始着手设计一份报告，从而能有效地执行这项调查研究。他提出这次调查将从全美学校中选取大约5%的样本学校，获取这些学校有关不平等问题和与质量相关项目(如教室状况、班级学生人数、学校设备、教师培训与经验、课程、学校组织与管理、社区的教育态度、生均开支等）的数据。另外，在各学校1、3、6、9、12年级的学生中挑选黑人和白人各半进行问卷调查，获取对学生学业成就起较大作用的相关项目数据。[①] 但是，在将这份调查通知分发到各州主要的教育官员手中时，遭到了部分学区和学校的反对，因为他们害怕如果对获取的数据进行对比就会遭到反感和诋毁。因此，在真正开始调查的过程中，大约十分之一的学区拒绝接受调查。但是，科尔曼并没有因此而失去信心。他对选取的样本学校依据地区进行了划分，以便能够对不同地区之间的学校进行对比。基于获得的数据，科尔曼与其同事在对数据的有效性进行测量后，运用回归分析

---

① James S. Coleman, *Equality of Educational Opportunity* (Washington, D. C.: Government Printing Office, 1966), p. 549.

法对数据进行了分析解释，并且着手撰写调查报告。

1966年7月2日，继任的教育办公室教育总监哈罗德·霍尔（Harold Howe Ⅱ）向国会递交了这份调查报告。霍尔指出，这项调查除了关注白人与黑人群体之外，还包括印第安人、亚裔美国人、生活在美洲大陆的波多黎各人、墨西哥裔美国人等，并且从4个问题出发对选取的样本进行调查：一是在公共学校中，不同群体学生在多大程度上受到种族隔离；二是在一系列判定教育质量标准的指导下，学校是否提供了平等的教育机会；三是通过对样本学生进行成就测验来测量学生在学校实际获得了哪些知识；四是学生所取得的学业成就与学校之间存在什么关系。

在科尔曼研究小组的努力下，1966年，《科尔曼报告》正式出现在公众的眼前。这项报告不仅在研究方法上与众不同，其独特的研究视角和研究结果还对当时乃至现代的学校教育研究产生了重大影响。它颠覆了传统学校的教育理念，通过对调查问卷和数据进行统计分析，揭示学校教育在实现教育机会均等方面的效用并不如传统理念所认为的那样——依赖学校教育的“社会平衡器”作用消除教育机会不均等。

一、实证研究的开端——大样本问卷调查的典范

科尔曼及其团队对美国公立中小学教育机会聚能的调查研究主要采取大样本随机抽样及问卷调查方法，研究范围涉及全美公共学校及哥伦比亚地区，研究对象包括1、3、6、9、12年级学生、教师和校长，研究数据以全美学校为样本；关于学生的数据包括年龄、性别、种族、民族、社会经济背景、学习态度、学习和职业目标、种族态度等，同时也包括学生在教师指导下完成的标准化学习测验；关于教师和校长的相关数据包括学术规范、语言运用能力评估、教育教学经验和种族态度等；主要对美国学校、学生和教师特征进行整体评估，并且主要

关注白人学生和黑人及其他少数族裔学生之间的差别。在获取数据上，1965 年 9 月，教育办公室首先通过州立教育办公室（Chief State School Officer，简称 CSSO）获取地方学校的积极配合，然后通过教育统计中心向自愿配合的学校发放调查问卷和相关材料。此次调查的学生达到 570000 人、教师 60000 人，以及 4000 多所学校。这些调查问卷和测试在 11 月得到回复，样本中对 1170 所高中校长进行的问卷调查回收率为 70%、学生为 67%，校长和学生问卷全部得到回收的学校只有 59%。

在调查设计过程中，科尔曼还参考了人口普查数据（全国非白人百分比和入学率）和学校名录（1962 年春，美国教育部曾对所有美国公立学校进行了调查）。从这份调查名录中，科尔曼团队获得了学校数量、年级数量和入学人数等重要数据。

在争取样本数据最大化的前提下，科尔曼团队针对不同年级的学生进行了标准化学习测验。例如，1 年级测验主要使用测量口语能力的图片词汇测验和测量非语言能力的关系测验和分类测验，3 年级除图片测验之外还进行分类和类比测验，同样也应在 6、9、12 年级中进行。针对大样本数据收集，采用个案研究。例如，针对收集到的种族融合学校对少数族裔学生学业成绩影响的资料，科尔曼小组进行了两组个案研究，主要检测个别城市和城镇中种族融合的进程，以及在本社区和其他地区出现的问题。

从《科尔曼报告》中可以看到，科尔曼及其调查小组是严格按照统计分析的要求进行调查研究的，在各州学校行政主管、地方学校主管和学校的自愿合作下，在“教育考试服务中心”的帮助下，有效控制了样本的回收率，保证了问卷回答的效度，从而为完成数据的回归分析奠定了很好的基础。在美国教育公平研究上，《科尔曼报告》成功揭开了实证主义范式狂飙独进的序幕。

二、对“通过教育投入实现教育机会均等”理念的质疑

科尔曼原想通过这次的调查研究佐证两个事实，即在美国公立学校中确实存在教育资源分配不均的问题，而这种不均等正是导致较低社会阶层出身儿童学业成绩失败的主要原因，从而以此为依据为更加均等地分配学校资源的教育机会均等政策提供理论基础。然而，事与愿违，当研究报告发表之后，引起一片哗然，结果大相径庭，通过教育投入实现教育机会均等的教育理念遭受了质疑。

（一）教育资源不均衡状况主要存在于地区之间

若要正确认识公立学校中存在的教育机会不均等问题，就需要准确把握公立学校如何对来自不同社会阶层、种族群体的学生个体履行其传递知识、培养技能等职责。同时，随着二战后联邦政府加大对各级公立学校的财政投入和监管力度，各公立学校通过补偿教育所获得的教育资源较之以前更加丰富，教育资源的增加对学生的学业成就和消除族群之间差异所起到的作用成为科尔曼领导的研究小组进行调查研究的主要目标。

公立学校中的教育机会不均等现象主要存在于不同社会阶层的各种族群体之间。其中，少数族裔群体主要包括非裔美国人、波多黎各裔美国人、印第安人、墨西哥裔美国人和亚裔美国人。为了更好地了解公立学校自身对学生教育机会获得和学业成就的影响，《科尔曼报告》主要从两个方面进行调查和分析：一是从全美和各地区角度看学校中少数族裔的分布状况，以及对各族裔群体的态度，主要表现在学校设施和课程、学校教职员工总体特征（教师和校长等）及不同阶层儿童的总体特征等方面。二是报告展现了全美各地区黑人和白人儿童所处的不同校园环境。同时，为了反映不同地区公立学校教育资源之间的差异，科尔曼等将公立学校所在地区进行了详细划分，大城市公

立学校主要被分为东北部、中西部、南部、西南部和西部；非大城市的公立学校主要被分为南部、西南部、北部和西部。为了更好地获取不同地区各族裔群体拥有教育资源的确切信息，科尔曼在报告中对各族裔群体所在学校和地区的教育资源进行了详细的对比和分析。

在获得的教育资源方面，少数族裔群体与白人群体之间确实存在着很大的差异。例如，与白人群体相比，黑人等少数族裔群体所在学校的建筑设施年份较为久远、陈旧，环境较差。同时，黑人儿童能够获取的与学习相关的教育资源也较为匮乏，如学生在读期间使用的课本，小学阶段与同地区的白人儿童相比，黑人儿童仍然因为书本的缺失而受到限制，如果白人儿童中 94%能够获得书本，黑人儿童获得书本的数量则只能达到 84%。在学校资源投入上，黑人学生获取有关学术性知识的资源相对较少；在大城市的公立学校中，学生拥有更加丰富的图书馆馆藏资源，中等教育阶段的资源较初等阶段更加丰富。就全美公立学校提供资源的平均水平而言，同一地区各族裔群体获得教育资源的差异较小，地区间公立学校的差异才是造成不同族裔群体教育资源不平等的主要原因。

在教师和校长资源方面，不同地区的各学校间确实存在很大不同，如北方地区学校的教师资源比南方地区丰富，并且教师待遇高于南方地区。各族裔群体之间的差异更为明显，主要表现在种族构成、受教育程度、教学技能、工作环境及工作态度等方面。从教师的种族构成来看，初等学校黑人儿童所在学校中 65%的教师是黑人，而白人儿童所在学校的白人教师则达 97%，这种现象在南方地区最明显。在中等教育阶段，学校中的校长资源也与不同的种族生源有关。据统计，65%的黑人学生所在学校由黑人校长管理，95%的白人校长管理的是白人学校，尽管除南方地区的学校之外，黑人校长非常少见，但是只要黑人校长出现，他所管理的学校必然是黑人儿童居多的学校。从教师所受教育来看，黑人儿童教师接受教育的机构多为师范类学校，一般不提供研究生等更高级的教育。从教师的教学技能来看，所有地区的黑人儿童教师的教学技能水平相对较低，其中以南方地区最甚。另外，在种族隔离的学校中，教师对学生的态度大相径庭，如在黑人居多的公立学校中，教师普遍认为黑人学生不具有像白人那样高的学术志向和能力，他们对学生的引导倾向于职业发展。

从报告对学校校内资源的分析来看，全美公立学校教育资源之间确实存在一定的差异，而且更多的存在于地区之间，由于地区之间经济发展水平不均衡，资源投入和分配等方面的差异似乎也在情理之中，所以学校教育资源之间的差异并不如普通大众所认为的那样严重。全美公立学校学生之间存在的最大不平等则是对少数族裔群体学生实行的种族隔离，其中黑人和白人学生之间的隔离最严重。一方面，黑人学生所在的公立学校的校内资源与白人学生存在很大的差异；另一方面，政府对黑人学生实施的补偿措施真正到达他们所在社区公立学校的实际资金通常很少，而借助更多的资金和人们的关注解决少数族裔群体学校资源差异性问题始终只是一种政策导向，这就使学生在进入公立学校之初自身所带有的“文化劣势”始终没有机会得到弥补，从而造成与白人学生的差距越来越大。

（二）学业成就成为衡量教育机会均等的标准

从报告的调查分析中看出，美国教育的不均衡状况主要体现为不同种族、不同地区之间的差异性，但教育作为一个连续的过程，它不仅为儿童提供进入相应教育系统的机会，它最核心的职能还是为各阶层儿童提供其未来职业发展所需要的基本技能和社会适应能力，对学校教育机会是否平等进行评价的一种方法就是测量他们对这项任务的完成情况。依照传统对教育机会均等理念的理解，教育资源上所呈现的种族差异必然也会反映在学生的学业成就上。此外，科尔曼在进行调查之前，对少数族裔群体和白人群体所在学校之间的差异就有一个初步的猜想。在1965年《南方教育报告：1965年11—12月》中，科尔曼曾经提出，"这份研究将展示全国黑人和白人学生所在学校的教学质量之间的差异。你应该很明白，这种差异肯定会非常明显和惊人。即使每个人都熟知郊区学校和内城学校之间存在很大的差异，但是一旦有关黑人和白人学校的差异数据出现，它将产生很大的影响"①。科尔曼提出，学校教育资源和设施仅仅是公共学校对教育的投入，应该有必要查看一下产出，即公立学校对少数族裔群体进行教育的结果，从而从教育起点和教育结果两个方面更好地了解公立学校在实现教育机会均等中所起的作用。

出于这样的考虑，科尔曼带领的研究小组开始将学业成就（academic achievement）引入调查研究中，以种族隔离状态下各族裔群体所在公立学校资源状况为基础，采用标准化测验（standardized test）对不同年级的学生进行测试。选择对各族裔群体进行学业成就调查，而不是延续以往教育研究中的"智力测验"，主要是因为能力测验过于宽泛，仅仅是对学校教育进行的概括性测验，而学业成就测量能够更加精确地测出学生对特定学科知识的掌握程度。而标准成就测验的运用主要为了了解各族裔群体学生在高度科技化和复杂化的文化形态中对社会所需技能的掌握状况。因此，这种学业成就检测不存在"文化公平性"（culturally fair）②。为了更准确地了解公立学校对学生学业成就的影响程度，科尔曼等在测验中依据种族、年级、地区分别对学生进行测验。测验的内容主要包括语言能力、非语言能力、阅读理解能力、数学成就及 5 个领域的基本信息（主要包括男生的实践能力、女生

① Frederick Mosteller, Daniel P. Moynihan, *A Pathbreaking Report : On Equality of Educational Opportunity*（New York: Random House, 1972）, p. 4.

② James S. Coleman, *Equality of Educational Opportunity*（Washington, D. C. : Government Printing Office, 1966）, p. 218.

的实践能力、自然科学知识、社会研究和人文科学)①。通过标准化测验报告得出不同种族群体、不同地区和年级间学生的学业成就存在差异性,但令人吃惊的是,造成学业成就差异的主要原因并不是具有差异性的学校。

通过标准化成就测验,研究者发现,首先,每个学生测验分数的影响因素可以被分为两个部分,即学校内部因素和学校间因素。如果学校资源对学生的学业成就产生的影响巨大,那么学校内部因素所产生的作用应该大于学校间因素。但是,对学生的测试分数分析结果显示,学校内部因素和学校间因素对学生的语言能力、非语言能力、阅读理解能力和数学成就等的影响并无差异。其次,由于不同学校的学生生源存在很大的差异,尤其是在最初入学时,如果学校因素对学生学业成就产生了巨大影响,那么随着年级的增长,这种学校的影响应该越来越大,而学校间因素对学生学业成就的影响应该大于能力测验。但是,研究表明,随着年级的增长,在学校因素影响下的学生学业成就分数呈现下降趋势,这在一定程度上说明了学校间因素在能力测验上的影响大于学业成就的影响。再次,在控制家庭背景因素变量的情况下,对学校资源在学生学业成就上产生的影响进行测验发现,学校因素对学业成就的影响并没有预想的那么大。但是,学校的教育影响也是相对而言的,因为他们在研究中发现,影响学业成就的学校间因素之间也因种族的不同而存在差异,尤以白人与黑人之间的差异明显。一方面,对黑人和白人来说,学校间差异的影响在南方大于北方。其中,对南方黑人学生来说,这种差异更加明显。另一方面,对黑人和其他少数族裔群体而言,这种学校间因素随着年级的增长呈现上涨趋势,而白人学生则没有出现这种状况。综合而言,学校因素对少数族

① James S. Coleman, *Equality of Educational Opportunity* (Washington, D. C.: Government Printing Office, 1966), p. 219.

裔学生的学业成就产生的影响大于白人群体，对南方的黑人儿童来说，这种影响更加明显。

同时，公立学校对学生学业成就教育影响的测验中还有一部分是关于学生学习志向和学习动机的，主要包括学生的自我认同、学习动机、继续接受教育的志向及未来职业设想等。需要注意的是，志向和学习动机既可以作为学校对学生的影响因素，同时也可以作为影响学校教育效果的因素，因为它们更多地受到校外因素的影响。在对少数族裔群体学生进行测验时发现，黑人与白人儿童在学习志向上有很大的一致性，但是在学习态度测验中，黑人在环境的自我控制力上与白人存在一定的差距。

将学业成就引入衡量教育机会均等中，拓展了教育机会均等理念，为人们对教育机会均等的理解提供了一个新的角度。通过对各族裔群体学生进行的学业成就测验结果在一定程度上反映了尽管不同族裔群体所在学校之间存在很大的差异性，同时政府也在不断加大对公立学校的投资，但是这并没有使学校各族裔群体儿童受到的教育影响得到提高，教育资源的丰富依旧未能弥补学生在进入学校之时自身所带来的文化匮乏和教育缺位。

因此，《科尔曼报告》得出的研究结论直接对教育资源在实现教育机会均等中的决定性作用提出了怀疑，科尔曼等人也进一步提出不同社会出身的儿童就读的学校之间确实存在一定的质量差异，但是只是很小的差异，并不是造成教育机会不均等的主要原因，影响学生学业成绩最重要的原因是学生本身的智力能力及家庭背景。

第三节　学校作用有限性的提出：投入—产出的不“对应”

科尔曼将这种“投入—产出”模式应用到教育研究中，试图把学校教学过程当作“黑匣子”，通过对投入和产出的相关变量进行测量分析得出如何实现产出（即学业成就）的最大化。但是，面对调查结果完全颠覆传统理念，公立学校体制在推动学生学业成就方面的作用完全没有预想的那么大，科尔曼等领导的小组开始提出疑问：能够对不同族裔群体学生的学业成就产生重大影响的因素还有哪些？公立学校在学生学业成就的提高中起到什么样的作用？他们依据搜集到的调查问卷和前期分析报告继续对此进行了深入的研究。在这个过程中，科尔曼作为一个社会学家起到了至关重要的作用，他在关注不平等和差异的同时也注意到一个不可忽视的因素，即个体所处的社会环境和经济背景。因此，他开始将教育体制纳入庞大的社会系统中，从社会学的角度看待教育影响，认为公立学校中各族裔群体背后根深蒂固的社会背景和阶层环境对他们接受教育的效果和学业成就的提高是不容忽视的影响因素。

一、社会经济背景成为学业成就的主要影响因素

科尔曼研究小组在对学业成就的影响因素进行分析的过程中，一方面曾经试图采用控制变量的方法对学生自身的家庭背景等外部因素进行控制，研究结果竟然出人意料，尽管各族裔群体所在公立学校的校内设施、课程、教师甚至学生都存在很大差异，但是学业成就差异中的70%并非来自不同学校间，而是同一学校内，这反映了学校之间的差异并不是造成学生学业成就差异的主要因素；另一方面，研究小组基于1年级学生受到学校教育影响较小的考虑，对新入学的学生进行了测验，并且对影响学业成就的相关因素依据重要性进行了回归分析。分析结果打破了他们曾经的美好愿景，即一个能够实现教育机会均等的有效学校主要体现在使成功所需的条件变得没有那么条件性，但是当时对少数族裔群体来说，在他们学业结束时取得高学业成就所需的

条件比他们进入学校之初更具种族性。因为在少数族裔群体中，家庭经济和教育背景对学业成就的影响并没有在学校教育的作用下被日渐消除，学生所处的社会经济地位和家庭背景成为影响他们学业成就的最主要因素。

科尔曼研究小组主要从8个方面对影响学生学业成就的家庭背景因素进行了调查分析，即学生所在家庭所处地区的城市化水平、父母受教育水平、父母教育志向及有关家庭学习环境营造等。通过调查研究发现，在社会阶层较低的学生中，少数族裔居多，其中黑人最多，这些学生的家庭处于城市中心地区，社区环境较差，由于黑人学生父母受教育水平的有限性和生长环境的恶劣，使学生在入学前缺乏良好的教育背景，所以这些孩子“在个人和群体智力标准测评中的得分要比中间阶层孩子低得多，并且随着年龄的增长，差距会越来越明显。当他们开始上学时，并没有具备应付1年级课程的必需技能；他们语言的发展，包括说与写的能力也相对欠缺；听觉和视觉的分辨能力没有得到很好的发展”①。

从家庭内部讲，家庭能够对儿童教育提供的资源主要是教育态度、教育理想及家庭社交环境②。尽管所有家庭的父母都认识到教育的重要性，父母在对子女抱有的教育志向上没有明显的种族差别，甚至黑人父母更希望子女能够通过教育实现社会流动，只是社会阶层较低的少数族裔群体父母却不能像白人父母那样将教育志向转化成对子女学习有效的支持，尽力为儿童选择较好的学校。不同的家庭为他们的孩子营造了不同的环境，将以不同的方式影响他们孩子的智力发展和学习

---

① ［美］丹尼尔·U. 莱文，瑞依娜·F. 莱文：《教育社会学》（第九版），褚宏启等译，中国人民大学出版社，2010，第89页。

② James S. Coleman, "Families and Schools," *Educational Researcher*, Vol. 16, No. 6, 1987: 32-38.

动机。雷吉纳尔德·克拉克（Reginald Clark）[①] 在对高成就的黑人儿童家庭和低成就儿童家庭进行对比中发现，儿童获得高成就的原因在于家长对儿童受教育的态度、在儿童教育中需要承担的责任、对儿童学习环境的控制及为儿童提供的家庭环境等较为明确，在这样的家庭社交环境和文化氛围中，儿童能够树立自我发展的信心，能够更好地为进入教育系统做准备；相反，低成就的儿童在家庭中接收了更多的消极教育影响，为上学所做的准备较少，受到学习成绩不好的影响更大，这使这些缺乏足够教育背景的孩子在个人和群体智力标准测评中的得分比中层的孩子低得多，并且随着年龄的增长，差距越发明显。[②]同时，在社会底层的黑人家庭中，父母大多受教育程度有限，而且由于受到职业、收入等的限制，在为黑人儿童营造良好的学习环境及提供有利于儿童学习的学习资源方面做出的努力不够，甚至在有些家庭中，黑人儿童根本没有空间完成家庭作业，与白人儿童安静的学习环境和丰富的学习资源（百科全书、教育辞典）相比，他们在进入学校教育系统之前就已经与白人儿童产生了差距。

从家庭所处社会环境来看，由于种族隔离，很多底层黑人聚集在位于都市中心地带的贫民窟内，贫困在这些街区更加集中，社会的无序在这里被传播得更加广泛，“其他群体经历的社会病态——暴力、酗酒、犯罪、不端行为，都迁移到城市的黑人中被一一重现”，很多家庭发现在这样无秩序的状态下保护儿童免受负面影响非常困难。“不是贫困本身，而是贫困状况——肮脏、犯罪、暴行及无助感和愤怒等，织

---

① Reginald Clark, *Family Life and School Achievement: Why Poor Black Children Succeed or Fail?* (Chicago: University of Chicago Press, 1983), p. 26-60.

② ［美］丹尼尔·U. 莱文，瑞依娜·F. 莱文：《教育社会学》（第九版），褚宏启等译，中国人民大学出版社，2010，第 89 页。

成了一个使所有家庭都陷于其中的网。”[1] 这样的社区环境使儿童在进入教育系统之时就带有一种消极、对现实状况控制无力的情绪，儿童的自我定位逐渐模糊，在进入教育系统后，很多儿童不能掌握基本的学习技能，需要密切的指导和知识来弥补他们的教育缺失。但时，由于黑人教育系统中教师素质低，根本无法为儿童提供相应的学校环境来阻止学生将消极的社区影响带到校园和课堂中。相对而言，中上阶层的白人儿童多集中于都市郊区，其父母受教育程度较高，对儿童良好的学习态度具有积极的引导作用，不仅极力为其营造良好的家庭学习环境，还为其提供了丰富的教育资源，儿童能够为上学和取得好的学习成绩做充分的准备。

另外，不可以忽视的问题是，公立学校中的种族隔离使学校存在严重的文化同质性和种族性。在一所公立学校中，教师与学生来自同一个文化群体，尤其是同一族裔，学生生源也都具有相对的文化同质性。这就造成了学校的有效运行机制只能是保持或加大这种由于社会原因所造成的差异。学生不但无法通过学校教育摆脱自身所带有的文化劣势，反而会因此产生与白人学生学业成就之间更大的差异。科尔曼在对研究结果做进一步探讨时举过这样的事例：一个学术能力较低的黑人教师从一所规模较小的师范学院毕业之后，进入一所中学教书。在这所中学中，大部分的学生都是黑人，学习能力比较低，并且因为家庭背景使其处于教育劣势，最终在中学结束时，这些黑人学生获得较低的学业成就，其中一部分会进入相应的教师培训机构成为下一代黑人学生的教师。这样的恶性循环使学生长期无法摆脱在进入学校教育系统之前所带有的各种教育差异性。

---

① ［美］丹尼尔·U. 莱文，瑞依娜·F. 莱文：《教育社会学》（第九版），褚宏启等译，中国人民大学出版社，2010，第 77 页。

二、学习共同体：同伴影响

在调查研究中，科尔曼研究小组发现不仅家庭背景对学生的学业成就产生了重大影响，在学校教育过程中，同伴之间形成的学习共同体也对其产生了重要影响。

从社会学的角度看，儿童生活在两个不同的社会环境中，一个是成人为儿童营造的世界，在这个世界中，儿童处于较低的位置，成为被关注的对象。另一个是同伴共同构成的同龄人世界，在这个世界中，儿童拥有共同的价值观，他们接触较多，关系密切，可以自由地表达自己的观点，渴望得到同龄人的认同并容易受到同伴的影响。这种群体模式贯穿于儿童整个成长过程中，对他们走向社会发挥了非常重要的教育功能。

学校被看作帮助儿童与成人沟通的桥梁，是家庭教育的延伸。但是，学校教育的一个明显特征是，它不是将儿童作为个体而是作为群体来教育，这就使学校对个体儿童的影响需要通过同龄人这个群体来介入，学习共同体也因此于无形中开始形成。在公立学校中，来自不同社会阶层、不同种族的儿童被集中在同一个学习环境中，共同接受学校教育，无形中成为一个共同体。在种族融合的学校中，共同体的作用更加明显，经济地位之间的差异能够在不影响高地位学生学业成就的条件下对处于劣势的学生产生积极影响。也就是说，如果在一个社会经济地位混合的学校中，社会经济地位较高的白人儿童能够对黑人儿童产生积极的影响，黑人儿童的学业成就得到很大的提高，白人儿童的学业成就也不会下降，因为学习共同体为学生提供了班级教学之外的学习机会。这也是父母和教育者在为儿童选择一所“好学校”时更多地关注学校中学生质量的原因。

在学习共同体中，同伴学生的教育背景和学习志向可以被看作一种教育资源，尽管在之前提到教育资源对学生学业成就的提高并没有起到预想的作用，但是“学生的学业成就确实在很大程度上与同伴有密切的联系”，科尔曼在《公共兴趣》（*The Public Interest*）上曾写道：“由同伴提高的教育资源对其他学生的学习成就的影响远远大于学校董事会提供的资源。”①

学习共同体主要从两个方面对学生的学业成就产生积极影响。一方面表现在不同学生的教育背景上。公立学校通常被看作不同家庭背景儿童之间沟通的桥梁，在这样的学习共同体下，学生被作为群体而非个体接受教育。在这个过程中，同伴之间的影响成为学校教育对个体产生影响的主要途径之一。来自不同家庭背景、社会阶层的儿童在学习资源获得、学习态度等方面必然存在很大的差异，学生通过相互之间的日常交流、学习探讨等途径能够获得大量的自身所缺失的信息。另一方面在于学生的学习志向。学习志向主要体现在进入大学学习的愿望、自我环境控制力的把握、取得成功的信心等方面。大量研究表明，共同体是儿童和青少年社会化最重要的影响力量之一，相互之间的社会化交往使儿童和青少年对共同体产生更大的依赖性，更期望通过获得同伴的认可等方式实现自我价值。在社会经济地位不同的共同体中，由于经济地位较高的学生在进入学习系统之前受到的良好教育熏陶使其具有较高的学习志向，希望在中等教育结束后继续进入大学学习。同时，他们对环境具有很好的控制力，并且认为他们的成功取决于他们自己的努力而非运气。处于这种学习共同体中的劣势学生易受到共同体中同龄人对中学生上大学的影响，增强他们中学后读大学的积极性，他们不会像其他共同体中的学生那样选择辍学，毕竟低收入家庭的学生比社会经济地位较高的学生的辍学率高很多；相反，他

① James. S. Coleman, “Equal Schools or Equal Students?” *The Public Interest*, No. 4, 1966: 70-75.

们会具有更大的驱动力去赶超经济地位相对较高的优势学生，从而获得共同体中同伴的认可，也因此使他们的学业成就高于一般的同龄学生。相反，在缺乏上大学愿望的共同体中，学生受到更多的消极教育影响，缺乏学习积极性，也没有提高学习成绩的愿望。

另外，科尔曼研究小组也针对“在这样的共同体下，劣势学生是否会对优势学生产生负面影响?”的问题进行了探讨。他们认为，在学习共同体下，种族和教育背景的异质性有益于提高弱势群体学生的成就，而且不会对优势学生产生任何影响。这是因为“一方面，社会经济地位较高的学生群体自我控制力高，对周围环境具有极高的调控能力，而劣势学生相对表现为一种环境无力感；另一方面，当前的公立学校依然是一种中产阶级文化占主导地位的学校，即使在以低收入群体学生为主的学校中，学校的文化价值取向依然不会有更大的变化”①。

在科尔曼的“投入—产出模式”中，投入具有更加广泛的意义，并不仅仅意味着教育资源的投入，即联邦政府的投入仅仅表现在教育资金、学校教育外部设施和师资力量上，还要看到儿童自身所处的社会环境，儿童在进入学校教育之前并不是一张白纸，来自不同阶层、种族的个体本身就具有一定的差异性；另外，在教育过程这个“黑匣子”中，学生所在的学习共同体也对学生的学业成就产生着重大的影响，这在一定层面上体现了学校组织模式对学生知识获得的重要性，也为科尔曼此后的研究奠定了基础。

从这两个方面看，学校教育效能的充分发挥不仅仅在于消除学校教育资源的差异性，更应该关注学生作为个体本身所处的社会背景。但是，当时的公立学校既不能有效地使教育劣势学生摆脱家庭背景的影响，实现教育机会的均等，也没有实现将不同经济地位学生置于同

---

① Richard D. Kahlenberg, "Learning from James Coleman," *The Public Interest*, 2001: 54-72.

一教育系统之下；相反，“在对学生学业成就产生最小影响的学校特征方面，这项因素在以黑人和白人学生为主的学校之间的差异并没有想象的那样大，但是对学生学业成就产生较大影响的学习共同体对黑人和白人儿童来说差异确实如此之大……”

第四节 《科尔曼报告》的意义及影响

《科尔曼报告》的出台并不是美国历史长河中的一个偶然事件，这项教育研究是在社会对学校教育的要求发生变化、学校在改革过程中存在困惑和不解的情况下，为进一步了解学校教育的实际种族状况和学校职能而开展的。国家危机的出现，使社会科学技术的重要性凸显，为《科尔曼报告》这项教育研究提供了新的研究视角和契机，从另一方面来说，《科尔曼报告》的产生及其影响也证明了社会科学研究在政策制定过程中的价值。

在教育公平研究方面，20 世纪五六十年代，教育研究者对教育在社会体系中所发挥的作用都抱有一种乐观积极的态度，他们将教育看作一种补救，教育对既有的不公平的社会秩序进行重新洗牌，学校教育能够为弱势群体提供补偿性的援助，使他们能在一个更加公平的起点上开始其职业、文化和社会历程，所以学校被视为一个生产民主和公平的社会机制。[①] 但是，到了 20 世纪 60 年代后期，经过一系列教育改革，人们开始质疑通过学校教育实现教育机会均等的教育理念，教育机会的均等并没有带来教育结果上的平等。在新旧教育理念交替的情况下，《科尔曼报告》从社会学的角度对学校教育展开研究，严格按照统计学的分析方法在全美范围内进行样本采集，在教育研究中心的帮助下利用统计回归分析法对学校教育公平问题进行研究，开创了实

① 华桦，蒋瑾：《教育公平论》，天津教育出版社，2006，第 80 页。

证研究与教育研究相结合的研究方法。《科尔曼报告》与之后布劳和邓肯合著的《美国的职业结构》、詹克斯 1972 年著的《不平等》一起，成为当时教育公平研究的巅峰之作。

另外，《科尔曼报告》的提出不仅具有重要的理论意义，而且对美国甚至世界范围内的教育政策和法律的制定产生了重要影响。其中，主要有两个方面：一是为美国普遍实行“肯定性行动”或称“平权法案”（affirmative action）铺平了道路。公立教育资源的分配大幅度向弱势人群倾斜，为了实现公平而对教育资源实行差异化分配。在中小学强制性实行黑白学生合校的同时，在大学招生、政府机关雇佣和职位提升等方面也普遍实行照顾黑人和其他弱势人群的倾斜性政策。二是统一学校和校车接送学生政策。科尔曼针对调查结果提出政策性建议，认为为了有效改进少数族裔学生和贫穷学生的学习成绩，应当统一学校，把少数族裔学生同白人学生放在同一所学校里，产生一个能够提高学习成绩的有效环境。为此，需要为居住分隔的白人学生和黑人学生提供校车接送其上学，校车自此成为解决种族隔离问题的象征。在法院和卫生、教育和福利部的推动下，用校车接送学生的运动在 20 世纪 60 年代末达到高潮。

总之，《科尔曼报告》是在复杂历史背景的烘托下出现的，成为美国教育研究史上第一个针对全美学校在解决种族问题方面发挥多大效能的大型研究。更重要的是，《科尔曼报告》的产生使教育研究者和政策制定者开始思考“现代的学校教育是否能够充分发挥其在社会体系中的作用?”，也催生了学术界对“学校教育是否有效?”的激烈争论。

从《民权法案》第 403 条发起的关于学校内部教育的调查研究到 20 世纪 80 年代新报告的出台，《科尔曼报告》历经了 20 年的时间，它所产生的影响根本无法用时间来衡量。1966 年出台的《科尔曼报告》，对之前通过教育资源投入解决教育机会均等问题的理念提出了怀疑，引发了教育研究者对学校效能的讨论，开拓了新的研究方向。科尔曼研究小组对学校教育的研究也为人们提供了有关学校教育组织和管理的新的视角和理论基础。

在教育公平研究史上，《科尔曼报告》重新界定了教育机会均等的内涵，报提出教育机会均等不仅仅是教育资源的公平投入，如政府的教育支出、学校资源设备等，更应该关注教育结果的均等，就是让处于家庭劣势背景的学生获得同等提高学业成就的机会，通过学校教育，使少数族裔学生能够摆脱家庭及社会背景的影响。《科尔曼报告》对教育机会均等的重新阐释对美国教育政策和法律法规的制定产生了深远影响。这份报告关于学校效能的研究也给教育研究者提供了新的研究视角和独特的研究方法。

在学校产生之初，学校教育是作为家庭教育影响的延伸而存在的。学校作用的充分发挥依托于家庭和社会。一方面，学校教育代替家庭为儿童提供了教育服务，即为儿童提供教育培训和知识。因为工业革命使家庭劳动力脱离家庭，走入社会，父母无力通过完全的家庭教育来培养儿童，所以在很大程度上，学校的出现满足了家庭的需要，给予子女家庭无法提供的教育和知识。同时，学校作为社会体制下的一个组织单位，成为向家庭传递社会统一价值观的载体。他们通过宣传民族认同、统一语言和文化价值消除家庭中的民族特征。从学校的角度看，家庭有时候对学校教育发挥着积极的促进作用，而有时候又会在无形中影响学校教育的顺利开展。因为有组织化的学校教育拥有自己的教育目标，而家庭的很多活动会阻止这一目标的实现，如拥有农场的家庭会迫使儿童放弃学校学习，成为农场的劳动力；富裕家庭可能会在学校上课阶段带儿童外出等，都会影响学校教育的正常进行，威胁学校的权威。

随着社会的发展变化，学校教育与家庭、社区之间的关系也发生着变化。学校教育作用的发挥成为学生各方面发展的主要力量。学校教育组织化、专业化的发展趋势，使其开始脱离社区，直接归属于社会，社区对学校教育的影响越来越小，家庭在社区基础上建立的多元化家庭互动也逐渐减少；同时，学校中的教师也不再像学校建立之初那样单一地来自地方社区，他们越来越趋于专业化，这使教师与家庭之间的关系也趋于单一化。同时，家庭环境也发生着巨大的变化，儿童已经不再是家庭组织中必需的组成部分，离婚率的增长和社会经济的迅速发展，家庭已经很难为儿童提供良好的教育环境和积极的学习态度，正如科尔曼所言："如果说100年前，学校教育存在的问题源于强烈的家庭观念抵制学校目标，那么如今的问题便是家庭的破裂和不稳定等消极影响无力为学校提供有力的支持。"①

因此，随着现代家庭的破裂和学校所在社区功能的逐渐弱化，学校教育已经成为儿童社会教育中不可或缺的一部分，成为社会人才培养、社会主流价值观传递的主要单位，学校教育作用的发挥不仅仅能够弥补家庭教育的不足，使来自不同社会阶层和家庭背景的儿童经过学校教育之后获得同样的被社会认同的机会，还能够为实现社会平等和社会进步奠定基础。

但是，学校作为社会教育的一个重要组织单位，它的有效性发挥不仅仅依赖于内部资源的有效利用，更重要的依然是如何处理好与家庭、社会之间的关系，从而使家庭和社会更好地辅助学校教育，为学校教育效能发挥推动性作用。尽管学校教育已经成为儿童接受教育的主要组织单位，但是家庭背景的影响依然无法消除，其中一个重要的影响在于家庭通过父母与子女的亲密关系、父母良好的意识形态为子女提供相应的社会资本，这种社会资本的获取潜移默化地对儿童产生着正面的影响。另外，随着社会资源多元化发展，社会以各种方式对学校组织产生着影响，如价值观、知识传播途径等，学校组织应该充

---

① James S. Coleman, *Equality and Achievement in Education* (San Francisco: Westview Press, 1990), p. 308.

分利用有利资源，加强与外部资源的合作，从而在家庭、社会资源的正面辅助下，充分发挥学校作用，推动学生的全面发展。

【参考文献】

[美] J. R. 波尔. 美国平等的历程 [M]. 北京：商务印书馆，2007.

[美] 丹尼尔・U. 莱文，瑞依娜・F. 莱文：《教育社会学》(第九版) [M]. 褚宏启，等译. 北京：中国人民大学出版社，2010.

[美] 劳伦斯・A. 克雷明. 美国教育史・3・城市化时期的历程(1876—1980) [M]. 北京：北京师范大学出版社，2002-2003.

[美] 理查德・D. 范斯科德等. 美国教育基础——社会展望 [M]. 北京师范大学外国教育研究所，译. 北京：教育科学出版社，1984.

[美] 韦恩・厄本，杰宁斯・瓦格纳. 美国教育——一部历史档案(第三版) [M]. 周晟、谢爱磊，译. 北京：中国人民大学出版社，2009.

[美] 约翰・I. 古得莱得. 一个称作学校的地方 [M]. 苏智欣，等译. 上海：华东师范大学出版社，2006.

崔慧广，田汉族. 美国 20 世纪中后期教育机会均等运动及启示 [J]. 江西教育学院学报(社会科学)，2005 (10)：27-30.

冯晓艳. 美国基础教育领域教育机会均等问题的历史研究 [D]. 福建：福建师范大学，2009.

傅林. 当代美国教育改革的社会机制研究——20 世纪 60 年代美国教育改革运动的形成 [M]. 北京：教育科学出版社，2006.

华桦，蒋瑾. 教育公平论 [M]. 天津：天津教育出版社，2006.

蒋逸民，张海娜. 大样本问卷调查的设计和管理：以《科尔曼报告》为例 [J]. 统计与决策，2009 (24)：30-33.

马骥雄. 战后美国教育研究 [M]. 江西：江西教育出版社，1991.

马晓强. “科尔曼报告”述评——兼论对我国解决“上学难、上学贵”问题的启示［J］. 教育研究，2006（6）29-33.

史静寰. 当代美国教育［M］. 北京：社会科学文献出版社，2001.

滕大春. 美国教育史［M］. 北京：人民教育出版社，1994.

翁文艳. 教育公平与学校选择制度［M］. 北京：北京师范大学出版社，2003.

谢维和. 教育活动的社会学分析——一种教育社会学的研究（修订版）［M］. 北京：教育科学出版社，2007.

张人杰. 国外教育社会学基本文选［M］. 上海：华东师范大学出版社，1989.

张友伦等. 美国社会的悖论——民主、平等与性别、种族歧视［M］. 北京：中国社会科学出版社，1999.

朱家存. 教育平等：科尔曼的研究及其给我们的启示［J］. 外国教育研究，2003（12）：23-26.

Frederick Mosteller, Daniel P. Moynihan. A Pathbreaking Report: On Equality of Educational Opportunity [M]. New York: Random House, 1972.

James S. Coleman, Equality of Educational Opportunity [M]. Washington, D. C. : Government Printing Office, 1966.

James S. Coleman. Families and Schools [J]. Educational Researcher, 1987, 16(6): 32-38.

John L. Rury. Education and Social Change: Contours in the History of American Schooling [M]. New York: Routledge, 2015.

Reginald Clark. Family Life and School Achievement: Why Poor Black Children Succeed or Fail? [M]. Chicago: University of Chicago Press, 1983.

Richard D. Kahlenberg. Learning from James Coleman [J]. The Public Interest, 2001: 54-72.

第十章　“国家危机”与全国课程：《国家处于危机之中》

《国家处于危机之中：教育改革势在必行》（*A Nation at Risk*：*The Imperative for Educational Reform*，简称《国家处于危机之中》）是20世纪80年代美国最重要的一份教育改革文献。随着它的发表，在美国国内出现了一场轰轰烈烈的关于公共教育改革的大辩论。在这场大辩论中，许多教育政策制定者和教育实践家以“优异”（excellence）和“选择”（choice）为号角，主张在公共学校推行“核心知识”（core knowledge）和“共同文化”（common culture），实行“全国课程”（national curriculum）和“教师授权”（teacher empowerment），鼓励进行“学券制”（voucher）和“特许学校”（charter school）改革，试图改变美国公共学校中学生的学业不精状况和“学校危机”。可以说，《国家处于危机之中》在美国教育改革中产生了自公共学校运动以来最广泛的影响，催生了特许学校、学券制、“高风险测验”、高标准、“问责制”、公立学校的私有化等一系列政策口号，并且直接促进了《有教无类法案》（*No Child Left Behind Act*，2002年）的出台。但是，这些改革政策实行20多年之后，公共学校中的“危机”并没有得到缓解，学业不精现象依然大面积存在，公共学校中事实上的种族隔离愈演愈烈，社会大众对公共学校的不满情绪日益加强，教育政策文本与教育社会现实之间的巨大差异促使我们开始反思《国家处于危机之中》：20世纪80年代以来，“字面上的”“浪漫的”公共教育政策是否真正被实施过？20世纪80年代，美国公共教育政策文本中的“文字符号”又具有哪些工具性?

第一节 《国家处于危机之中》发表前的社会意识基础

从国内外已有的研究来看，无论是“辉格”说，还是“修正”说，都曾指出《国家处于危机之中》这一政策作为社会政策工具的作用①，认为满足社会需求是实现社会生产的充分且必要条件。② 教育政策的生产也是如此，只有产生了社会需求和政治需求，才会有教育政策生产的充分性和必要性。因此，本章试图从 20 世纪 80 年代公共教育政策形成的源头——战后美国社会的“秩序政治”③ 舞台，即 20 世纪六七十年代自由主义社会运动的破产开始，阐释 20 世纪 80 年代新保守主义公共教育议程形成的社会思想基础。

一、黑人权利运动

黑人权力运动（black power movement）是 20 世纪 60 年代美国种族融合失败，黑人社区寻求自我的重新定位和再认识，要求实现黑人社区“自我隔离”“自我管理”和“自我控制”的一场社会运动。它呼

① John L. Rury, *Education and Social Change : Themes in the History of American Schooling* (Mahwah, NJ: L. Erlbaum Associates, 2002), p. 218.

② Ellwood P. Cubberley, *Public Education in the United States : A Study and Interpretation of American Educational History* (Boston: Houghton Mifflin Company, 1919), pp. 45-46.

③ 所谓“秩序政治”，是当代象征政治理论（symbolic politics theory）的代表人莫瑞·艾德尔曼（Murray Edelman, 1919—2001 年）在分析“西方民主政治”时提出的所谓“现代政治”的两条基本路径：一是以追求实体利益为目标的“斗争政治”，它指明了以实体利益为目标的、理性的政治动机；第二是以利益分配正当化为目标、以象征为媒介的“秩序政治”，它指明了以政治合法化为目标的、以人的感性认识为基础的象征政治。“斗争政治”的达成离不开“秩序政治”的胜利。

吁黑人要从白人手中夺取学校、社区和政府的管理权利，在学校中传授黑人文化与价值理念，消灭黑人社区中的白人—中产阶级的文化殖民，自主管理社区经济，夺取黑人社区在政治、经济、文化的主导地位。①

为黑人儿童争取与白人儿童平等的受教育机会，是20世纪60年代民权运动最重要的奋斗目标之一。自1898年美国最高法院在卡明斯诉里士满案（Cummings v. Richmond）中裁定“隔离但平等”的原则不得被引申为“为黑人学生提供高中教育”以来，保障黑人学生享有同等质量的高中教育的权利就成了黑人争取平权活动中的主旋律。② 平权活动家们认为，要想在真正意义上改变美国社会的种族状况，实现真正意义上的社会平等，就要为黑人学生提供高质量的教育，就要使黑人学生同白人学生一样能够学习学术类课程，就要提高黑人学生在学术类课堂中的参与度。“在学校中，越来越多的黑人学生不满于从前的那些束缚他们的职业训练，要求学习那些能够帮助他们进入高等教育机构的课程。”③ 20世纪上半叶，不论是在美国的南部还是北部，反抗“白人至上主义”、改善黑人高中的教育质量成了黑人社区的主要议程。

自1954年“布朗诉教育委员会案”（Brown v. Board of Education）以来，民权运动的活动家为了推进纽约公立学校中的种族融合，先后提出了“公开入学方案”（Open Enrollment Plan，1960年）、“自由选择转学方案”（Free-Choice Transfer Plan，1963年）、“普林斯顿方案”

---

① Kwane Ture, Charles V. Hamilton, *Black Power: The Politics of Liberation in America* (New York: Vintage Books, 1992), p. 37; Wendell Pritchett, Brownsville, *Brooklyn: Blacks, Jews, and the Changing Face of the Ghetto* (Chicago: The University of Chicago Press, 2002), p. 207.

② See W. E. B. Du Bois, *The Souls of Black Folk* (New York: New American Library, 1982); Richard Kluger, *Simple Justice* (New York: Alfred A. Knopf, 1975).

③ Martin Luther King, *Where Do We Go from Here? Chaos or Community* (New York: Harper and Row, 1967), p. 11.

(Princeton Plan，1964 年)、“201 中间学校方案”（201 Intermediate School，1966 年)，还专门开通了运送黑人学生到白人学校的学校巴士……但是，由于遭到白人家长的反对，这些措施均以失败告终。1960—1966 年，只有不到 5％的黑人学生转学进入白人学校[①]。到了 20 世纪 60 年代中期，随着“事实上的隔离与不平等”取代了“法律上的隔离与平等”[②]，“为黑人学生提供相同质量的教育”的平权目标越来越迷失在民权运动的大潮中，使越来越多的黑人家长开始怀疑以“种族融合”为目标的民权运动是否能真正改善种族关系，提高黑人学生的教育质量。他们认为，以白人的文化机制主导的黑人社区是不会真正为黑人利益服务的，而公共学校正体现了这一原则。“在美国的公共教育系统中，占主流地位的白人社会价值观念和文化得到了不断强化……这是一种支持种族主义的社会价值观念……黑人学生是无法接受和掌握这些价值观念的”[③]，这些才是导致黑人学生学业失败的根本原因。

因此，为了真正实现种族平等、社会公平，黑人权力运动的活动家们主张，首先要摆脱白人文化对黑人社区中公共学校的“统治”，实现黑人社区对社区内公共学校的“社区管理”（community control)。“长久以来，白人对黑人学校进行的是不公正的、冷漠的、不充分的殖民般的控制，使教育程度不足的黑人学生只能成为劳动力市场中站在

---

① David Rogers, *110 Livingston Street: Politics and Bureaucracy in the New York City School System*(New York: Random House, 1968), p. 30.

② 从 20 世纪 60 年代开始，全美范围内出现了“白人出逃”(white flight)、“街区房地产跌涨牟利”(blockbusting) 和“拒绝房产抵押”现象。一方面，在城市中的白人社区内出现了拒绝“黑人迁入”的恐慌，大批的中产阶级白人家庭“逃离”城市，搬入近郊地区；另一方面，银行拒绝为那些在以白人为主体的社区内购买房屋的黑人提供房屋抵押贷款。这些措施都造成了黑白之间在居住地理位置上的“事实上的隔离与不平等”现象。

③ Kwane Ture, Charles V. Hamilton, *Black Power: The Politics of Liberation in America*(New York: Vintage Books, 1992), pp. 37-40.

福利国家生产线边缘的小角色”[①]，“教育‘专家’长期以来不仅无视黑人学生的需求和问题，还将中产阶级的偏见、不合时宜的技术和教材带到学校，不仅造成了黑人学生的学业失败，还对黑人社区造成了毁灭性的破坏”[②]。因此，要摆脱白人文化对黑人社区的控制，首先就要取缔白人教师和白人教育管理者对黑人学校的控制，黑人家长必须“从白人‘专家’手中夺取‘贫民窟’学校的控制权”，必须掌握聘用和解雇教师的权力，拥有决定教学内容和制定评价标准的权力。其次要进行课程改革。要清除黑人学校中“传统的”“不相关的”白人文化占主导地位的课程，要将反映黑人历史、文化和贡献的课程内容带入公共学校的课堂，要求教师从教学内容到教学教法上都要反映这种“修正式”的历史观，尊重黑人在历史上的作用和地位。20 世纪 60 年代早期，马尔科姆（Malcolm Ⅹ，1925—1965 年）曾指出，当时学校中的课程内容就是要有意回避黑人在人类历史上的真实地位和贡献，他呼吁黑人社区团结起来结束这种“文化谋杀”。

但在实践中，黑人社区的这种要求“自我隔离”“自我控制”“自我管理”的主张走向了极端。黑人社区对公共学校实行“社区管理”和课程改革的要求迅速地转化为黑人社区中的一种“黑人至上”的种族主义态度和行为[③]，他们不仅要求由黑人社区独立管理本社区内的公立学校的财政、人事和课程教学，还要求在黑人学校中只能由黑人教师来任教。随着黑人权力运动的发展，黑人社区内的公共学校开始无

---

① Kwane Ture, Charles V. Hamilton, *Black Power : The Politics of Liberation in America*(New York: Vintage Books, 1992), p. 159.

② Kwane Ture, Charles V. Hamilton, *Black Power : The Politics of Liberation in America*(New York: Vintage Books, 1992), pp. 166-167.

③ Diane Ravitch, *The Great School Wars : New York City, 1850-1973: A History of the Public Schools as Battlefield of Social Change*(New York: Basic Books, 2000), p. 317.

缘由地、大规模地解聘白人教师，对白人教师进行人身攻击[①]，有些白人教师甚至还遭到黑人极端组织的死亡威胁[②]。这些极端的表达“黑人权力”的行为引发了黑人社区与社区内公共学校中白人教师和管理人员的冲突，如奥森希尔-布朗斯维尔罢工（Ocean Hill-Brownsville Strike)[③] 等。很快，黑人社区内公共学校中的劳资冲突就演变为新一轮全国范围内的“黑白冲突”。

由黑人权力运动引起的“黑白冲突”在民权运动时代形成了一股强大的社会反冲力，使许多自由主义者和民主社会主义者开始反思他们自民权运动以来的主张。正如彼得·斯坦菲尔斯（Peter Steinfels，1941 年）所指出的那样：“大部分人都在谈论他们‘被激进化’了，之后他们又开始谈论右翼对他们的‘反冲力’。但‘反冲力’这个词就意味着一种愤怒的自发行为。自由主义者没有时间进行缓慢的思想演化，他们迅速地‘被保守主义化’了。”[④] 从 20 世纪 70 年代开始，原来的这些具有自由主义思想的民权运动支持者开始迅速地走向保守，从而为 20 世纪 80 年代新保守主义的复兴和新保守主义教育政策的产生奠定了意识形态基础。

---

① 在奥森希尔-布朗斯维尔（Ocean Hill-Brownsville），“犹太猪”（Jewish pig）是黑人家长对白人教师的侮蔑性称呼。

② Diane Ravitch, *The Great School Wars: New York City, 1850-1973: A History of the Public Schools as Battlefield of Social Change* (New York: Basic Books, 2000), p. 317.

③ 20 世纪 60 年代末，在纽约市布鲁克林区的奥森希尔-布朗斯维尔开展了一项旨在实现“分权化”和“社区管理”的教育试验，是要求由社区成员自主管理本社区内公立学校课程设置、教师任免和经费支出等一系列学校事务的教育试验，由此引发了一场由美国教师联合会（United Federation of Teachers，简称 UFT）发起的要求保障职业安全、反对社区管理的大罢工，被称为“奥森希尔-布朗斯维尔罢工”。

④ Peter Steinfels, *The Neoconservatives: The Men Who are Changing America's Politics* (New York: Simon and Schuster, 1979), p. 44.

二、人本主义教育运动

以弘扬人的本性为根本目标的人本主义，是现代西方社会中的一个重要思想流派。20 世纪 60 年代，随着以马斯洛（Abraham Harold Maslow，1908—1970 年）和罗杰斯（Carl R. Rogers，1902—1987 年）的研究为代表的人本主义心理学(humanistic psychology)的兴起，在美国出现的人本主义教育运动(humanistic education movement)实际上就是人本主义思想的延续和复兴。

在美国，人本主义思想的复兴开始于 20 世纪 50 年代。第二次世界大战以后，随着科学技术的进步及实证主义思想的泛滥，"技术主义"开始成为全社会的主流价值观。它在"科学"的名义下，要求所有的研究都必须走向严格的"定量化"。这种"技术主义"将人看成一个"纯客观"的现象加以剖析与肢解，极大地忽视了对人的内心活动、人的情感、人的需求的研究，忽视了将人作为一个有机整体的研究；它把人看成"社会机器"的一个机械的组成部分，造成了人性的缺失、人的能动性的缺失及人的自我的缺失，从而引发了一系列社会问题。从 20 世纪 50 年代末开始，随着存在主义与现象学的兴起，一些著名的具有人本主义思想的社会批评家，如保罗・古德曼(Paul Goodman，1911—1972 年)、大卫・理斯曼(1909—2002 年)、威廉・怀特(William Whyte，1917—1999 年)等，就开始对这种"技术主义"主导下的枯燥无味、了无生趣的美国社会生活进行激烈的批判。特别是古德曼，他将矛头对准了公共学校，开始分析公共学校是如何磨灭美国青少年的智力、情感和精神活力的①。

到了 20 世纪 60 年代，随着自由主义社会意识形态和黑人权力运动

① See Paul Goodman, *Growing up Absurd : Problems of Youth in the Organized Society*(New York: Vintage Books, 1960); *Compulsory Mis-education and the Community of Scholars*(New York: Vintage Books, 1966).

的发展，人本主义者对公共学校的批判愈加激烈。他们在反思改造主义[①]提出的"学校敢于建立一种新的社会秩序吗?"（Dare the School Build a New Social Order?）命题的基础上，呼吁要揭露在价值中立和民主理想掩盖下公共学校"服务于统治精英的利益"[②] 的社会职能。反主流文化的领袖西奥多·罗斯扎克（Theodore Roszak）认为，"我们把它称为'教育'，称为'精神生活'，称为'对真理的追求'，但它实际上只是一个工具机器，它只是为满足社会中官僚机制的各种各样、光怪陆离的需求，将社会中的年轻一代进行分类和分层"[③]。学校与社会一样，都已经成了机构化、制度化、科层化、商品化、特权性、垄断性、异化人性的"分类机器"（sorting machine）[④]。它既导致了物质上的贫富差别不断扩大，也导致了依附与无能心理及以此为特征的贫困文化日益增强；学校是社会堕落的罪魁祸首，它既无法满足学生必修技能的需要，也无法满足"自由教育"或"人性教育"的需要。公共教育不是社会问题的解决者，而是社会问题的制造者。公共学校是社会压迫机制的"保护伞"，是社会弊病的"生产者"[⑤]，"（公共学校中的）学生是美国最大的被压迫阶级"[⑥]。

---

① 改造主义兴起于20世纪30年代的美国，一般认为是进步主义教育思想发展中的一个分支，康茨是其代表人物，《学校敢于建立一种新的社会秩序吗?》是其战斗檄文。改造主义的核心逻辑在于强调教育应以实现"新的社会秩序"为理想，成为社会变革的发起者与推动者，而学校之中的师生应是积极主动的，是民主社会中的完美典范。

② David L. Angus, Jeffrey E. Mirel, *The Failed Promise of the American High School, 1890-1995* (New York: Teachers College, Columbia University, 1999), p. 129.

③ Theodore Roszak, "The Making of a Counter Culture: Reflections on the Technocratic Society and its Youthful Opposition," *Garden City*, N. Y. Doubleday, 1970: 16.

④ Joel Spring, *The Sorting Machine: National Educational Policy since 1945* (New York: David McKay, 1976), p. viii.

⑤ Herbert R. Kohl, *The Open Classroom* (New York: Vintage Books, 1969), p. 12.

⑥ Jerry Rubin, *Do It: Scenarios of the Revolution* (New York: Simon and Schuster, 1970), p. 214.

因此，人本主义批评家主张，既然公共学校无法实现人与社会的解放与正义，既然公共学校已经沦为社会奴役的工具，那么为了最终实现社会的公平与正义，就要消灭这种机构化和制度化的公共学校，实行“非学校化”（deschooling）改革。人本主义批评家认为，“非学校化”的教育改革要从打破“教育僧侣”（school-monks）即教育专家对学校的垄断管理开始。首先，教育要以学生为中心；其次，教学与认知要从学生的真正需求出发，而不能从人为的学科分类、科层化的制度要求出发；再次，废止课堂教学标准，所有的考试、评分制度、机械的命令、等级化的监督都要予以取缔；最后，废除当时的教科书制度。[①] 他们主张实行“自由学校”（free school）、“开放学校”（open school）、“开放课堂”（open classroom）、“差别课程”（curricular differentiation）等。

但是，这些“浪漫主义”的批判在抨击当时社会的“再生产”机制、揭露黑暗的社会现实的同时，又走向了一个新的极端：人本主义批评家过分强调了“自我”和“自我实现”，对人类社会与文化采取了敌视的态度，对历史上积累下来的科学知识体系也表现了极不应有的轻视和仇视。他们反对对学生进行任何有组织、有计划的知识传授，反对按照社会业已形成的价值观对学生的成长进行任何有意识的引导，反对教师对学生进行任何与其兴趣或愿望相左的教育和管理。这一切都导致了在实际的课堂教学中出现了“放任自流”的现象。此外，人本主义批评家在批判当时的公共学校制度的同时，并没有系统地提出改革方案，他们的零星改革主张在很大程度上只是 20 世纪二三十年代进步主义教育改革措施的复演[②]。它们既无法满足 20 世纪六七十年代

---

① Ronald Gross,“From Innovations to Alternatives: A Decade of Change in Education,” *Phi Delta Kappan*, Vol. 53, no. 1, 1971: 22-24.

② David L. Angus, Jeffrey E. Mirel, *The Failed Promise of the American High School, 1890-1995* (New York: Teachers College, Columbia University, 1999), p. 132.

美苏争霸的白热化、越南战争的桎梏和美日经济战的国家需求，也无法从根本上解决社会的贫困问题、种族与性别歧视问题、社会公平问题等，所以使人本主义的教育改革遭到了广泛的批评。首先，人本主义者只是"注重方法、技术和经验，而不是根据对学习者产生的结果来评定它们"；其次，"人本主义者对个体的经验没有予以应有的关注。尽管人本主义者认为他们的课程是个别化的，但实际上给一个班上的大多数学生呈现的是同一个刺激"；再次，"人本主义者过分注重个体，却没有对社会需要做出更多的反应"；最后，"人本主义课程所依赖的理论是有缺陷的。这种理论不是增进不同心理学流派的心理学原理的统一性和联系性，而是增加了科学知识的分离性"。[①] 因此，与黑人权力运动的一样，20 世纪六七十年代具有激进主义色彩的人本主义的批判及其带来的教育改革，对美国教育的"钟摆"产生了强大的"反冲力"。这种"杜威式"的、"浪漫主义"的教育理想的再次失败，在全社会产生了"回归传统""回归主流价值""回归基础"的需求。

三、新效能运动

"责任制"（accountability）是 20 世纪六七十年代末的新效能运动（neo-efficiency movement）的关键词。但是，由于新效能运动并没有对"责任制"做出明确的界定，使"责任制"成了一个意义模糊的隐喻式的表达[②]。它就如同一张"意识形态之伞"，将所有的"在实践中

---

① ［美］约翰·D. 麦克尼尔：《课程导论》，施良方等译，辽宁教育出版社，1990，第 20 页。

② David L. Angus, Jeffrey E. Mirel, *The Failed Promise of the American High School, 1890-1995* (New York: Teachers College, Columbia University, 1999), p. 135.

可测量的、结果导向的、以问题解决为导向的技术、方法、管理和指导"[①] 都囊括在伞下。它既是自由主义教育改革的指导原则，后来也被新保守主义所用，20 世纪 80 年代的"学校大辩论"[②] 就直接借用了"责任制"这种表达。因此，与黑人权力运动和人本主义运动相比，虽然新效能运动的声势较小、受到的关注也较少[③]，但是它所提倡的一些根本原则对 20 世纪 80 年代新保守主义教育政策的形成有着不可忽视的影响。

在 20 世纪六七十年代的新效能运动中，"责任制"所囊括的主要改革措施：程式化教学（programmed instruction）、个别化教学（individualized instruction）、教师分工法则（differentiated staffing）、行为目标（behavioral or performance objectives）、以能力为基础的教学法（competency-based instruction）、教学机（teaching machines）、系统化教学（instructional systems）、计算机管理教学（computer-managed instruction）、协同教学（team teaching）、行为矫正（behavioral modification）、合同管理（performance contracting）和生计教育（career education）等[④]。新效能运动的倡导者，首先是一些学

---

① James A. Mecklenburger, *Performance Contracting : 1969-1971* (Worthington, OH: Charles A. Jones, 1972), p. 2.

② "学校大辩论"（the Great School Debate）是对 20 世纪 80 年代以来，特别是 1983 年《国家处于危机之中》发表以来，由美国的一些"教育政治家"（educational politician）以著书立说的形式展开的、以保守主义意识形态为主导的一场关于公共教育改革的论战。它得名于哥伦比亚师范学院的格罗斯夫妇（Beatrice Gross & Ronald Gross）于 1985 年出版的《学校大辩论：美国教育该如何抉择》（The Great School Debate: Which Way for American Education?）一书，继而得到斯普林（Joel Spring）、科斯特（Michael W. Kirst）等人的沿用。

③ David L. Angus, Jeffrey E. Mirel, *The Failed Promise of the American High School, 1890-1995* (New York: Teachers College, Columbia University, 1999), p. 135.

④ David L. Angus, Jeffrey E. Mirel, *The Failed Promise of the American High School, 1890-1995* (New York: Teachers College, Columbia University, 1999), p. 135.

业失败的黑人学生的家长。长期以来，黑人学生学业的大面积失败无法得到"有效的"治愈的问题，使黑人学生家长开始寻求"有效的"改革方法以缩小黑人学生与白人学生在学业上的差距。其次，还包括一些商业团体、企业，以及一些怨声载道的纳税人协会。他们认为公共学校的效率低下一方面是因为公共学校缺乏有效地测量学生学业的方法，另一方面是因为公共学校培养的学生无法满足社会的需求。因此，这些家长组织、纳税人协会及商业企业团体联合起来，开始在州层面系统地收集数据，研究测量学生学业、改善学生成绩和教师教学的有效方法。

在这一系列以提高学校效能为目标的"责任制"改革中，声势最大的就是20世纪70年代初由马里兰州发起的生计教育运动。生计教育运动是作为缓解美国社会在20世纪70年代不断恶化的社会经济危机的改革措施出现的。在关于生计教育改革的设想中，改革者们认为，美国公共学校中的学术课程与职业课程的严格区分与对立是导致公共教育效能低下的主要原因。因此，为了提高学校效能，就要沟通学术课程与职业课程，沟通学术目标与职业目标，沟通理性的养成与技能的训练，在学生为进入劳动力市场做准备的同时，也为学生成为"社会公民"做准备，从而最终满足人的发展与社会的需求双重目标。因此，生计教育最初并不仅仅是职业教育，它是希望将"人的所有教育经历、课程、教学、指导与作为经济上独立的个人的实现、个人的成熟及对劳动的尊重联系起来……它试图通过变革整个教育系统，使全社会受益"[①]。生计教育最初的目标是要打破公共学校中格格不入的"双轨制"，让学生在掌握学术知识的同时，为进入社会做好准备。[②] 因此，

---

① Larry J. Bailey, Ronald W. Stadt, *Career Education: New Approaches to Human Development* (Bloomington, IL: McKnight Publishing Co., 1973), p. 270.

② Joel Spring, *The Sorting Machine: National Educational Policy since 1945* (New York: David McKay, 1976), p. 234.

在运动之初，生计教育更多的是作为一种价值教育存在的，它主张把劳动所体现的各种社会价值统一于个人的人格价值结构之中，使劳动成为人人享有的、富有意义的且能够使人从中的满足与发展的活动。公共教育和地区、社会全体成员努力的目标，就是要帮助每个人在生活中实现这些社会价值。

但是，由于生计教育的改革者们对“效能”“责任制”等改革的关键词缺乏严格、系统的阐释，他们对“高效能”“高效率”的理解仅仅定位在学生考试分数的提高或对学生进行职业培训上，从而使生计教育在实践中出现了偏差。随着 20 世纪 70 年代美国经济滞涨现象的出现、生产力的下降、对外贸易赤字的不断扩大和失业率的稳步攀升等社会危机的不断升级，生计教育的目标也从“为生活做准备”下降到“为就业做准备”，从“通过培养劳动美德以实现个人的发展与完善”的价值教育下降为单纯的职业培训和职业教育。这就使原本具有进步主义色彩的、试图变革公共学校机制的生计教育运动，最后仅仅成了一场“职业教育”改革。一方面，它加强了职业高中和技术高中里的职业培训课程；另一方面，它却使综合高中里的职业课程遭到了进一步的缩减，进一步强化了学术类课程与职业课程的分野。一方面，它加强了对那些“学业失败”学生的职业训练，使他们能够进一步适应工作岗位；另一方面，它也进一步强化了社会贫困与不公正的再生产，强化了社会主流文化与社会阶级的再生产，通过进一步限制“学业失败”“处境不利”和少数族裔学生所掌握的技能，将他们“更加牢固地”束缚在“工厂生产线的边缘”①。

生计教育运动从 20 世纪 70 年代末开始退潮，一方面，由于生计教育运动并没有改变“处境不利”学生的学业状况，所以使要求变革公

① W. Norton Grubb, Marvin Lazerson, “Education and the Labor Market: Recycling the Youth Problem,” in Harvey Kantor, David Tyack, *Work, Youth, and Schooling* (Stanford, CA: Stanford University Press, 1982), pp. 110-141.

共学校的社会需求依然存在;另一方面,自由主义社会改革接二连三的失败,以及美国政治上的转向,都使新的教育改革呼之欲出。

综上所述,以黑人权力运动、人本主义教育运动和新效能运动为代表的20世纪六七十年代的自由主义社会运动,是以直接扶助社会弱势群体为初衷的。它们试图反抗当时社会的政治、经济和文化的再生产机制,呼吁人们警惕公共学校在实现社会阶级再生产过程中的职能,希望能够通过实现“被压迫阶级的社会权利的重建”①,治愈贫困问题、种族问题、阶级问题和社会不公平问题。但是,在自由主义者为实现全社会的公共利益而奔走呼告的同时,他们发现自由主义社会运动的既得利益者并不是“被压迫阶级”,而是官僚统治精英②。在实践中,一方面,自由主义与进步主义的社会改革不仅没有实现“扶助社会弱势群体”的初衷,反而进一步强化了当时社会的生产与分配机制;另一方面,在自由主义社会改革实践中,来自被压迫阶级的反抗往往走向了极端,这种来自被压迫阶级的“背叛”和“被劫掠”对自由主义社会运动形成了强大的反冲力,推动他们迅速地走向保守。因此,到了20世纪70年代末,在美国社会“内忧外患”的冲击下,自由主义社会运动因无法满足社会政治需求而走向“破产”。当“自由主义”逐渐成为一种“侮辱性的称呼”时,“保守主义则成了一种社会时尚”③,一场新保守主义的复兴与社会改革运动应运而生。

---

① David L. Angus, Jeffrey E. Mirel, *The Failed Promise of the American High School, 1890-1995* (New York: Teachers College, Columbia University, 1999), p. 138.

② Guy Sorman, *The Conservative Revolution in America*, *translated by Jane Kaplan* (Chicago: Regnery Books, 1985), p. 22.

③ Guy Sorman, *The Conservative Revolution in America*, *translated by Jane Kaplan* (Chicago: Regnery Books, 1985), p. 16.

第二节 《国家处于危机之中》颁布始末

当20世纪六七十年代的那些试图通过自由主义的教育改革来解决贫困问题、种族问题和失业问题的努力最终沦为街头巷尾的打架斗殴时，当20世纪六七十年代的那些雄心勃勃的反主流文化、反越战、支持民权运动的校园反叛者最终沉溺在奇装异服、毒品和无节制的声色犬马之中时，当为争取平等的社会权利而奔走呼告、疲惫不堪的非裔美国人成为20世纪六七十年代黑人激进主义运动最终的受害者时，新保守主义就成了战后美国社会改革的另一条出路。也就是说，“新左派（New Left）孕育了新右派（New Right）”[①]。迈克尔·哈灵顿说：当“伟大社会”（Great Society）的最后一线希望被自由主义的群氓运动所淹没时，新保守主义的“伟大”复兴就开始了。[②]

1968年，尼克松因承诺解决越南战争问题、平息校园内的反叛、恢复正常的社会秩序而当选美国总统。尼克松政府对肯尼迪—约翰逊政府的自由主义政策持怀疑态度，它缩减了联邦政府对地方学校拨款的额度，并且将它们用于资助教育政策研究[③]；它质疑“向贫困宣战”中关于向贫困儿童提供“同等”受教育机会的立法；它质疑用校园巴士解决种族隔离问题的可行性。尼克松政府时期的教育政策主要以逐步减少联邦政府对地方学校的直接经费投入和控制、鼓励“回到基础”、完善考试评价制度、扩充职业教育、实行“分权化”和普及“责

---

① Kristen Buras, Michael W. Apple, “Radical Disenchantments: Neoconservatives and the Disciplining of Desire in an Anti-utopian Era,” *Comparative Education*, Vol. 22, No. 3, Aug., 2008: 292.

② Michael Harrington, “The New Class and the Left,” in B. Bruce-Biggs, *The New Class?* (New Brunswick: Transaction Books, 1979), p. 137.

③ Wayne J. Urban, Jennings L. Wagoner, *American Education: A History* (New York: The McGraw-Hill Companies, Inc., 1996), p. 331.

任制”为主①。因此，尼克松时期政策的转向标志着新保守主义复兴的开始。在尼克松总统因“水门事件”辞职后，其继任者福特总统与卡特总统也基本上保持着尼克松政府的步调，这标志着自由主义意识形态的退潮。1980年，在新保守主义意识形态主导的传统基金会的赞助下，罗纳德·里根当选美国总统。在竞选阶段，里根就承诺将废除联邦教育部，对选择私立学校的家长实行“学费退税”（tuition tax credit），以及恢复公共学校中的祈祷制度。② 当选后，里根总统迅速地缩减联邦政府的预算，缩减公共开支，扩充军费，新保守主义开始实现全面复兴和现代化。

1980年，里根开始兑现其在竞选期间的承诺，按照新联邦主义（new federalism）原则，提倡削减税收，减少联邦为公共项目的投入，实行地方分权，将管理国内事务的职责划归州政府和地方政府。在学校教育方面，里根政府的主要议程是削减名目繁多、复杂、混乱的联邦教育项目，“取缔疯狂的、繁复的、无效的项目，建立综合补助款（block grants）制度，将事务的决定权留给地方官员”，并且号召商业团体更多地参与学校管理和教育目的与标准的制定。③

1981年8月，在教育部长特瑞尔·霍华德·贝尔的倡议下，联邦政府通过了《高质量教育委员会章程》（*Charter National Commission on Excellence in Education*），成立了全国高质量教育委员会，负责对美国的教育质量进行调查。该委员会均由社会知名人士组成，由刚被任命为加州大学校长的大卫·加德纳尔（David Gardner）担任主席，

---

① Joel Spring, *The American School : 1642-2004* (New York: McGraw-Hill, 2005), p. 449.

② L. Dean Webb, *The History of American Education : A Great American Experiment* (Upper Saddle River, N. J. : Pearson Education, Inc. , 2006), p. 322.

③ L. Dean Webb, *The History of American Education : A Great American Experiment* (Upper Saddle River, N. J. : Pearson Education, Inc. , 2006), pp. 322-323.

由加州圣地亚哥城市学校董事会（San Diego City School Board）前主席伊冯·W. 拉森（Yvonne W. Larsen）任副主席，还设委员 16 名。

根据《高质量教育委员会章程》的规定，该委员会的主要职责是关注青少年、重视中等教育，并且针对当时“我们的教育体系中存在着的严重问题”①，对小学、中学、大学，乃至职业学校的教育改革提出意见和建议。其主要内容包括这样几点：一是评估美国公立、私立中小学、学院和大学的教育教学质量；二是对比美国与其他发达国家在中等教育和高等教育领域上的差异；三是研究中学生学业成就与大学入学要求之间的关系；四是形成促进学生在大学中获得优异成绩的教育计划；五是评估近 20 年对学生学业影响较大的主要社会和教育变革；六是详细说明在实现高质量教育中将面对和克服的问题。②

1983 年 4 月，国家高质量教育委员会发表了年度报告——《国家处于危机之中》。一开篇，该报告就用振聋发聩的、世界末日般的修辞指出，“我们的国家正处在危机之中。我们曾经所向披靡的贸易、工业、科学和技术发展正在被他国超越……如果一个不友好的国家试图把我国今日现存的低劣教育成绩强加于我国，我们会认为此举意味着向我们宣战……我们所关切的……不仅是国家工业和贸易的前景，还有人民的智力开发、道德规范和精神力量，这些交织起来才能支撑我们的社会”③。该报告指出，学校教育在教学内容、评价标准、教学期望、学习时间、教师教育等方面都存在着一系列问题，不仅使美国的教育质量出现了严重的滑坡，而且使美国在世界范围内丧失了在工业、

---

① National Commission on Excellence in Education, *A Nation at Risk : The Imperative for Educational Reform*, 1983:1.

② National Commission on Excellence in Education, *A Nation at Risk : The Imperative for Educational Reform*, 1983:39-40.

③ National Commission on Excellence in Education, *A Nation at Risk : The Imperative for Educational Reform*, 1983:5-6.

商业、科学和技术方面的优势。因此，该报告进一步明确提出，要以“公平”与“优异”为根本目标，要建立学习型社会，要在教学内容、学业期望、学时、教学、学校管理和财政支持等方面进行改革，并且提出了具体的改革措施。

第一，从教学内容上来看，要设置核心课程。国家高质量教育委员会比较了1964—1969年与1976—1981年这两个时间段内美国高中生的主要课程，认为在美国学校中出现了课程的“自助餐化”现象。一方面，学校的课程设置缺乏统一的、核心的目标；另一方面，学生的自主化选择使学生选修的课程偏离了理性养育和职业准备这两个最根本的目标。例如，1964年，学生选修通识课程的比例只有12%；而1979年，学生选修通识课程的比例竟高达42%。而在选修一些基础课程的学生中，课业的通过率也呈下降趋势。例如，法语课的通过率为13%，地理课的通过率为16%，算术课的通过率仅为6%。[①] 另外，从学生所得的学分来分析，学生选修体育课、社会实践课等其他课程得到的学分竟占总学分的25%[②]。因此，针对美国学校课程设置分散化的现象，国家高质量教育委员会建议改革美国学校的课程设置，要以五门新基础课程（Five New Basics），即四年的英语课、三年的数学课、三年的科学课、三年的社会科课程和一年半的计算机科学课作为学校教学的核心课程，是所有学生都必须学习的课程。另外，对那些希望将来升入大学学习的学生来说，还要修满两年的外语课。同时，学校还要设置必要的职业课程作为补充，以培养学生的职业能力与技能；鼓励各种学术团体与组织参与学校教学内容的设计，不断修订、更新教学内容。国家高质量教育委员会认为，通过这些课程的学习，不仅

---

① National Commission on Excellence in Education, *A Nation at Risk: The Imperative for Educational Reform*, 1983: 18-19.

② National Commission on Excellence in Education, *A Nation at Risk: The Imperative for Educational Reform*, 1983: 19.

要使学生掌握各门课程的主要内容，培养学生听说读写的能力，更重要的是要通过这些核心课程的学习来传递美国文化传统和核心价值观。

第二，从学业标准与期望上来看，中小学和大学要采用更高的、可测量的学术标准来要求学生，四年制大学要提高他们的入学标准。国家高质量教育委员会从学生的作业量、作业难度、学生的学习目标和大学入学要求等几个方面考量了 20 世纪 70 年代以来的美国学校教育，首先发现美国学校的作业量呈下降趋势，美国中小学生每晚做作业所需要的时间竟不足一个小时，并且随着学生年级的上升，学生的学业成绩出现了不断下降的趋势，这远远落后于世界上其他各主要工业国家。其次，从 1980 年各州的高中结业标准的考量上来看，美国高中的毕业标准在不断下降。例如，在美国的 52 个州里，只有 8 个州要求高中开设外语课程，竟没有州规定外语为必修课①。再次，在美国大部分地区实行的“最低能力测验”（Minimum competence）降低了学校学生的学业测量标准。同时，有 20％的四年制公立大学或学院可以无条件招生。它们不计学生的学业成绩，甚至不计学生是否已获得高中毕业证书。最后，学校所使用的教材质量低下，教材中 80％的内容为常识性内容，编写教材的人也不再是教育专家或长期执教的教师，往往是出版社的编辑人员。因此，针对以上问题，国家高质量教育委员会认为，首先，美国中小学要严格考试评分制度，要使学生成绩如实地反映学生的实际学业成就，主张在全国范围内推行高难度的标准化测验，便于教师发现学生学业中的不足与困难。其次，四年制大学要提高入学标准，要提高对学生在各方面的要求，特别要提高对学生在五门新基础课的标准化测验中所取得的成绩的要求。如有需要，院校还可对学生的外语水平做进一步的要求。再次，提高中小学教科书的

① National Commission on Excellence in Education, *A Nation at Risk : The Imperative for Educational Reform*, 1983:20.

编写质量，要求教科书应由教育专家或不同学科领域中的权威研究人员编写，并且注重结合科学研究的发展，随时更新学习内容。然后，需要配备一定的资金来满足那些学习有困难的弱势学生和学习超前的天才学生的特殊需求。最后，要积极采用先进的教学手段和教学设备。

第三，从学时上来看，中小学要有效利用学时，要延长学时和学年。国家高质量教育委员会通过对比发现，美国的中小学生在学习时间的总量和单位学习时间内的学习效率方面远远落后其他国家。例如，在英国等发达国家，高中生每天的在校时间为 8 小时，每年的在校时间为 220 天；而在美国，高中生每天的在校时间仅为 6 小时，每年的在校时间为 180 天。[①] 在美国的许多学校里，学生用来学习烹调、缝纫、驾驶的时间几乎与他们用来学习数学、英语、历史、化学的时间一样。并且，许多高中生甚至在升入大学之后都没有养成系统的自学习惯。在加利福尼亚州的一项抽样调查显示，美国的中小学生单位时间内的有效利用率仅为 20%。因此，国家高质量教育委员会认为，首先，中小学要增加学生的在校时间，可通过各地方或各州的立法机关强制要求学生每天的在校时间至少为 7 小时，每年的在校时间为 200—220 天。其次，教师不仅要教授学科知识，更要教会学生如何有效地管理学习时间，教会学生如何提高学习效率，同时还要严格执行学校的考勤制度。再次，对弱势学生或天才学生可额外安排时间，满足他们的特殊要求。

第四，从教学方面来看，要实行教师教育的高标准，提高教师薪金待遇和社会地位，鼓励培养专家型教师。当时美国中小学的师资力量比较薄弱，大部分教师自身的受教育程度不足，许多教师仅为高中毕业，缺乏坚实的学术基础；部分学科出现了教师短缺现象，而新聘

---

① National Commission on Excellence in Education, *A Nation at Risk: The Imperative for Educational Reform*, 1983:21.

用的教师远远无法满足教学要求。国家高质量教育委员会认为，究其根源是因为教师的薪金待遇远远低于社会其他行业。近 12 年的统计数据表明，教师的平均薪金仅为每年 17000 美元。① 因此，国家高质量教育委员会主张，一方面要提高教师教育质量，严格师范生的学业标准，另一方面要提高教师待遇。首先，中小学要建立合理的教师教学评价标准，并且以此为依据对教师进行奖惩，对教学效果好、教育质量高的教师要给予丰厚的奖励和津贴。其次，学校建立健全的职称制度，以此区分初级教师、资深教师与专家型教师。再次，师范学院可通过设立奖学金和资助政策鼓励学生报考师范学院。然后，扩大教育工作者对教材选择的影响力。最后，设计相关的培养计划以培训专家型教师。

第五，从学校管理和财政支持上来看，可建立各级问责制度，充分发挥联邦政府的辅助作用。要严格区分校长、地方政府、州政府和联邦政府在学校教育中的不同职责。校长直接对本学校的一切事务负责；地方政府和州政府应为该辖区内的学校提供直接的资金支持；联邦政府则主要通过国家立法和宏观调控来保障学生入学机会均等，满足不同学生群体的不同需求，进行教育数据的收集整理与研究工作，从政策上支持学校改革……

《国家处于危机之中》一石激起千层浪。此后，各地方、各州和联邦政府纷纷开展各种调查来分析当时美国基础教育中存在的主要问题。截至 1984 年 1 月，各地各类的教育调查报告多达 67 份②，各地出版的关于论述教育问题的专著也是数不胜数，“教育政治家”们在杂志、报

① National Commission on Excellence in Education, *A Nation at Risk : The Imperative for Educational Reform*, 1983:21-22.

② Alex Heard, "How to Write Your Own Report," in Beatrice and Ronald Gross, eds., *The Great School Debate : Which Way for American Education ?* (New York: Simon & Schuster, Inc., 1985), p. 118.

纸、电视访谈上的交锋更是一浪高过一浪。这标志着一场全国范围的“学校大辩论”的全面兴起。

从形式上看,《国家处于危机之中》是一份36页大字体和大纸边空白的报告,还有25页的附录;从内容上看,《国家处于危机之中》主要是围绕着改革学校课程和管理体制展开的,试图说明当时美国公共教育中存在的“危机”,以及解决“危机”、实现“优异”的方法和途径,并且罗列使用了大量的数据和警世恒言,以及一系列带有强烈感情色彩的口号式的文字符号,如“优异”“标准”“选择”等。以“优异”为例,在文本中,全国高质量教育委员会将“优异”与“五门核心课程”、一系列可测量的高标准等同,认为只有“学科的”“逻辑严密的”“成体系的”的知识才是最有价值的知识,主张要用以“事实性”的、“核心”的知识要素为基础的、“学科”的、“系统”的教学内容取代当时美国公共学校中“不连贯”的教学内容。在此后展开的大辩论中,全国高质量教育委员会指出,在公共学校的课程中存在着“‘公共序列’(common sequence)——至少是在诸如数学、科学及历史和地理的基本事实方面”,这些知识“与性教育是不同的,是不会也不应该引起争论的”。因此,这些知识就是所有的学生都应该、也都必须掌握的,这便构成了公共学校课程教学中的“共同文化”。[①] 全国高质量教育委员会认为,“智力资本”(intellectual capital)或“文化资本”(cultural capital)是美国社会中进行竞争和实现繁荣的关键性因素。社会不公正和社会差异产生的根本性原因就是“智力资本”和“文化资本”分配的不公正。在一切社会形态中,社会中上层不仅占有更多的经济物质资本,他们还占有更多的政治、文化和智力资本,这使他们在社会生产和社会分配过程中比社会的草根阶层更具优势,能获得更多的社会

① E. D. Hirsch, *The School We Need and Why We Don't Have Them* (New York: Doubleday, 1996), p. 37.

财富。而自20世纪六七十年代以来，自由主义、进步主义在公共学校中所提倡的发展主义、形式主义、自然主义，在无形中加剧了“智力资本”和“文化资本”分配的不公正现象。因此，要改变公共学校中大面积学业不精的现象，缩小优势儿童与劣势儿童之间的差距，实现“优异”，就要寻找知识中的“公共序列”，就要寻求“价值中立的”知识，就要寻找“构成一切社会的文化资本中的共同部分”①。而1981年，科尔曼对公立学校和私立学校的调查也带来了福音。科尔曼在1981年的调查中发现，在私立学校，特别是在天主教学校中，各类学生的学业成就要普遍好于公立学校。这是因为在私立学校中，无论学生的家庭背景如何，教师都严格地按照学术标准来要求每一个学生，在课堂中讲授的也是“共同”的学术类课程，这就大大减少了来自家庭的“智力资本”对学生学业的影响，也使处于劣势地位的儿童与处于优势地位的儿童站在同样的学业起跑线上，更使他们认识到“学术类课程”的价值，认识到“核心的”“学科的”“事实性的”知识的价值。②

综上所述，在《国家处于危机之中》中，“优异”作为一个最为重要的具有强烈感情色彩和象征意味的文字符号，被重新赋予了内涵：既然缩小社会差距、实现社会公平与民主社会、实现“优异”的根本就是要分享文化资本，而“核心的”“学科的”“事实性的”知识就是“文化资本中的共有部分”，是知识中“公共序列”，是一种“价值中立的”知识，是全社会一切阶级、阶层、种族所共有的“共同文化”，那么要改变公共学校中的“学业不精”，实现“优异”，就是要在公共学

---

① E. D. Hirsch, *The School We Need and Why We Don't Have Them* (New York: Doubleday, 1996), p. 20.

② Diane Ravitch. "The Coleman Reports and American Education," in Aage B. Sorensen & Seymour Spilerman, ed., *Social Theory and Social Policy: Essays in Honor of James S. Coleman* (Westport, Conn.: Praeger, 1993), pp. 129-141.

校中教授这些。也就是说，原先那种以“实现个人与社会的完善与完美”的“优异”被“核心的”“学科的”“事实性的”知识和“共同文化”的实现所重新定义。

诚如雷蒙德·威廉姆斯（Raymond Williams）所指出的那样：“共同文化的理念绝不意味着简单的认同，当然更不是指一个一致性的社会。（它关涉）所有人对意义的共享，这些人有时作为个体而行动，有时作为群体而行动，这一过程没有特定目的，它在任何时候也不能被认为已经得到实现、已经得到完成。在这一共享的过程中，唯一绝对的是始终保持清晰的沟通渠道和沟通制度，以便所有人都有可能为之贡献力量，而且在得到帮助的情况下去有所贡献。”① 事实上，“共同文化”从来都不是把少数人所指定的和相信的东西广泛扩展到每一个人；“共同文化”从来都不要求对那些使我们“有文化素养”的事实、概念、技能和价值进行界定；“共同文化”要求的是为人们创造必要的条件去参与意义和价值的建构和重建；“共同文化”要求的是一个民主过程，在这个过程中，所有人都可以对什么是重要的问题进行深思，而不仅仅是那些充当“西方传统”卫道士的知识分子才能思考这个问题。② 因此，在谈及“共同文化”的时候，强调的不应该是一些“一致性的”或“同质性的”的内容，而应该强调对“差异”、对“异质性”的认识、认可和尊重，即所谓的“共同文化”应该是“在意义和价值的建构中，的确体现了一个自由、众人奉献、共同参与的过程”③，而不是“学科”的、“逻辑严密”的“核心知识”。

所谓“共同文化”，实际上却使“不平等合法化”。它可能有助于

---

① Raymond Williams, *Resources of Hope* (New York: Verso, 1989), pp. 37-38.

② Raymond Williams, *Resources of Hope* (New York: Verso, 1989), pp. 35-36.

③ Raymond Williams, *Resources of Hope* (New York: Verso, 1989), p. 39.

创造一种幻觉，即无论在学校里存在多么大的差异性，他们都有共同性。[①] 他们在文化意义上都是平等的。正如乔纳森·科泽尔（Jonathan Kozol，1936 年至今）所生动展示的那样，资源和权力差异，以及由这些差异导致的学生伴随性经历上的差异、教师的差异、社区成员们之间的差异，确实是“残酷无情的”（savage）[②]。因此，“在缺乏足够人力和物力资源的情况下，全国课程和全国考试制度仅仅是认可和加剧了性别、种族和阶级的差异”[③]。

第三节　关于《国家处于危机之中》的讨论

诚如葛兰西所言，霸权往往不是以暴力强制来实现的，而是以对“常识”领域的控制来实现的。这提纲挈领地精彩概括了政策文本中文字符号发挥功用的过程。

为了洞察这一过程，我们先借用两个概念：集合编码（collection code）和整合编码（integrated code）。这是伯恩斯坦在解码“阶级、学校知识和控制”之间的关系问题时所采用的概念。所谓集合编码，它在表面形式上具有非常清晰和严格的界限，但在意识形态上具有模糊性；它根据的是一种“超浓缩”的象征系统，并且根据其表面形式上的清晰和严格的界限进行沟通。因此，集合编码在界限形式上具有一种“机械团结”的特点。所谓整合编码，它表面形式上具有模糊性，概念的界限是很松散的，但是它在意识形态上是明确且封闭的；整合编码根据的不是一个“超浓缩”的象征系统，它在文字上是具体和清

---

① Geoff Whitty, Tony Edwards, Sharon Gewirtz, *Specialization and Choice in Urban Education* (New York: Routledge, 1993), p. 179.

② 参见 Jonathan Kozol, *Savage Inequalities* (New York: Crown, 1991)。

③ Michael Apple, *Cultural Politics and Education* (New York: Teacher College Press, 1996), p. 36.

晰的，是一种开放性的有机团结，并且通过界限的模糊和松散的形式获得实体性。因此，整合编码是通过模糊性实现“有机团结”的。由此可见，集合编码虽然在表面形式与界限上是明确、清晰的，但它在意识形态上具有开放性，这就是“常识”的内在传递基础；而整合编码虽然在意识形态上有明晰的界限，但是它在形式上具有开放性，这就为外在界限上的有机团结奠定了根本。伯恩斯坦认为，知识、价值的社会化过程，就是集合编码与整合编码的“叠加”和“整合”的过程，进而使“常识”同时获得内在意识形态和外在界限形式上的稳定性。①

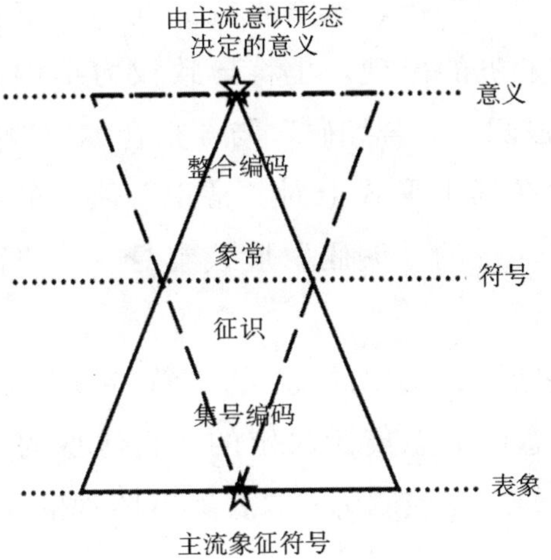

图 10-1 整合编码与集合骗码之过程

在《国家处于危机之中》以及后续的大辩论中，“优异”就是这样一类“集合编码”，它们从表面形式上看是非常清晰且界限严格的，都是美国社会中公认的精神追求与行为范式；但是，这个词语所代表的

① Basil Bernstein, *Class*, *Codes and Control*, *Vol. 3* (Boston and London: Routledge, 1977), pp. 90-94, 109-111.

意识形态集团是不清晰的，它们既可以为保守主义所用，也可以为进步主义和激进主义所用。而“文化素养”“核心知识”，这些概念代表的是一类“整合编码”，在这些概念的背后明确地站着意识形态集团，但其界限形式是模糊的，是需要再定义和再阐释的。正如伯恩斯坦所言，在一定范围内允许各种信仰和意识形态存在的发达工业社会中，集合编码强调的是外在的统一，而整合编码强调的是内在的统一。[①] 随着外在的机械团结和内在明确的意识形态的“叠加”与“整合”，这两方面的“统一”构成了社会主流权威在“象征”领域上的一致认可，并且建立了具有渗透性和内在的社会化形式，进而构建了社会主流集团对社会“常识”的全面控制。

同时，伯恩斯坦也指出，从编码叠加到编码整合的运动会导致社会基本分层和架构危机的出现，也将导致权力结构和控制信念危机的出现。[②] 因此，在强调“集合编码”与“整合编码”共同模糊了意识形态冲突，达成他们在界限形式上对“常识”认可的同时，我们还应注意承载着“主流象征”的“编码”形式本身——“符号”在这一过程中的媒介价值。

“主流象征”包括三个层面：意义、“符号”[③]、表象。“意义”是由掌握解释权的主流意识形态集团决定的，它体现的是主流意识形态集团在精神价值领域的内在控制力；“表象”体现的是作为结果的权力，

① Basil Bernstein, *Class, Codes and Control*, *Vol. 3* (Boston and London: Routledge, 1977), p. 111.

② Basil Bernstein, *Class, Codes and Control*, *Vol. 3* (Boston and London: Routledge, 1977), p. 111.

③ “象征”（symbol）与“符号”（sign）是不同的，“象征”强调的是作为意义的存在，而“符号”强调的是作为形式的存在。同时，“符号”本身有广义和狭义之分：狭义的“符号”仅强调外在属性，即纯粹的、超验的、客观的表象；广义的“符号”是同时具有内在属性和外在属性，它既承载着意识形态集团赋予的意义，又具有纯粹的、超验的、客观的表象，它是“象征”与狭义“符号”的集合体。

是“主流象征”在世俗社会的外在控制力。意识形态与权力并不是两个没有联系的实体，它们代表着现有社会中经济关系、政治关系和文化关系的特性，并且辩证地交织在一起，从而使世俗社会的外在控制力与精神世界的内在控制力相互联系。而“符号”就是其间联系意识形态与权力的纽带、媒介。

在《国家处于危机之中》及后续展开的大辩论中，承载着“优异”这一“主流象征”的文字载体——文字符号意义上的“优异”的作用也是如此。它们是作为沟通意识形态上的价值控制力和其在世俗社会的控制力——官僚的、专业的、政治的、市场的等一系列控制力的中介而存在。这是一条极具隐蔽性的实现主流集团权力合法化的重要途径，其目的就是要利用“符号”本身所具有的“价值中立”的和“天然”的“乔装打扮”，消除阶级社会中的多样性，表明“主流象征”的无阶级性；通过相同的、超验的、永恒的“符号”造就一个看似“理想”的、没有阶级、种族冲突的社会，进而模糊了现有的社会秩序与等级①。

既然如此，我们又该如何透过“符号”表面上“价值无涉”的虚饰来体察蕴含于其中的意味呢？首先需要回到艾德尔曼的观点，艾德尔曼对语言形式、意识形态与权力的关系曾有精彩的论断：“语言是人们能力和价值水平背景假设的感受指示器和有力的创造者。正如任何单一的数字会唤起我们头脑中的整个数字系统一样，一个术语、一个语法形式或一个有政治含义的隐喻都能在使用权力体制的个人和对其做出反应的群体中激起它并为之辩护。”② “在……符号世界中，推测和

---

① Bill Nichols, *Ideology and the Image* (Bloomington: Indiana University Press, 1981), p. 290. ［美］斯蒂芬·J. 鲍尔:《教育改革——批判和后结构主义的视角》，侯定凯译，华东师范大学出版社，2002，第 15 页。

② ［美］迈克尔·W. 阿普尔:《意识形态与课程》，黄忠敬译，华东师范大学出版社，2003，第 164 页。

被证实的事实很容易互相融合在一起。语言消除了推测中的不确定性，改变了事实以使它们被用来区别地位和强化意识形态……它们中的每个在诊断、推测和复原性治疗的处方方面通常都有高度的不可靠性；……另一方面，在诊断和预测中的霸道和推测转化为清楚而又精确的对控制（通过'帮助群体'）需要的感知……他们的政治效用是显然的。他们给予职业判断大众化的支持，把公众的注意力引向过程，并且预先使过程的任何失败理性化以达到他们正规的目标。"①因此，在一个象征形式的广泛流通发挥根本的、越来越大作用的世界中，承载着"主流象征"的"符号"弥漫在所有有意义的社会行动中，无论是公开的，还是潜在的，无论是有意识的，还是无意识的，"符号"操纵的功能就是"个人与他人的符号性的中介关系"。由于人的知识生活越来越多地被这样的符号所操纵，所以人们就认为在其生活的其他领域也要服从"手段—目的"关系，而"不认同把它本身作为一种目的"。②而当这种由主流意识形态界定的同质性的"假设"被全社会所有人所认同时，"当所有人都习惯于将关注的焦点集中在个体而不是界定的机构及更大的机构背景中时"，可视的复杂性、多样性与阶级性就消失了，取而代之的是由主流意识形态集团创造的、抽象的、被扭曲了的、具有同质性的经验认同和文化认同，以及在认同中具体化了的、又披着无阶级差别、无种族歧视外衣的权力控制结构。③

伯恩斯坦一语中的地道明了符号的本质：首先，符号是有立场的，它是由意识形态决定的，并且体现着现实社会中的权力关系；其次，

---

① ［美］迈克尔·W. 阿普尔：《意识形态与课程》，黄忠敬译，华东师范大学出版社，2003，第165页。

② ［英］约翰·B. 汤普森：《意识形态与现代文化》，高铦等译，译林出版社，2005，第1页。Robert W. Friedrichs, *A Sociology of Sociology* (New York: Free Press, 1970), pp. 172-173.

③ ［美］迈克尔·W. 阿普尔：《意识形态与课程》，黄忠敬译，华东师范大学出版社，2003，第166页。

符号本身也经过了“选择、简化、浓缩和苦心经营”的过程；最后，符号也被主流意识形态集团重新定位并确立了重点。[①] 看似价值无涉的符号从本质上说是具有阶级性的，它带有政治识别的意味，必然承载着主流意识形态集团要求它们承载的意义，并且彰显着世俗社会的权力控制结构。因此，假想的中立语言形式——符号，实际上为勾连意识形态与权力控制提供了一个合法化的框架，它通过人们使用的语言形式“安排”了他们所感知到的现实，扭曲了现实经验，并且潜移默化地为不平等的地位、统治阶级和权力权威辩护。

在《国家处于危机之中》以及后续的大辩论中，“优异”这一“主流象征”及其被再阐释了的意义就是由符号的权力关系写成的。无论是“文化素养”还是“核心课程”，社会主流集团所从事的工作就是将他们所推崇的文化与意义以看似价值无涉而实际上是由社会主流意识形态精心筛选的符号形式——“优异”（作为形式结构的存在）为载体，通过“辩论”这种表达异议与不同的形式来建构社会中常识象征领域的秩序，形成了“优异”（作为意义的存在和作为形式结构的存在的结合）这一“主流象征”。它将具有阶级性的、有选择的、有差别的精英集团价值观转变为无阶级的、共同共享共有的、无差别的大众文化价值观——诸如用社会主流集团界定的“核心知识”作为“共同文化”，而抹杀了共同文化原本要求的“为人们创造必要的条件去参与意义和价值的重建”，进而将社会主流意识形态在精神世界的价值控制力与世俗社会的控制力——官僚的、专业的、政治的、市场的控制力联系起来。

综上所述，“决定着意义的意识形态—作为意义的存在的‘主流象征’—承载着象征意义的、作为语言形式的符号—掩盖差别，内化为

---

① Basil Bernstein,“On Pedagogic Discourse,” in John G. Richardson, ed. , *Handbook of Theory and Research for the Sociology of Education* (New York: Greenwood Press, 1986), pp. 226-227.

共同经验与大众文化—实现世俗社会的控制力”，这个庞大的意识形态统治结构我们可以在《国家处于危机之中》及其后续展开的大辩论所使用的话语中找到。正是在过程中，作为“主流象征”的意义和符号形式的结合体——“优异”，在美国公共教育领域内创立并强化了一套由主流意识形态主导的教育关系交往模式，体现并生产着全社会的社会意识的分层、不平等的权力、确定性和控制的利益。

通过分析，在《国家处于危机之中》的视域中，“优异”不再意味着自北美殖民地以来个人与社会的完善与完满；相反，对“优异”的生产成了社会主流集团利用公共教育构建有效的社会统治结构，实现并行使社会主流集团的控制权力合法化的有效途径。他们利用“优异”这个语言符号，勾画了两种互相联系又存在着很大差别的实体：一方面，抽象意义上的“优异”成为整个美国社会共同接受、共同奉行的价值追求、行为准则与道德规范。另一方面，在具体教育政策文本中的“优异”实际上是具有强烈的选择性和过滤性的，它们推崇的是“核心知识”和“有素养的文化”。也就是说，在这个将“不可说变成可说”的过程中，“选择性的传统”（selective tradition）[①] ——经由社会主流集团认可的“官方”价值观得到无与伦比强化的同时，美国社会中“沉默的大多数”的多样化的、具有差异性的知识、文化和行为方式被掩盖、“净化”了。由此可见，社会主流集团在利用“优异”确立美国保守主义阵营统治的合法性的同时，实际上是在极力抑制广大民众在抽象概念上所认可的对彼此之间差异性和多样化的彰显、认可、参与、尊重、分享的“优异”概念对人们的影响。

而作为“教育民主政治开始的地方”的美国公共教育，它们“不

---

① 参见 Raymond Williams, *Marxism and Literature* (London: Oxford University Press, 1977); Raymond Williams, *The Sociology of Culture* (New York: Schocken Books, 1982)。

仅仅帮助控制人们，也帮助控制价值”[①]，正如葛兰西所言：“对一个社会知识的保存和生产部门的控制，是增强一个群体或阶级对另一个弱势群体或阶级进行意识形态统治的关键性因素。”[②] 因此，这一对文字符号的工具性不断强化的整个过程，实际上也在孕育并不断塑造着美国公共教育的新特性——“常识”领域的集权与“制度”领域的放权相结合。

一、“常识”领域的集权与“制度”领域的放权

自 19 世纪中期的公共学校运动（common school movement）以来，美国公共教育的基本特征就形成了。诸多美国教育史学者都将其称为“单一的最优制度”，即在他们眼中，美国公共教育制度是一种具有高度“一致性”的教育制度：“一致”的教育目的、“一致”的入学途径、“一致”的学校管理和“一致”的财政支持，并且还有“一致”的州宪法条文来保护这种“单一的最优制度”——美国 50 个州的州宪法都规定州政府必须要提供“免费和高质量的公立学校”。因此，可以说，从美国公共教育制度诞生之日开始，美国公共教育在知识的筛选和制度的选择方面就具有了高度的一致性和同一性。

公共教育制度作为一种“单一的最优制度”，是在美国社会的工业化、城市化和移民浪潮冲击的社会需求中产生的。一方面，它将那些不平等的、经费不足的、在校学生的学习基础各不相同的、由没有经

---

① [英] 皮埃尔·布尔迪厄:《知识场域和创作计划》，出自麦克·F. D. 扬主编《知识与控制：教育社会学新探》，谢维和、朱旭东译，华东师范大学出版社，2002，第 216 页。[美] 迈克尔·W. 阿普尔：《意识形态与课程》，黄忠敬译，华东师范大学出版社，2003，第 73 页。

② Thomas R. Bates,“Gramsci and the Theory of Hegemony,”*Journal of the History of Ideas*, Vol. 39, Apr. -Jun. , 1975: 351-366.

验的和未受过训练的教师来管教而不是教育的公立、半公立学校制度化为普及的、免费的、由税收支持的学校；它提高了入学率，延长了学时，改善了设备，增加了州的支持，还改进了教师的质量、培训及收入；它创建了州教育部，加强了州的监管，使学校管理变得更加专业化，教科书和教学实习也实现了一定程度的标准化。另一方面，公共教育制度从一开始就被视为“一笔合算的经济投资，能为他们生产所需的劳动力”，它使被社会边缘化和社会经济地位低下的人相信，学校是实现他们向上流动的工具；学校里教授的内容也是带有种族主义和反移民倾向的，它成了只传授“陈腐的加尔文教教义”和主流道德价值观念的工具；对移民子女和贫困儿童在日常生活中习得的知识与惯习，公共教育采取了强行同化的手段，迫使他们掌握主流文化的道德、风俗和技能习惯，以服务于工商业。这也使对公共教育制度的批评从来就没有停止过：“单一的最优制度”成了一种“不民主的”教育制度的代名词，正如迈克尔·凯茨和乔尔·斯普林所批判的那样：公共教育制度从诞生之日起就沦为一种等级森严的官僚控制的手段，成了一种服务于工商业发展的、生产人力资本的“分类机器”。[①]

正是在这种背景下，结合战后美国社会中的种种“危机”，社会主流集团提出一种极具隐蔽性的“治愈”“单一的最优制度”的“弊端”的方案，即“制度”领域中的放权与“常识”领域中的集权相结合：一方面，在公共教育的制度管理层面上，他们提出了高度放权的主张，无论是“授权教师”的建议还是“授权市场”的主张，从表面上看，

---

① 参见 Michael Katz, *The Irony of Early School Reform: Educational Innovation in mid-Nineteenth Century Massachusetts* (Cambridge: Harvard University Press, 1968); Michael Katz, *Class, Bureaucracy, and Schools: the Illusion of Educational Change in America* (New York: Praeger, 1971); Joel Spring, *Education and Rise of the Corporate State* (Boston: Beacon Press, 1972); Joel Spring, *The Sorting Machine: National Educational Policy since* 1945 (New York: David McKay, 1976)。

这些都是试图分化“单一的最优制度”的改革尝试。它们“没有内在的属性”，一切都是依据当地社区、家长、教师和学校的条件而定，具有高度的自主性和选择性。另一方面，在“常识”的筛选和界定层面上，社会主流集团又通过“有选择性”地整合“旧有的传统”来实现对精神世界的高度“集权”统治。他们对“什么知识最有价值”的一致性回答，达成了社会主流集团在“常识”领域的“共识”和具有高度稳定的价值控制，用于弥补在制度层面实现表面上的“分权”所带来的不稳定。

这便赋予了美国公共教育新特性——“常识”领域中的集权与制度领域中的放权相结合。从本质上看，这反映了保守主义试图在一个日益要求实现并尊重多样化、多元化和差异性的社会环境中，保持一个稳定的、具有高度一致性的和策略性的集权统治核心的图谋。这种表面上的“分权”形式，模糊了美国公共教育制度本身无视种族、阶级和性别差异所进行的同一化的管制，将公众的注意力集中到对家长选择、教师授权的肤浅的政治修辞上，将公众对“单一的最优制度”的批评转移到一种美好的、不受任何限制的“自由选择”的社会愿景之中，它试图让家长们相信那些对市场上家长的选择做出反应的学校，将比政府官僚直接管理的学校更能提高教育质量①。但是，实际上，在公共学校内传授的价值观和道德规范越来越与保守主义阵营认可的价值观保持了高度的一致，社区、合作、互相尊重、共同参与和同等价值（equal worth）等富有进步主义精神的价值观念，正在被赞美“核心知识”“共同文化”等社会主流集团的价值观念所代替。从修辞学的角度来说，这些价值观念的倾向性和阶级性是清晰可辨的，并且通过公共教育制度渗透进人们对“常识”和“是非道德”的判断之中。

---

① Geoff Whitty, “The New Right and the National Curriculum: State Control and Market Forces,” *Journal of Education Policy*, Vol. 4, 1989: 331.

二、知识传承与服务社会之间的矛盾

社会主流集团之所以能够占领公共教育领域，能够赋予美国公共教育崭新的品性，从根本上说，这是因为不仅在公共教育内部存在着一个社会系统，而且公共教育作为一个整体是孕育在一个更大的社会系统的结构性进程之中的。这是一个矛盾的共同体，一方面，公共教育作为一个社会系统，它本身肩负着知识生产、知识保存与知识传承的使命，必然是无涉价值地、普遍地生产、保存和传承一切知识；另一方面，公共教育又位于一个更大的社会系统之中，作为一个社会子系统，它必然就要服务于其他的社会系统及整个更大的社会系统，这就要求学校进行价值选择，区分"有用"的和"无用"的知识和文化观念。这就是公共教育中的内在结构性矛盾，也就是公共教育中的根本矛盾。威廉姆斯的观点正好说明了知识传承与服务社会之间的矛盾性："学校教育的一个特征就是它们声称自己传播的'知识'和'文化'具有绝对的和普遍的意义。尽管如此，知识和文化的内容总是有选择性的，而且随着时代、国别和教育制度的不同而呈现差异性。很明显，在有选择性的教育内容和现实中占主导的社会关系之间存在着基本的、必然的联系。"① 一方面，美国公共教育成了一个"巨大的民主发动机"，它能开阔视野、丰富知识、实现并保证社会流动；另一方面，美国公共教育又成了社会控制的重要手段，它与整个社会中的社会、政治、经济和文化的钳制有着必然的联系。也正因如此，人们将公共教育视为一个充斥着价值选择的场所，其目的是为了延续由社会主流集团认可、核准的"传统"，而并非改革或革命，其作用是强制性

① Raymond Williams, *Marxism and Literature* (London: Oxford University Press, 1977), p. 177.

地促使青年接受主流文化，实现政治社会化并为他们在既定社会里所期望充当的特殊角色提供必要性的工具。①

美国公共教育中的这种矛盾性并不是什么新观点，早已被教育政治学家和社会学家所普遍接受。② 但正是因为这种矛盾性，一方面使对公共教育领域的争夺必然成为争夺美国社会政治主导权、经济主导权和文化主导权的前奏。菲利普·韦克斯勒（Philip Wexler）认为，知觉和象征性范式在形成意识的过程中发挥了关键性作用，其发挥的作用是自然性的、自发性的和及时性的；在取得社会支配地位的过程中，知识和文化是关键性的因素。通过有选择性地“把阶级文化作为公共文化”向学生传授，才能从根本保证现有的社会秩序的普遍性、稳定性和永恒性。③ 也正因如此，作为社会性和文化确立的中心环节，只有当特定群体的知识被裁定为“面向所有人的知识”，他们构建的社会秩序才能获得历史和文化上的合法性。而在公共教育中传承的、经过选择和筛选的“知识”和“价值观念”也就成了社会控制和阶级控制中必不可少的一部分。“它是关于意义和价值观的活生生的系统，渗透进日常生活和社会制度的整个过程中，而对大多数人来说，这个系统就

---

① Roberta Sigel, *Learning about Politics : a Reader in Political Socialization* (New York: Random House, 1970), p. 316.

② 主要流派与观点可参见 Samuel Bowles, Herbert Gintis, *Schooling in Capitalist America: Educational Reform and the Contradictions of Economic Life* (London and Henley: Routledge & Kegan Paul, 1976); Basil Bernstein, *Class, Codes and Control, Vol.* 3 (Boston and London: Routledge, 1977); Pierre Bourdieu, *Distinction* (Cambridge, Mass.: Harvard University Press, 1984);英国麦尔·F. D. 扬主编《知识与控制：教育社会学新探》；美国迈克尔·W. 阿普尔著《意识形态与课程》；法国 P. 布尔迪约、J.-C. 帕斯隆著《再生产——一种教育系统理论的要点》。

③ Philip Wexler, "Structure, Text, and Subject: A Critical Sociology of School Knowledge," in Michael W. Apple, ed., *Cultural and Economic Reproduction in Education : Essays on Class Ideology and the State* (London: Routledge and Kegan Paul, 1982), p. 279.

是控制他们整个‘现实世界’的力量。”① 另一方面，美国公共教育中的根本矛盾又能掩盖社会主流政治集团试图操纵“常识”的图谋，它使社会主流集团在公共教育中行使价值选择的特权、知识霸权、文化霸权具有了隐蔽性，披上了一层“价值无涉”“价值中立”的外衣，进而更有利于统治霸权的实现和合法化。关于这一点，雷蒙德·威廉姆说：“霸权是一个实践与期望的整体，是我们能量的分配，是对人类和世界的一般理解。它是一系列被经验、实践并相互确认的意义和价值体系。因而，对社会上的大多数人来说，它给予人真实和专制的感觉，因为在现实经历上要想超越它进入他们生活的更多领域是很困难的。……教育机构通常是传播有效文化、主流文化的主要机构，现在与文化活动一样，它也是一个主要的经济活动。实际上，两者是同时发生的。此外，从哲学、真正的理论和各种实践史的水平和角度来看，有一个我称之为选择性传统的过程：用有效的主流文化的术语来讲，即终止于‘传统’和意义重大的过程。但是，选择总是很关键的。从过去和现在的整个可能领域里进行选择，某些意义和实践被当作重点选出，而另外某些意义和实践则被忽略和排除。至关重要的是，这些意义被重新解释、淡化或改变形式，支持有效主流文化的另外一些要素或至少与之不相冲突。教育过程、在类似家庭的机构里进行更宽泛社会锻炼的过程、实践界定和工作组织、从智力和理论水平上选择传统，所有这些任务都涉及有效主流文化的继续生成和再生成（making and remaking)，正如我们体验和融入生活那样，现实的确要依靠它们。如果我们所学习的仅仅是强加的意识形态，或者如果它仅仅是统治阶级的一意孤行的意义、实践或选择，由此强加给别人，那么它仅仅只

① Raymond Williams, *Marxism and Literature* (London: Oxford University Press, 1977), p. 177.

能钳制我们的思想，并且将很容易被推翻——人们将乐意推翻它。”①

约翰·杜威曾写道：“智力方法的充分和自由运用存在一个客观前提，即在一个这样社会里，畏惧社会试验的阶级利益都被统统废除了。这一点与每一种社会和政治哲学及其活动是不相协调的，也与所有认可社会中阶级组织存在及其阶级利益合法性的经济制度不相协调。”②无论杜威的分析是形式上的还是具有实质意义的，他都告诉我们，正是由于在智力方法的运用中存在着阶级利益的偏好，所以批判性反思在阐释、分析“一个这样社会”的生产、传承、接受“智力方法”的过程就具有格外重要的意义。

【参考文献】

［法］P. 布尔迪约，J.-C. 帕斯隆．再生产［M］．邢克超，译．北京：商务印书馆，2002.

［美］迈克尔·W. 阿普尔．意识形态与课程［M］．黄忠敬，译．上海：华东师范大学出版社，2003.

［英］麦克·F. D. 扬．知识与控制：教育社会学新探［M］．谢维和、朱旭东，译．上海：华东师范大学出版社，2002.

［美］斯蒂芬·J. 鲍尔．教育改革——批判和后结构主义的视角［M］．侯定凯，译．上海：华东师范大学出版社，2002.

［美］约翰·D. 麦克尼尔．课程导论［M］．施良方，等译．沈阳：辽宁教育出版社，1990.

［英］约翰·B. 汤普森．意识形态与现代文化［M］．高铦，等译．南京：译林出版社，2005.

---

① Roger Dale, Geoff Esland, Madeleine Macdonald, eds., *Schooling and Capitalism: A Sociological Reader* (London: Routledge and Kegan Paul, 1976), p. 205.

② John Dewey, *The Underlying Philosophy of Education*；转引自 Michael Apple, *Cultural Politics and Education* (New York: Teacher College Press, 1996), p. vii。

Alex Heard. How to Write Your Own Report[M]//Beatrice and Ronald Gross, eds. The Great School Debate: Which Way for American Education? New York: Simon & Schuster, Inc. , 1985.

Basil Bernstein. Class, Codes and Control, Vol. 3[M]. Boston and London: Routledge, 1977.

Bill Nichols. Ideology and the Image[M]. Bloomington: Indiana University Press, 1981.

David L. Angus, Jeffrey E. Mirel. The Failed Promise of the American High School, 1890-1995[M]. New York: Teacher College Press, 1999.

Diane Ravitch. The Coleman Reports and American Education[M]// Aage B. Sorensen & Seymour Spilerman, ed. Social Theory and Social Policy: Essays in Honor of James S. Coleman. Westport, Conn. : Praeger, 1993.

E. D. Hirsch. The School We Need and Why We Don't Have Them [M]. New York : Doubleday, 1996.

Ellwood P. Cubberley. Public Education in the United States: A Study and Interpretation of American Educational History[M]. Boston: Houghton Mifflin Company, 1919.

Geoff Whitty, Tony Edwards, Sharon Gewirtz. Specialization and Choice in Urban Education[M]. New York: Routledge, 1993.

Geoff Whitty. The New Right and the National Curriculum: State Control and Market Forces[J]. Journal of Education Policy, 1989(4): 331.

Guy Sorman. The Conservative Revolution in America, translated by Jane Kaplan[M]. Chicago: Regnery Books, 1985.

Herbert R. Kohl. The Open Classroom[M]. New York: Vintage Books, 1969.

James A. Mecklenburger. Performance Contracting: 1969-1971[M]. Worthington, OH: Charles A. Jones, 1972.

Jerry Rubin. Do It: Scenarios of the Revolution[M]. New York: Simon and Schuster,1970.

Joel Spring. Education and Rise of the Corporate State[M]. Boston: Beacon Press,1972.

Joel Spring. The American School: 1642-2004 [M]. New York: McGraw-Hill,2005.

Joel Spring. The Sorting Machine:National Educational Policy since 1945[M]. New York:David McKay,1976.

John L. Rury. Education and Social Change:Themes in the History of American Schooling[M]. Mahwah,NJ:L. Erlbaum Associates,2002.

Jonathan Kozol. Savage Inequalities[M]. New York:Crown,1991.

Kristen Buras, Michael W. Apple. Radical Disenchantments: Neoconservatives and the Disciplining of Desire in an Anti-utopian Era [J]. Comparative Education,2008,22(3):292.

Kwane Ture, Charles V. Hamilton. Black Power: The Politics of Liberation in America[M]. New York:Vintage Books,1992.

L. Dean Webb. The History of American Education:A Great American Experiment[M]. Upper Saddle River,N. J. :Pearson Education,Inc. ,2006.

Larry J. Bailey,Ronald W. Stadt. Career Education:New Approaches to Human Development [M]. Bloomington, IL: McKnight Publishing Co. ,1973.

Martin Luther King. Where Do We Go from Here? Chaos or Community[M]. New York:Harper and Row,1967.

Michael Apple. Cultural Politics and Education[M]. New York: Teacher College Press,1996.

Michael Harrington. The New Class and the Left[M]//B. Bruce-Biggs. The New Class? New Brunswick,N. J. :Transaction Books,1979.

Michael Katz. Class, Bureaucracy, and Schools: the Illusion of Educational Change in America[M]. New York: Praeger, 1971.

Michael Katz. The Irony of Early School Reform: Educational Innovation in mid-Nineteenth Century Massachusetts[M]. Cambridge. Harvard University Press, 1968.

Paul Goodman. Compulsory Mis-education and the Community of Scholars[M]. New York: Vintage Books, 1966.

Paul Goodman. Growing up Absurd: Problems of Youth in the Organized Society[M]. New York: Vintage Books, 1960.

Philip Wexler. Structure, Text, and Subject: A Critical Sociology of School Knowledge[M]//Michael W. Apple, ed. Cultural and Economic Reproduction in Education: Essays on Class Ideology and the State. London: Routledge and Kegan Paul, 1982.

Pierre Bourdieu. Distinction[M]. Cambridge. : Harvard University Press, 1984.

Ravitch, Diane. The Great School Wars: New York City, 1805-1973; A History of the Public Schools as Battlefield of Social Change[M]. New York: Basic Books, 2000.

Raymond Williams. Marxism and Literature[M]. London: Oxford University Press, 1977.

Raymond Williams. Resources of Hope[M]. New York: Verso, 1989.

Raymond Williams. The Sociology of Culture[M]. New York: Schocken Books, 1982.

Richard Kluger. Simple Justice[M]. New York: Alfred A. Knopf, 1975.

Robert W. Friedrichs. A Sociology of Sociology[M]. New York: Free Press, 1970.

Roberta Sigel. Learning about Politics: A Reader in Political

Socialization[M]. New York: Random House, 1970.

Roger Dale, Geoff Esland, Madeleine Macdonald, eds. Schooling and Capitalism: a Sociological Reader [M]. London: Routledge and Kegan Paul, 1976.

Rogers, David, 110 Livingston Street: Politics and Bureaucracy in the New York City School System[M]. New York: Random House, 1968.

Ronald Gross. From Innovations to Alternatives: A Decade of Change in Education[J]. Phi Delta Kappan, 1971, 53(1): 22-24.

Samuel Bowles, Herbert Gintis. Schooling in Capitalist America: Educational Reform and the Contradictions of Economic Life [M]. London and Henley: Routledge & Kegan Paul, 1976.

Spring, Joel. The Sorting Machine: National Educational Policy Since 1945[M]. New York: Longman, 1976.

Steinfels, Peter. The Neoconservatives: The Men Who are Changing America's Politics[M]. New York: Simon and Schuster, 1979.

Thomas R. Bates. Gramsci and the Theory of Hegemony [J]. Journal of the History of Ideas, 1975(39): 351-366.

W. E. B. Du Bois. The Souls of Black Folk[M]. New York: New American Library, 1982.

W. Norton Grubb, Marvin Lazerson. Education and the Labor Market: Recycling the Youth Problem[M]//Harvey Kantor, David Tyack. Work, Youth, and Schooling. Stanford, CA: Stanford University Press, 1982.

Wayne J. Urban, Jennings L. Wagoner, Jr. American Education: A History[M]. New York: McGraw-Hill, 2004.

Wendell Pritchett. Brownsville, Brooklyn: Blacks, Jews, and the Changing Face of the Ghetto[M]. Chicago: The University of Chicago Press, 2002.